创新型素质教育“十四五”精品教材

应用文写作

（微课版）

主　编　姚继超
副主编　周立权　章勇辉　费　颖

哈尔滨工程大学出版社
Harbin Engineering University Press

内 容 简 介

应用文写作能力是当今学生必备的综合技能之一。本书以“能力本位”和“素质、知识、能力相统一”为原则，系统地阐述了应用文写作的各种知识与相关技巧。本书共分为八个项目，即应用文写作概述、日常文书、公务文书、事务文书、经济文书、礼仪文书、求职文书、科教文书。

本书体例新颖，注重实践，既可以作为应用型本科、职业院校应用文写作课程的教材，也可以作为各类行政管理和企业管理干部、秘书的培训与自学材料。

图书在版编目（CIP）数据

应用文写作 ：微课版 / 姚继超主编. —哈尔滨 ：哈尔滨工程大学出版社，2023.8

ISBN 978-7-5661-4113-2

I. ①应… II. ①姚… III. ①汉语－应用文－写作 IV. ①H152.3

中国国家版本馆 CIP 数据核字（2023）第 157630 号

应用文写作（微课版）

YINGYONGWEN XIEZUO（WEIKE BAN）

责任编辑 吴振雷

封面设计 赵俊红

出版发行 哈尔滨工程大学出版社

社　　址 哈尔滨市南岗区南通大街 145 号

邮政编码 150001

发行电话 0451-82519328

传　　真 0451-82519699

经　　销 新华书店

印　　刷 唐山唐文印刷有限公司

开　　本 787 mm×1 092 mm　1/16

印　　张 15.5

字　　数 396 千字

版　　次 2023 年 8 月第 1 版

印　　次 2023 年 8 月第 1 次印刷

定　　价 49.80 元

http://www.hrbeupress.com

E-mail:heupress@hrbeu.edu.cn

前　　言

党的二十大报告提出："建设现代化产业体系。坚持把发展经济的着力点放在实体经济上，推进新型工业化，加快建设制造强国、质量强国、航天强国、交通强国、网络强国、数字中国。"

应用文写作是人们在日常生活、工作、学习时，运用语言文字等工具，通过撰写具有实用价值和惯用格式的文体来表达情感、交流情况、传递信息的方式。当今社会，掌握应用文的写作知识，熟练进行应用文写作，已成为高素质人才必备的能力之一。

应用文写作是人们在处理事务、沟通关系、联系工作、洽谈业务时不可缺少的能力。不善撰写应用文，可能会在合作中产生误会、引起矛盾甚至发生纠纷。因此，我们需要掌握常用应用文的撰写方法。

应用文写作这门课程所承担的任务不仅是培养学生的应用文写作能力，同时也促进学生从学生思维到职场思维的转变，其目的在于全面提高学生的综合素养。本书主要具有以下特色。

（1）体例新颖，注重实践。本书将应用文进行重新分类，不仅保留了使用频率高的常规文种，如公务文书、事务文书、经济文书等，还列入了此前不作为重点但学生较适用的文种，如求职文书、科教文书等。如此安排，在求新的同时，贴近学生的实际需求，方便应用。此外，本书还设计了一系列任务实训，从而实现教、学、练的统一。

（2）例文解析，实用性强。本书充分体现了教材内容的规范性、时代性、实用性和可操作性，使学生学有规范。书中例文，便于练习，易于提高学生的学习能力。

（3）提升素质，立德树人。本书编写以"立德树人"为根本目的，以社会主义核心价值观为统领，以润物细无声的方式影响学生、引导学生，最终提升学生的素质。

本书由姚继超担任主编，由周立权、章勇辉、费颖担任副主编。本书的相关资料和售后服务可扫描封底微信二维码或登录 www.bjzzwh.com 下载获得。

本书在编写过程中，参考了大量文献资料，援引、借鉴、改编了大量已有的例文和训练素材，在此对这些文献资料和素材的作者深表谢意。

由于编者水平有限，书中难免存在一些疏漏之处，恳请各位专家、读者批评指正。

编　者

2023年4月

目录

CONTENTS

CONTENTS

项目一
应用文写作概述

学习目标

知识目标

1. 了解应用文的概念、特点与功能。
2. 掌握应用文的写作要求。
3. 了解应用文的主旨、材料与结构。
4. 掌握应用文的常用表达方式。
5. 了解学习应用文写作的意义。

技能目标

1. 掌握应用文写作的方法。
2. 学会分析应用文的主旨、材料、结构和表达方式。

素质目标

1. 培养学生的理性思维和逻辑思维，克服主观臆断带来的不良影响。
2. 培养学生利用工具的思维能力，善于利用应用文解决实际问题。

思政目标

通过对应用文的学习，学生应认识到当代应用文的重要性，并提升对汉字文化的自信心和自豪感，加深家国情怀。

案例导入

小张供职于一家区属事业单位，在办公室做秘书的他是远近闻名的“笔杆子”。邻居张家下周要给儿子举办婚礼，委托小张代写请柬。周一刚上班，小张的领导王主任也要求小张写请柬，内容是邀请相关人员参加本周五单位举办的年会。

通过上述案例描述，请思考：

1. 小张前后的两次写作有什么区别？
2. 你认为秘书的写作有什么特点？

任务一　初识应用文

一、应用文的概念

写作是人们用语言符号把感受、认识主观世界和客观世界的思维结果有选择地记录、表述出来的精神性活动。应用文写作是写作学科的一个重要分支，以应用文书（应用文）为学习和研究对象，以实用性为明确目的的写作。应用文书是应用文写作的文字表现形态。应用文是国家党政机关、企事业单位、社会团体或个人在工作、学习和生活中使用的，用以处理公私事务、传播信息、表述意愿而撰写的具有一定惯用体式的实用性文章。

应用文的概念

二、应用文的特点

应用文是党务机关和行政机关行使管理职能、办理具体事务的重要工具，对国家的政治、经济和社会生活的各个领域都有着指导作用。各级党务机关和行政机关制发的应用文，都必须用来贯彻、执行党和国家的有关政策、法律和法令，丝毫不能偏离党和国家的政治目标与政策轨道。因此应用文是观点鲜明的文体、严肃郑重的文体、有着权威的文体，要求撰写者必须有严肃认真的态度。应用文写作具有以下特征。

1. 突出实用性

实用性是应用文写作的出发点、归宿和本质属性。应用文之所以不同于文学作品，并且在实用文本中独树一帜，就在于它的实用性。

2. 恪守真实性

真实性是应用文中使用的材料必须真实、可靠，这是应用文的又一特征。

3. 强调针对性

针对性是指应用文写作意图清楚、目的明确。它包含两种意义：一是受众对象明确；二是行文内容针对性强。

4. 注重时效性

时效性是指要使应用文在人们的社会实践中更好地发挥工具作用，就要注重其时效性强的特点。

5. 讲究规范性

应用文体式的规范性是实用性在形式上的体现。

6. 追求平实性

平实性是指应用文的表达心态和接受心态要求实用、重实效，因此行文内容需简明扼要，表达要清晰流畅，风格要平易朴实。

【范文欣赏】

2023 年后勤工作计划

2023 年是 ×× 公司经营发展的关键一年，后勤管理部将围绕公司 2023 年的工作要求，实行现代公司运作模式，强化素质求生存、规范管理树形象，为广大员工提供优质的服务，为公司的经营发展提供可靠的后勤保障。

一、以开展诚信教育为主题，加强后勤员工的职业道德教育，提高后勤员工的综合素质，增强后勤员工的凝聚力。

（一）认真组织后勤员工学习 ××2022 年年终工作会议讲话要点，使后勤员工了解公司的“五个一工程”，进一步增强后勤员工的责任感和紧迫感，做到爱岗敬业、诚信服务、乐于奉献。

（二）提高后勤员工服务的积极性，提高后勤员工的思想政治素质和职业道德水平。

（三）定期开展文化活动、体育活动和娱乐活动等集体活动及劳动竞赛，增强公司员工的凝聚力，形成积极向上的风气。今年“五四青年节”，公司将举办一次体育活动，我们要购置必要的体育器材，以保障此次活动的顺利进行。

（四）做好公司 2023 年上班前的筹备工作，确保此项工作能在预定时间内顺利完成。

（五）为公司员工培训提供有力的后勤保障，配备好培训室内的设备器材，认真完成培训室的卫生清扫工作，保证员工培训时能有一个干净、舒适的环境。

二、以食物卫生安全为中心加强食堂管理，杜绝食物中毒事件，做好食堂经营工作。

（一）把安全工作放在食堂管理的首位，高度重视，层层负责，环环相扣，措施到位，杜绝食物中毒事件。

（二）建立食堂三餐时间部门负责人巡查制度，确保食物的质量和数量，发现问题及时处理。

（三）定期召开饮食工作会议，强化厨房工作人员的责任意识和卫生意识，做到食物质量达标、操作过程规范、质量价格相符。

（四）加强检查和处罚的力度，不断改善食物质量，提高服务水平。

（五）努力在食物的品种和质量上下功夫，做到让绝大多数员工满意。

三、以员工公寓和食堂为重点，以车间维修区为龙头，以办公楼和厂区内外为主线，每月开展一次全员参与的清扫活动。

（一）购置必要的清扫工具，以保证清扫活动的顺利进行。

（二）成立以行政总监为组长、以行政人事和后勤部门负责人为主要成员的考评领导组，负责每次清扫工作的考评，并将考评结果予以公示。

（三）制定相应的考评标准。

1. 区域卫生清扫由部门或责任人按照规定执行。

2. 厂区及厂区内通道保持地面无烟头、纸屑、泥土、砖块和其他杂物等。

3. 卫生间保持清洁干净。

4. 室内做到窗明几净，楼道楼梯做到清洁干净、不留死角。

5. 随时清理烟灰筒。

6. 车间、办公区和公寓环境优美，布置有序，无垃圾污染物，不乱放私人物品，墙上、墙顶无灰尘。

四、以公司员工满意为目标，加强与各部门的联系，经常听取公司员工对后勤服务的意见和要求，提高服务质量，树立后勤服务新形象。

（一）牢固树立“始于员工需求，终于员工满意”的公司服务理念，不断提高服务质量和公司员工对后勤服务的满意度，打造后勤服务的新形象。

（二）定期召开公司员工座谈会，设立员工公寓、饮食服务等意见箱，经常听取公司员工对后勤服务的意见和要求，并及时处理，加以改进。

（三）加强与各部门的联系，制定员工公寓和食堂突发事件应急预案，并组织演练。

总之，2023 年我们要扎扎实实地做好各项工作，为公司的快速发展提供有力的后勤保障。

××公司后勤管理部

2023 年 1 月 6 日

【实践园地】

请你在网络上搜集优秀的应用文和文学作品，并仔细分析两者的不同之处，然后与同学进行讨论。

任务二　应用文的构成要素及常用表达方式

一、应用文的构成要素

应用文的构成要素包括主旨、材料与结构，三者缺一不可。

1. 应用文的主旨

应用文的主旨即应用文的主题，是文章通过具体材料所表达的中心思想、基本观点。应用文的主旨能够体现撰写者的写作意图，决定材料的取舍和使用，影响应用文的结构安排。

应用文的主旨应该符合以下三点要求。

（1）正确

应用文的主旨必须正确体现方针、政策，能反映客观事实，具有科学性，符合事物发展的客观规律。

（2）明确

应用文的主旨要明确地体现撰写者的态度、文章的中心思想，要直截了当地体现赞成什么、反对什么、应该怎么做、要达到什么目的等，不能模棱两可、含糊其辞。

（3）单一

一篇应用文只能有一个主旨，一文一事，体现一个基本思想。

2. 应用文的材料

应用文的材料是指撰写者为撰写应用文而选择并使用的，能够反映文章主旨的事实或论据。

撰写者可以通过认真观察、体验生活获取材料，也可以通过深入调查研究获得材料，还可以通过读书看报、查阅档案、在各类媒体平台进行搜索等方式搜集材料。

材料是为解释、说明应用文主旨而服务的，撰写者在选择材料时要遵循以下三个原则。

（1）真实

应用文的材料必须是真实的，包括时间、地点、人物、数据，以及事件发生的原因、经过和结果等。撰写者要对材料进行反复核实，确认材料准确无误。

（2）典型

撰写者要选择具有代表性、有说服力的典型材料，这样的材料更能说明事物的本质和发展规律。

（3）新颖

应用文的材料应为最近发生的事实，或者能反映新事物、新情况、新经验。新颖的材料更具时效性和时代感，更能给读者带来新鲜感。

3. 应用文的结构

应用文的结构一般是指其内部组织构造，包括应用文的层次、段落、开头、结尾，以及过渡与照应。

（1）层次

层次是撰写者表达应用文主旨的阶段和次序，体现了撰写者撰写应用文的思维过程。常见的应用文层次安排方式如表 1-1 所示。

表 1-1　常见的应用文层次安排方式

层次安排方式	说明
总分式	各层次之间是总述与分述的关系，可以是“总—分”结构、“分—总”结构、“总—分—总”结构
递进式	内容层次由浅入深，呈现递进关系；各个内容的顺序不能颠倒；适用于经济活动分析报告、通报类文书
并列式	各层次之间没有隶属关系，彼此是独立的、并列的；各个内容是不分主次的，且可以互换顺序
实践顺序式	按照事情的发展过程安排层次
综合式	兼具各种层次安排方式，一般按事情发展的经过和时间顺序行文

（2）段落

段落即自然段，是应用文中明显的换行标志。段落的划分能够让应用文更有条理。撰写者在划分段落时，应保持行文的连贯，使每个段落表达的内容完整且独立。

（3）开头

开头引领全文。应用文的开头要简单概括，使读者一目了然，一般要写明应用文的背景、事由、依据、目的和意义等。常见的应用文开头形式有规范式、叙述式、目的式、依据式等，如表 1-2 所示。

表 1-2 常见的应用文开头形式

开头形式	说明
规范式	遵循特定文种的写作规范，如介绍信的开头“兹介绍 ×××、××× 等优秀毕业生……”
叙述式	叙述写作背景，如“目前移动通信网络发达，智能手机市场有了很大变化……”
目的式	明确写作目的，如“为了贯彻落实……的部署……”
依据式	提出写作根据，如“根据《××》规定……”“依照……”

（4）结尾

结尾是应用文的收笔处和落脚点。应用文的结尾应简明扼要、干净利落。常见的应用文结尾形式如表 1-3 所示。

表 1-3 常见的应用文结尾形式

结尾形式	说明
规范式	如“此致，敬礼”“特此致函”
号召式	如“希望受到表彰的员工以此为新的起点，再接再厉，在今后的工作中再立新功”“让我们……”
总结式	如“要提高服务质量，不仅要加大政策的落实力度，更要改进工作方式。创新是一种精神、一种态度，我们要为创新服务，做好服务创新……”
说明式	如“本通告自公布之日起生效”

（5）过渡与照应

应用文有时需要通过过渡词、过渡句和过渡段来衔接层次与段落；有时需要通过照应让主旨更加明晰，如开头和结尾照应、正文和标题照应等。

二、应用文的常用表达方式

应用文的表达方式是行文时表达主题的方法和手段。应用文写作要求直截了当、平铺直叙，因此常用的表达方式有叙述、议论和说明。

1. 叙述

叙述是一种把人物的活动经历和事件发展变化的过程表述、交代出来的表达方式，是应用文写作中常用的。叙述通常包括顺叙、倒叙、插叙、分叙等方式。应用文叙述事件的发展过程时常用到的叙述方式是顺叙，如介绍公司概况时，撰写者可以按照时间的先后顺序进行叙述。由于应用文讲究实用性，不求委婉曲折，所以应用文较少使用倒叙、插叙、分叙等叙述方式。这几类叙述方式多见于通讯、消息中。

应用文中的叙述方式不求情节跌宕、感情丰富，只要从事实出发，能够完整、准确地进行叙述即可。

2. 议论

议论就是议事论理，是一种对某一事物或某一问题表明观点和态度，并运用事实材料和理论材料进行论证的表达方式。应用文写作经常采用议论的表达方式，例如，公务文书中经常用议论的表达方式来阐明党和国家的方针、政策；调查报告中经常通过议论的方式来分析原因、表明观点。

议论包括论点、论据和论证三个要素。论点是撰写者在行文中表明的主张和观点；论据是证明论点的根据；论证是用论据证明论点的逻辑过程和方式。在应用文写作中，撰写者可以通过摆事实、讲道理的方法，证明自己的正确观点或驳斥对方的错误观点。

应用文中的议论要实事求是、准确简明、直截了当，不拐弯抹角，不掺杂个人主观色彩。

3. 说明

说明是一种用简洁扼要的文字把事物或事理的状态、性质、特征、成因、关系、功用等解说清楚的表达方式。财经文书，如财务报表、审计表等，常用说明的表达方式来展示数据；一些科技文书、公务文书也常用说明的表达方式来剖析事理。

说明包括对事物的说明和对事理的说明，说明方式包括定义说明、解释说明、分类说明、举例说明、引用说明、比较说明、图表说明等。在应用文写作中，运用说明这种表达方式时应力求科学、合理、准确、简洁，避免过于艺术化。

【范文欣赏】

感　谢　信

×× 市经济和信息化委员会：

××× 电子设备有限公司（以下简称“我司”）是世界 500 强企业 ××× 集团全资子公司，位于 ×× 区 ×× 街道 ×× 路 ×× 号。我司自成立以来，一直受到贵委各职能部门的大力支持和帮助，在此深表感谢！

在办理 ×× 业务的过程中，贵委服务大厅 7 号、8 号窗口的工作人员为我司提供了非常大的支持和帮助。当时时间紧、任务重，此项业务的办理会影响我司后续其他工作的开展，进而影响我司的生产，但由于内部原因，我司在办理业务时有一份资料没有准备好，需要补交，窗口工作人员了解情况后，建议我司与贵委相关负责人沟通，在获得相关负责人的批准后，特事特办，为我司节省了宝贵的时间。当然，我司也信守承诺，在规定的时间内补交了相关材料。

贵委急企业之所急，想企业之所想，在我司业务办理遇到困难和问题时，及时提供指导和帮助，在此谨代表我司管理层向贵委的领导和服务大厅7号、8号窗口的工作人员表示最诚挚的谢意！

×××电子设备有限公司（公章）

2023年1月13日

【实践园地】

以下是一篇工作总结的部分内容，请你分析其主旨、材料、结构和表达方式，指出其中值得借鉴的方面。

2022年已经过去，在过去的一年里，××公司根据年初所下达的各项任务指标认真开展工作，实现了预期目标。在此基础上，公司也提出了今年的工作目标和要求。

一、2022年的工作

2022年，公司围绕“做大主业，延伸链条，固本强基，扩大市场占有率”的发展思路，立足本地，服务华南，远销国外，在公司全体员工的团结努力下，实现了公司各项业务的快速发展，无论销售量、销售额还是利润均迈上了一个新台阶。

2022年，公司实现销售收入××××万元、利润×××万元，产品的市场开发已由过去木薯单一品种拓展到3大系列10余个品种，市场覆盖全区40多个县市（区），并与海南、广东等地有关单位建立起紧密的业务和工作关系。

2022年的工作如下。

（一）积极稳妥地开展主营业务，为客户提供优质服务

公司成立以来，一直以西南、华南地区木薯种植户为主要客户，依托×××有利的科技优势，在突出木薯种茎作为主营产业外，还重点强化杧果、澳洲坚果、木瓜、剑麻、龙眼、荔枝果苗木批发和零售为拓展业务。据测算，去年GR911木薯品种新增推广面积达10万亩（约6 667公顷）。

（二）加强基地建设

对于农业企业来说，基地建设是根本。公司把实验基地、核心示范基地、中试基地和外埠示范基地建设作为重点，前后累计投入80万元。在项目实施过程中，公司扩建了300亩（20公顷）种质资源圃，建立了3个高产栽培示范基地和3个优良品种适应性生产

示范点，推广使用17个优良品种。

（三）从严从细，加强经营管理工作

去年，公司新制定了5项管理制度，涉及财务管理、信息管理、内控制度管理、办公制度管理和考核绩效管理等。公司与部门签订了责任状，与员工签订了工作目标协议，把目标任务和安全指标落实到部门与个人。公司实施以上管理制度后，员工的工作积极性得到有效提高，公司的业务水平上升到新的高度。

（四）积极开展项目建设

公司去年共实施了3个较大的项目，包括木薯生物质能源产业化关键技术研究与示范、木薯××4号栽培示范与推广、木薯新品种新选×××选育与应用，完成投资额2 500万元。受×××委托，公司组织开展了3个项目的前期论证、项目科研和后期收尾工作。

二、经营过程中存在的问题

尽管取得了不错成绩，但公司在经营过程中仍然存在不足和需要解决的问题。

一是新业务开拓不够，我们虽然紧紧依托科研单位和种植户做好现有的业务，但公司的业务领域很广，可开发的空间还很大，尽管做了一些开拓新业务的工作，但没有重大进展。

二是公司与国际的交流合作还有待加强。

三是当地木薯种植面积还不够大。公司还可以发展新的种植大户，增加种植面积。

四是公司的宣传力度不够。现在国内的一些地区对公司不是很了解，公司还没有建立完善的公司网站，也没有开展宣传活动。

五是员工的业务水平与技术水平还有待提高。

三、2023年的工作目标和主要任务

2023年，公司的工作指导思想和总体思路是：贯彻落实×××工作会议精神，服从和服务于农垦局的整体战略，坚持以人为本，实现“三个转变”，以加快发展为主题，以提供优质服务为宗旨，巩固销售额；扩大国际业务，强化海外营销网络建设；提高业务运作质量，继续整合业务，实现一体化运作。

为了实现2023年的工作目标和主要任务，我们还要做好以下几个方面的工作。

（一）继续发展主营业务

以优质服务为宗旨，把销售木薯种茎放在优先和突出发展的位置上，尤其要在引进新品种、提高种资质量上下功夫，提高销售额和扩大种植面积，实现公司持续、稳定发展，加强国际交流，发挥整体优势。2023年，根据×××的要求，我们要加强与国外的信息交流和沟通，与国外科研单位加强合作，在国外租用试验田种植木薯，研究出适应国外当地生长的优质木薯品种。

（二）通过传、帮、带的方法提高广大种植户的积极性

通过科技下乡，我们可以给广大种植户带去优质种子和先进种植技术，以“农业企业＋公司＋农户”的新模式带动种植户致富，加快成果转化，并由此创造良好的经济效益、社会效益和生态效益。

（三）加强公司宣传，提高公司知名度

要加强公司网站的建设，建设自己的信息平台，全面提高公司网站的知名度，实现公司内外的资源与信息共享，为决策层提供信息支持。我们还要充分利用 ××× 的信息优势，提高公司在国际上的影响力。

（四）加强培训工作，提高员工的整体素质

一流的公司需要一流的人才。要成为地区领先、国内知名、管理先进的公司，我们就必须有一支素质较高、结构合理、政治过硬的人才队伍。公司要全面落实 ××× 的人才发展规划，把合适的人才用在合适的岗位上；制定出科学的培训机制，激发员工的创新动力；将培训作为一种奖励办法，奖励对公司有突出贡献的员工。

我们要抓住发展机遇，迎接挑战，力争圆满地完成 2023 年的工作目标和主要任务。

××× 公司

2023 年 1 月 6 日

任务三　学习应用文写作的意义和方法

一、学习应用文写作的意义

学习应用文写作、提高应用文写作水平，是社会和时代发展的需要。对于相关专业的学生和从业者来说，掌握应用文的写作知识，能够撰写出思路正确、观点清晰、结构完整、格式规范、语言流畅的应用文是一项必备技能。

在当今社会，随着经济的发展和科技的进步，信息成为越来越重要的资源，信息的传递和交流直接或间接地影响着人们的生产与生活。应用文作为信息传递和交流的工具，发挥着处理政务、协调关系、促进交流、组织策划等重要作用。

学习应用文写作的意义主要包括以下几个方面。

1. 丰富个人知识储备

要想撰写出优秀的应用文，就要在平日里积累丰富的素材、拓宽知识面、努力学习专业知识。因此，学习应用文写作可以丰富个人知识储备、优化知识结构。

2. 提升个人素质

应用文写作不但对一个人的知识储备量有着较高的要求，而且可以考察一个人的综合素质，如业务能力、管理能力、创新思维能力等。因此，学习应用文写作能从多方面提升个人素质。

3. 开拓发展空间

无论是在生活中，还是在学习、工作中，应用文写作能力都是个人能力和文化素养的直接体现，对适应现实生活、匹配未来岗位的需求及立足社会都大有裨益。因此，学习应用文写作能给个人增添优势、开拓发展空间。

4. 处理工作事宜

应用文是从长期的工作和管理实践中逐渐形成、规范、发展起来的，是具体业务和管理活动中不可或缺的工具。因此，对应用文写作进行系统学习可以帮助我们妥善地处理事务、完成工作。

二、学习应用文写作的方法

应用文写作是一门涉及人文知识和精神素养的学科，具有很强的实践性与开放性。在学习应用文写作时，只有掌握正确的方法，才能达到事半功倍的效果。应用文写作的方法包括以下几方面。

1. 掌握理论基础，提高综合素质

应用文写作并非一门完全独立的学科，要想撰写高质量的应用文，撰写者不仅需要提高语言表达、遣词造句的能力，还要具备正确的政治思想理论基础和熟练的业务能力。只有具备扎实的理论基础、拥有较高的综合素质，撰写者才能在写作时游刃有余。

2. 阅读范文，善于总结

优秀的范文能够给人启迪。通过阅读范文，我们可以获得应用文写作的方法与技巧，掌握写作的规律。同时，大量阅读范文也是一个知识内化的过程，在下笔时，我们的脑海中会呈现出丰富的素材。

【范文欣赏】

招 聘 启 事

根据工作需要，经学校批准，现面向校园公开招聘5名技术人员。

一、招聘对象、数量及条件

1. 招聘对象

2023年全日制应届毕业生，需在2023年7月前取得学历及学位证书。

2. 招聘数量

财会类专业 3 名，计算机或信息管理类专业 1 名，工程管理或项目管理类专业 1 名。

3. 招聘条件

（1）遵纪守法，具有良好的思想政治素质、职业道德和敬业精神，工作踏实、责任心强。

（2）心理素质良好，身体健康。

（3）财会类专业毕业生、计算机或信息管理类专业毕业生、工程管理或项目管理类专业毕业生。

二、招聘程序

1. 报名

报名人员须在 2023 年 4 月 7 日前（包括 2023 年 4 月 7 日）将报名材料，包括报名人员基本情况登记表及其他能反映本人能力和水平的证明材料，以电子文档形式发送至邮箱××××@××××.com。

2. 资格审查

学校组织相关人员对报名人员进行资格审查，并以电话或邮件方式将考核方式、时间及地点等相关事宜通知通过资格审查的报名人员。

3. 考核录用

根据考核结果确定拟聘人选，经公示体检合格后，按规定办理录用手续。

三、被聘用人员待遇

被聘用人员以人事代理方式在学校工作，相关待遇按照学校人事管理相关规定执行。

四、联系方式

联系人：王老师

联系方式：158××××××××

××××学校

2023 年 5 月

【实践园地】

以下是某应届毕业生写给某公司的求职信，请你分析该求职信的主旨、材料、结构及表达方式，然后以自己的角度撰写一封求职信。

尊敬的领导：

您好！非常感谢您能在百忙之中抽出时间阅读本人的求职信。我是某学院交通运输专业国际航运管理方向的学生，将在2023年6月毕业，在此呈上自己的求职信息，愿意接受贵公司的考核与挑选。

我通过各种渠道大致了解了贵公司的情况，知道贵公司是个很有发展前途的符合现代潮流的公司，具有很强的活力，而我也非常希望能加入这样的公司，为公司的发展奉献绵薄之力，同时希望能在贵公司的帮助下、在贵公司大环境下得到发展。

在学校的三年是我不断进取、逐步完善、充实自己、开拓奋斗的三年。这一切都是为未来的发展而准备。在学校的三年学习中，我除了能够熟练地掌握本专业的基础知识外，也辅修了计算机应用专业，且已达到专业水平，这一切使我初步具备了从事计算机应用、会计、市场营销等方面工作的能力。

“良禽择木而栖，士为知己者死。”在物尽其用、人尽其才的今天，我希望能加入重视人才、注重实干的贵公司，同时也希望以我所学，尽我所能，为贵公司的繁荣与发展贡献自己的力量。若能给我一个面谈的机会，我将备感荣幸。

恭候佳音。

自荐人：×××

2023年2月18日

项目二
日常文书

学习目标

知识目标

1. 了解一般书信、介绍信、证明信、申请书、条据、启事、声明的含义和特点。
2. 掌握一般书信、介绍信、证明信、申请书、条据、启事、声明的结构及写作方法。

技能目标

1. 能结合实际需要选用日常文书维中，并按照规范格式撰写文书。
2. 能在实践中熟练分析日常文书的主题、材料、篇章结构和语言特点。

素质目标

1. 培养沟通协调能力，提升工作效率。
2. 培养概括总结能力，善于找出共性，精练表达。

思政目标

培养学生严谨细致，精益求精的专业态度，提升其科学性、条理性、预见性，树立其诚实守信、实事求是的意识。

案例导入

北京 ×× 职业学院的毕业生小清应聘 ×× 文化传播有限公司的秘书，对方要求小清出示一份其担任过学生干部的证明。因此，北京 ×× 职业学院学生处为小清开具了一份证明。

通过上述案例描述，请思考：

1. 出具证明的程序大致是怎样的？

2. 北京 ×× 职业学院学生处出具这封证明信时应当注意哪些格式要求？

任务一　一般书信

书信是个人、组织、团体之间用文字相互通报情况、传递信息、交流思想、表达情感的一种工具，是一种日常应用文体。它有特定的格式，通过邮寄、传送等方法传递给对方。

一般书信多指私人之间的往来信件，即人们借助书面语言互通音信、交流思想、传递信息、商定事宜、研究问题时使用的一种应用文体。

一、一般书信的特点

1. 阅读对象只限于收信人

一般书信常常涉及个人生活、思想、情感、友谊、婚姻、家庭以及与亲友的联系等问题，因而具有较强的私密性，不允许非收信人拆阅。非收信人偷拆偷看、擅自检查有关内容是违法的行为。

2. 表达方法自由

一般书信的表达以收信人能充分理解为原则，可叙述，可议论，可说明，可因人因事直抒胸臆，可就某些情景、人、事加以描绘，还可以自由地夹叙夹议。

3. 使用面广

信的文体出现之后，在一段时间内成为人与人之间交流感情、沟通思想、传递信息的重要工具。

二、一般书信的结构与写作方法

一般书信由七个部分组成，即称呼、问候语、正文、结尾语、具名、日期和附言。

1. 称呼

称呼也称“起首语”，是对收信人的称呼。称呼要在信纸第一行顶格写起，后加“：”，冒号后不再写字。称呼和署名要对应，明确自己和收信人的关系。称呼可用姓名、称谓，还可加修饰语或直接用修饰语作为称呼。这里简要说明几条细则。

（1）给长辈的信

若是近亲，可只写称谓，不用写字，如“爸”“妈”“哥”“嫂”等；亲戚关系的，可写关系的称谓，如“姨妈”“姑妈”等；对非近亲的，可在称谓前加名或姓，如“赵阿姨”“黄叔叔”等。

（2）给平辈的信

夫妻或恋爱关系的，可直接用对方名字，爱称加修饰语或直接用修饰语，如“丽”“敏华”“亲爱的”等；同学、同乡、同事、朋友关系的，可直接用名字、昵称或加上“同学”“同志”，如“瑞生”“老纪”“小邹”“三毛”等。

（3）给晚辈的信

一般直接写名字，如“乐毅”“君平”“阿明”等；也可在名字后加上辈分称谓，如“李花侄女”等；亦可直接用称谓作为称呼，如“孙女”“儿子”等。

（4）给师长的信

通常只写其姓或名，再加“老师”或“师傅”，如“段老师”“周师傅”“宏海老师”等。对于十分熟悉的师长，也可单称“老师”“师傅”。若连名带姓，在信首直称如“孙松平老师”“王达夫师傅”，就显得不大自然且欠恭敬。对于学有专长、德高望重的师长，往往在姓后加一“老”字，以示尊重，如“戴老”“周老”，亦可在姓名后加“先生”二字。为郑重起见，也有以职务相称的，如“董教授”“陈大夫”“佟工程师”等。

（5）给多人的信

给一个单位或几个人的信，又不指定姓名的一般可写“同志们”“诸位先生”“××等同志”等。给机关团体的信，可直接写机关团体名称，如“××委员会”“××公司”。致机关团体领导人的信，可直接用姓名，加上“同志”“先生”或职务作称呼，亦可直接在机关团体称呼之后加上“领导同志”“负责同志”“总经理”“厂长”等。如果信是同时写给两个人的，两个称呼应上下并排在一起，也可一前一后，尊长者在前。

上述五种场合，有时还可按特殊对象，视情况加上“尊敬的”“敬爱的”“亲爱的”等形容词，以表示敬重或亲密之情。当然，这要用得适宜，如对好友称“尊敬的”，反而显得见外，对无特殊关系的年轻女性贸然称呼“亲爱的”，就有失检点了。

一般书信惯用的称谓用语见表 2–1、表 2–2。

表 2-1 一般书信惯用的称谓用语（给长辈的信）

尊称对方	谦称己方
曾祖父（父亲的祖父）、曾祖母（父亲的祖母）	曾孙、曾孙女
祖父、爷爷（父亲的父亲）；祖母、奶奶（父亲的母亲）	孙、孙女
祖翁、爷爷（丈夫的祖父）；祖姑、奶奶（丈夫的祖母）	孙媳
父亲、爸爸、公公（丈夫的父亲）；母亲、妈妈、婆婆（丈夫的母亲）	媳
伯父、伯伯（父亲的哥哥）；伯母、大妈、大娘（父亲的嫂嫂）	侄、侄女
叔父、叔叔（父亲的弟弟）；叔母、婶婶（父亲的弟媳）	侄、侄女
伯父、伯伯（丈夫的伯父）；伯母、大妈、大娘（丈夫的伯母）	侄媳
叔父、叔叔（丈夫的叔父）；叔母、婶婶（丈夫的叔母）	侄媳
外祖父、外公、姥爷（母亲的父亲）；外祖母、外婆、姥姥（母亲的母亲）	外孙、外孙女、外孙媳
伯祖父、伯公（祖父的哥哥）；伯祖母、伯婆（祖父的嫂嫂）	侄孙、侄孙女
叔祖父、叔公（祖父的弟弟）；叔祖母、叔婆（祖父的弟媳）	侄孙、侄孙女
舅公、舅姥爷（祖母的兄、弟）；舅姥姥（祖母兄弟的妻子）	外甥孙、外甥孙女
伯父、大爷（妻子的伯父）；伯母、大娘、大妈（妻子的伯母）	侄婿
叔父、叔叔（妻子的叔父）；叔母、婶婶（妻子的叔母）	侄婿
姑父、姑丈（父亲的姐夫、妹夫）；姑母、姑妈、姑姑（父亲的姐妹）	内侄、内侄女
舅父、舅舅（母亲的兄弟）；舅母、舅妈、妗妗（母亲的兄弟媳妇）	甥、甥女
姨父、姨丈（母亲的姐夫、妹夫）；姨母、姨姨、姨妈（母亲的姐、妹）	甥、甥女

表 2-2 一般书信惯用的称谓用语（给平辈的信）

称呼对方	自称
丈夫（写名字）；妻子（写名字）	写名字、写名字
嫂（哥哥的爱人）	弟、妹
弟妹（弟媳妇）	兄、姐（写名字）
妹夫（妹妹的爱人）	内兄、姐
堂兄、堂弟（伯、叔父的儿子）	堂弟、堂兄
堂姐、堂妹（伯、叔父的女儿）	堂妹、堂姐
表兄、表弟（姑、舅、姨的儿子）	表弟、表兄
表嫂、表弟妹（姑、舅、姨的儿媳）	表妹、表嫂
表姐、表妹（姑、舅、姨的女儿）	表妹、表姐
表姐夫、表妹夫（姑舅、姨的女婿）	表弟、表兄
内兄、兄、哥哥（妻子的哥哥）	妹夫（弟）
内弟、弟弟（妻子的弟弟）	姐夫（兄、哥哥）
妻妹、妹妹（妻子的妹妹）	姐夫（兄、哥哥）

续表

称呼对方	自称
妻姐、姐姐（妻子的姐姐）	妹夫（弟）
襟兄、兄、哥哥（妻子的姐夫）	襟弟（弟）
襟弟、弟（妻子的妹夫）	襟兄（兄、哥哥）
兄、哥哥（丈夫的哥哥）；嫂（丈夫的嫂嫂）	弟妹（妹）
妹妹（丈夫的妹妹）；妹夫、弟（丈夫的妹夫）	嫂（写名字）
弟弟（丈夫的弟弟）；弟妹、妹（丈夫的弟媳）	嫂（写名字）
姐夫、兄（丈夫的姐夫）；姐姐（丈夫的姐姐）	弟媳（妹妹）

2. 问候语

问候语要写在称呼的下一行，起段空两格，也可单独成段。在信的开头如果没有一点儿寒暄，径直请求别人帮助自己做这做那，是欠礼貌的。因写作书信时来信与回信的关系，时令、感情亲疏、写信的原因等的不同，问候语也各有不同，如下。

回复书信："喜接来函，欣慰无量。""逾书敬读，不胜欢慰。"

表思念："分手多日，别来无恙。""别后月余，殊深驰系。"

表钦佩："奉读大示，向往尤深。""德宏才羡，屡屡怀慕。"

表时令问候："春寒料峭，善在珍重。""时欲入夏，愿自保重。""入秋顿凉，幸自摄卫。""朔风忽起，希自珍卫。""值此阳春（初夏、深秋、隆冬）时节，谨致问候。"

表问病："闻君欠安，甚为挂念。""闻病甚念，务请安心静养。"

表自述："阖家老小安好如常，请勿念为要。""敝寓均安，可释远念。"

表祝贺："欣闻……谨寄数语，聊表祝贺与希望之心。""喜闻……由衷快慰，遥祝前程似锦，万事如意。"

表致歉："久未通信，甚以为歉。""音问久疏，实深歉疚。"

表致哀："惊悉 ××× 不幸逝世，不胜哀悼。"

3. 正文

正文指一般书信的主体部分，可分为缘起语、主体文、总括语。

（1）缘起语写在问候语的下一行，空两格，说明写信的目的和缘由。

（2）接下来便是正文的主要部分——主体文，即写信人要说的话。主体文另起一段空两格。它可以是禀启、复答、劝谕、抒怀、辞谢、致贺、请托、慰唁；也可以是叙情说理、辩驳论证等。这一部分，动笔之前，就应该成竹在胸，已明确写信的主旨，做到有条有理、层次分明、语言简明流畅。

正文内容既无定式，也无定法，因人因事而异，但要注意以下几个问题。

① 开头要写对方最关心的问题。

② 条理要清晰。讲清楚了一件事情后，再讲第二件，不要翻来覆去地讲同一件事。最后再写自己托办的事。

③ 给尊长的信，应有礼貌。写信给尊长，要用“您”，给平辈的信，在谈及对方的尊长时，也应表示尊敬，如提到对方父母，应称“令尊、令堂”，还可空一格以示尊敬。对尊长不要直呼其名，对自己不要只称字号头衔而不用名；否则，对尊长直呼其名，对自己处处尽显尊荣，对方就会认为写信人缺乏教养，从而产生反感。

（3）总括语是正文的结束语（也可省略），即简单概括核心意思，加深印象。

如有总括语，应简洁自然。正文最后可用一两句话作结，要求自然、必要、贴切。不要使人感到多余、生硬和做作。一般可表达如下意思。

① 请对方回信，如：

“盼即赐复”“翘企示复”“伫候明教”“时候教言”“盼祷拨冗见告”“万望不吝赐教”“敬祈不时指正”“敢请便示一二”“尚祈便中见告”“如何之处，恭候卓裁”“至盼及时示下，以匡不逮，无任感祷”。

② 告诉对方不用劳神回信，如：

“谨此奉闻，勿烦惠答”“敬申寸悃，勿劳赐复”。

③ 答复对方询问，如：

“辱蒙垂询，略陈固陋，聊博一粲而已”“远承下问，粗述鄙见，尚希进而教之”“上述陋见，难称雅意，亟祈谅宥”“姑道一二，未必为是，仅供参考”“不揣冒昧，匆此布臆，幸勿见笑”。

④ 请人应允，如：

“所请之事，务祈垂许”“以上请托，恳盼慨允”“诸事费神，伏乞俯俞（允）”。

⑤ 表示关切，如：

“伏惟珍摄，不胜祷企”“海天在望，不尽依迟（依依思念）”“善自保重，至所盼祷”“节劳为盼”“节哀顺变（用于唁函）”。

⑥ 表示感谢之情，如：

“诸荷优通，再表谢忱”“多劳费心，至纫公谊”“高谊厚爱，铭感不已”。

4. 结尾语

结尾语也叫祝颂语，是书信结尾时，对收信人表示祝愿、钦敬或勉慰的短语，如“即颂近安”“此致敬礼”“祝你进步”之类。其中，“即颂”“此致”“祝你”等词，紧接正文末尾书写；“近安”“敬礼”“进步”等词，另起一行，顶格书写。如果祝颂语的文字较多，也可独立占行，空两字写起，不必分拆成两部分。如果信笺下方余地充分，或者为了突出祝颂语，也可将“祝”“颂”“此致”等字样独占一行，空两格书写，而将“安”“好”“敬礼”等另行顶格书写。顶格书写的祝颂语后一般不加标点符号。祝颂语应根据具体情况恰当择用。

称呼和致敬语后半部分的顶格书写，是对收信人的一种尊重。古人的书信中，涉及收信人姓名或称呼时，为了表示尊重，不论书写到何处，都要把对方的姓名或称呼提到下一行的顶头来写。现代书信在称呼和致敬语后半部分延续了这种做法。

书信中常用的结尾语见表 2-3。

表 2-3 书信中常用的结尾语

收信人	祝颂词	
祖父母或父母	敬叩 敬请 敬颂 叩请 祝您 恭请	台安 金安 福安 健康长寿
亲友或尊长	恭请 顺请 敬请 恭叩 敬颂 健安 敬候 敬祝 敬请 恭请 素请 祉请	崇安 大安 康安 福安 崇祺 钧安 福祉
师长	谨颂 敬祝	讲安 诲安 尘安 教祺 道安
平辈亲友	敬颂 顺颂 即颂 素颂 敬候 此致 此问 敬问 敬祝 谨祝 谨致 顺问 祝您	台安 安祺 大安 时绥 近祺 敬礼 近祉 安好 健吉 近佳 近好 安好 健康 进步 愉快 成功 幸福 春安 夏安
晚辈	顺问 即询 即问 顺询 祝望	近好 时祉 日祉 近佳 近祺 健康 愉快 胜利 快乐 幸福 向上 努力
用于庆贺	恭贺 祉贺 恭请 谨祝 敬颂 敬请	燕喜 喜安 年禧 俪祺 俪祉 新喜 大喜 礼安
用于吊唁	祉请 并候 敬请	素安 节哀 礼安

5. 具名

在信尾右下方具上写信人的姓名。如果是写给熟识的亲属朋友，可加上自己的称呼，如弟、妹、儿、侄等，后边写名字，不必写姓；写给长辈的信具名时也可用“拜上”“叩上”等词，如“侄儿晓明拜上”；长辈给晚辈的信一般不具名，只写身份或称呼即可，如“父字”“爸爸”。具名要注意以下两个问题。

（1）要具真实姓名，不能用字号头衔代替。

（2）要有亲自签名。签名不仅是一种礼节与知照，而且是一种凭据。只盖章不签名或打印的名字，不能作为凭证，以后也许会带来许多麻烦。

具名语即用于具名之后的敬辞。常用具名语见表 2-4。

表 2-4 常用具名语

收信人	具名语
祖父母或父母	叩 叩上 叩禀 上 谨叩 敬叩
长辈或师长	谨禀 谨上 敬上 拜上 敬叩 素上 谨呈 谨启 谨素
平辈或亲友	启 谨启 谨 复 手启 手书 手复 敬述 鞠躬 上言 敬白 拜
晚辈	手字 手示 手书 手白 言告 手启 复

6. 日期

在署名或启禀词后面，写上撰信的具体的月、日，重要的书信要写明年份。也可把日期写在署名下一行的右下方。

另外，还可以在日期之后，写上撰信时的处所、氛围、心境等，如“舟中”“灯下”“万籁俱寂”之类。

7. 附言

有时写完信后还觉得有事要相告，可在信末写上“附”“附言”“另”等字，后加冒号，写完要说的内容后，再加上“又及”二字。

如写信人的家属、朋友也和收信人熟悉，署名后一行可加上这些人的附候，如“××嘱笔问候”。如应向收信人的家属、近邻亲友问候的，可加上“请向×××致意”，倘是长辈，可作“请在×××前问安”之类。

如果是初识者或更换了地址，应在信后加写自己的通信地址和邮政编码。

三、一般书信的写作要求

写信要用黑、蓝色的笔，不能用红色笔书写，以免引起对方误会。

字迹要端正、清晰，纸张要规范。内容集中，语言简朴，感情真挚，遣词造句要合乎章法，不晦涩生硬。注意礼貌，勤写信，写短信。

【范文欣赏】

习近平给“国际青年领袖对话”项目外籍青年代表的回信

“国际青年领袖对话”项目外籍青年代表：

你们好！来信收悉。你们都在中国学习、工作、生活，这次有机会到各地深入走访，加深了对中国的认识和了解，我感到很高兴。

正如你们在来信中谈到的，中国人民依靠自己的智慧和汗水，在中华大地上建设富饶美丽的家园，创造多姿多彩的文化，实现了梦寐以求的小康生活。要幸福就要奋斗。中国幅员辽阔、人口众多，要想发展振兴，最重要的就是立足国情、走自己的路。实践表明，中国式现代化新道路越走越宽广，将更好发展自身、造福世界。

青春总是同梦想相伴。中国共产党走过了百年奋斗历程，但我们的初心和梦想历久弥坚。百年恰是风华正茂。在新征程上，我们将继续为实现中华民族伟大复兴的中国梦而不懈奋斗，为促进人类发展进步而不懈奋斗。我们欢迎更多国际青年来华交流，希望中外青年在互学互鉴中增进了解、收获友谊、共同成长，为推动构建人类命运共同体贡献青春力量。

祝愿你们在华一切顺利！

中共中央总书记 国家主席 习近平

2021 年 8 月 10 日

（内容来源：新华网，新华社北京 8 月 11 日电）

【实践园地】

传统书信是一种非常诗意的文体，鸿雁传书也可以说是一种诗意的存在，但是在高度信息化时代的今天，这种诗意渐渐成为远去的风景，令人惋惜。请你就“传统书信逐渐消亡”这一文化主题，给全社会写一封公开信，表明你的态度和观点。

任务二 介绍信

介绍信是国家行政机关、企事业单位或社会团体的工作人员与其他单位或个人联系工作、了解情况、磋商事宜时所用的一种专用书信。

介绍信具有介绍与证明的双重作用，办事双方凭据此信接洽。使用介绍信，可以使对方了解来人的身份和目的，以便得到对方的信任和支持。

一、介绍信的分类

1. 普通介绍信

普通介绍信一般用公文信笺临时书写，其写法如下。

（1）在第一行正中用较大字体写“介绍信”三个字。

（2）在第二行开头顶格写对方单位名称或对方负责人的姓名、称呼，再加上冒号。

（3）另起一行空两格写介绍信的内容。开头习惯上用“兹”“今”“现”；正文要写明被介绍人的姓名、身份、随行人数以及要接洽的事情和要求等。随行人数的数字要大写，如要办理重要事项或带保密性的事项，还应注明被介绍人的政治面貌、年龄、职务、级别等，便于对方接待。

（4）结尾可写上“请接洽”“请予协助”“此致敬礼”等表示敬意或祝愿的话。

（5）最后在右下方写上本单位名称，出具介绍信的年月日，并加盖公章。在左下方还要注明介绍信的有效期限。

2. 印刷介绍信

印刷介绍信有固定格式，印刷成册，属联单式，使用时只需在空白处填上有关内容即可。这种介绍信分两联，一联是存根，另一联是介绍信本文，正中有间缝。

（1）存根

第一行正中用大字体写“介绍信”三个字，后面加圆括号内写“存根”两个字。

第二行的右半行，即“介绍信”的右下方写“×××字第××号”，“×××字”是单位的代字，“××号”是介绍信页码的顺序号。

第三行空两格写介绍信内容，应写明何人到何处办何事、对接洽单位有何要求等。

为了负责起见，以备日后查考，还应填上经手人和签发人姓名。

最后写介绍信开具的日期、有效期限。

（2）介绍信本文

在第一行正中用大字体写“介绍信”三个字。

在“介绍信”三个字右下方写“×××字第××号”，与存根一样填写。

第三行顶格写联系单位名称或个人姓名、称呼，再加上冒号。

第四行空两格写正文。写明被介绍人的姓名、政治面貌、人数、职务、职称等，以及要接洽的具体事项及对联系单位或个人的要求和希望等。

结尾写“请接洽”“请予协助”“请支持”之类的客气语。另起一行空两格写“此致”，再另起一行顶格写“敬礼”。

另起一行的右下方写上单位名称，其下写日期，并加盖公章。另起一行的左下方写介绍信的有效期限，并用括号括上。

介绍信的本文与存根之间是间缝部分，有一条虚线，虚线中间写着“××× 字第 ×× 号”字样，这与存根一样填写。号码要用大写，并写在虚线的正中，使存根及本文各有一半。虚线正中的号码要加盖公章。

二、介绍信的写作要求

（1）接洽事宜要写得具体、简明。

（2）要注明使用介绍信的有效期限，天数要大写。

（3）字迹要工整，不能随意涂改。

（4）要坚持实事求是的原则，优点要突出，缺点不避讳，用成就和事实替代华而不实的修饰语，恰如其分地介绍自己。

（5）要态度诚恳，措辞得当。用语应委婉而不隐晦，自信而不自大。

【范文欣赏】

例文一

介 绍 信

××× 公司负责同志：

今介绍我所副研究员 ×××、高级工程师 ××× 等二位同志前往贵公司，商谈有关合作的具体事宜，请予接洽。

此致

敬礼

×× 实用技术研究所（公章）

年 月 日

（有效期 天）

例文二

介 绍 信（存根）

××× 字第 ×× 号

被介绍者：

前往单位：

联系何事：

经手人：

签发人：

年　月　日

（有效期　天）

字第　　号（公章）

例文三

介　绍　信

字第　　号

兹介绍我院________等________位同志，前往________________，请接洽。

此致

敬礼

××××××（公章）

年　月　日

（有效期　天）

【实践园地】

案例写作：

××× 学院工商管理系营销专业 ×××、×××、××× 等三位同学经本学院介绍，前往位于本市的 ××× 商贸公司实习两个月。据此，以 ××× 学院的名义，请你出具一封介绍信。

任务三　证　明　信

证明信是国家行政机关、企事业单位、社会团体或个人证明有关人员身份或某一事情真相的一种书信。证明信通常又称为“证明”，具有凭证的作用。

一、证明信的特点

1. 凭证的特点

证明信的作用贵在证明，是持有者用以证明自己身份、经历或某事真实性的一种凭证。

2. 书信体的格式特点

证明信是一种专用书信，尽管证明信有几种形式，但它的写法同书信的写法基本一致，大部分采用书信体的格式。

二、证明信的结构与写作方法

证明信有两种形式：一种是以组织名义出具的证明信；另一种是以个人名义出具证明、再由所在单位组织签署意见的证明信。这两种形式的证明信，结构大致相同，都由标题、称谓、正文、署名和日期构成。

（1）标题常是“证明信”三个字或“关于 ××× 同志 ××× 情况（或问题）的证明”。

（2）称谓是索要证明单位的名称，顶格写在标题下一行，之后加冒号。

（3）正文是证明信的主体部分，写法是另起一行空两格写明被证明事项的全部事实，内容要翔实，语言要准确肯定、简明扼要，正文之后常另起一行空两格写“特此证明”作为结束语。

（4）在正文右下方署上证明人（或单位）名称、日期，并加盖公章。

三、证明信的内容

若属个人名义出具的证明信，所在单位组织须签署意见，内容大致包括以下几方面。

（1）写明对证明人的政治、工作等的评价，便于对方了解证明人的基本情况，从而鉴别证明材料的真伪与可信的程度。

（2）凡证明的材料属熟悉的，可表示肯定或否定的态度；若不太熟悉，可注明“仅供参考”。

（3）签署意见之后，要署上单位名称和日期，并加盖公章。

（4）另外，还有一种随身携带、起证明身份作用的证明信。这种证明信只是保证被证明者的工作、生活或旅行的正常进行，其写法与上述两种证明信相同，只是这种证明信要注明有效期限。因此，这种证明信与介绍信更为相近。

四、证明信的写作要求

（1）实事求是，证明的材料必须真实、可靠。

（2）用词要准确，避免歧义；语气要肯定，令人信服。

（3）留存底稿，以备查考。

【范文欣赏】

证　明　信

×××学院党委：

××××年××月××日来信收到，根据信中要求，现将你校张×同志的爱人——王××同志的情况介绍如下：

王××同志，男，现年38岁，中共党员，是我院计算机系教师。该同志和家庭成员以及主要社会关系政治历史均清楚。该同志对教学工作认真负责，近年来多次被评为市级模范教师。

特此证明。

××省××市××大学党委（公章）

年　月　日

【实践园地】

案例写作：

×××学院工商管理系营销专业×××、×××、×××等三位同学于××××年××月××日至××月××日在×××商贸公司实习。据此，请你以×××商贸公司的名义，给××公司出具一封证明信，证明以上三位学生的实习事实及表现。

任务四　申　请　书

申请书是个人、单位、集体向组织或领导提出请求、要求批准或帮助解决问题所使用的一种专用书信。

申请书除第一行居中写申请的名称外，其余部分与一般书信的格式一样。请求的事情一定要写清楚，理由要充分，言辞要恳切。

一、申请书的分类

1. 根据申请人划分

根据申请人划分可将申请书分为个人申请书和集体申请书。

2. 根据使用范围划分

根据使用范围划分，可将申请书分为以下几类。

（1）思想政治生活方面的申请

思想政治生活方面的申请一般指加入某些进步的党派团体。如申请加入中国共产主义青年团、中国共产党、工会、军队等。

（2）工作学习方面的申请

工作学习方面的申请是指在求学或在实际工作中所写的申请。如入学申请书、辞职申请书等。

（3）日常生活方面的申请

日常生活中，我们常常会遇到一些问题，需要个人申请才可以被组织、集体、单位考虑或照顾后给予解决，如申请住房、助学贷款等。

二、申请书的特点

1. 请求的特性

“申请”二字决定了它必然具有申述和祈请的特点。无论是个人在政治生活上入团入、党的申请，或者个人、单位在其他方面的申请，均是一种请求满足要求的公用文书。所以请求的特性是申请书的一个根本特点。

2. 内容的单一性

申请书的写作内容单一，一事一书。

3. 下对上的行文方式

申请书是个人向组织、下级向上级的行文方式，这是申请书的性质所决定的。所以申请书在语气的使用、言辞的选择上均需符合下对上的行文标准。

三、申请书的结构与写作方法

申请书一般由标题、称呼、正文、结尾、落款五部分构成。

1. 标题

第一行居中写申请书的名称。标题有两种写法：一是单独以文种名称做标题，如“申请书”，另一种是由“申请内容和文种名称”构成标题。如“入党申请书”。

2. 称呼

在标题下空一行顶格写接受申请书的组织、机关、团体、单位的名称或有关负责同志的姓名，如“尊敬的党支部”，然后加冒号。

3. 正文

另起一行空两格写申请内容。申请书的正文包括三项内容：第一，申请的事项。简要介绍申请人的基本信息后，就表明向组织、领导提出申请什么事项，直截了当，不含糊其辞；第二，提出申请的理由。说明写申请书的目的和意义。第三，决心和要求。进一步表明自己的决心、态度和要求，以便于组织了解申请人的认识和情况。要求言简意赅，重点突出，有条有理。以下列举了几种与学生生活密切相关的申请书正文写作内容及注意事项。

（1）入党申请书正文的写作

① 开头一般首先表明自己申请加入党组织的愿望。也可以对自己的姓名、单位、身份等做自我介绍。

② 主体部分主要包括：对党组织的认识，入党动机和对待入党的态度；个人在政治、思想、工作、学习、作风等方面的主要表现情况；今后的努力方向以及如何以实际行动争取早日加入中国共产党；通常用“请党组织对我认真考察和帮助，予以批准”或“请党组织在实践中考验我”，或“请党组织看我的实际行动”等结束正文的写作。

③ 注意事项：要写好入党申请书，需要认真学习党章，掌握党的基本精神，加深对党的性质、任务，党员的权利、义务等基本知识的认识和理解。关于对党的认识，写作时要联系自己的思想实际，避免空谈“大道理”。行文庄重、朴实，情感诚恳、质朴，不要追求华丽的辞藻。

（2）辞职申请书正文的写作

① 开头开门见山，直接提出辞职的请求。

② 主体部分主要包括：陈述提出辞职的理由。申请人应将有关辞职的详细原因条分缕析，加以列举，使人一目了然；表示辞职的决心和个人要求，以及希望领导同意的意愿。

③ 注意事项：辞职是一件慎重的事情，写辞职申请书要三思而后行；申请辞职的理由要充分、真实，这是辞职申请书写作的关键所在；态度诚恳，语气平和，文字简洁朴实。

（3）助学贷款申请书正文的写作

① 开头一般写申请人的基本情况，如姓名、单位、目前的有关状况等。

② 主体部分主要包括：写明申请人的具体困难情况，要具体、翔实地写出申请助学

贷款的理由；最后可再次表示希望得到助学贷款的愿望。

③ 注意事项：申请的理由一定要充分，并且要真实确凿，这是申请困难补助申请书写作的核心和关键；提出的要求要合情合理，同时要考虑相关的国家政策规定，否则会适得其反；篇幅不宜过长，文字要简洁明晰，重点突出，以免喧宾夺主。

4. 结尾

结尾写明惯用语“特此申请”“恳请领导帮助解决”“请领导批准”等，也可以用“此致敬礼”等礼貌用语，

5. 落款

在申请书结尾的右下方，写上申请人或申请单位的名称和申请时间。单位所写的申请书还须加盖公章。

四、申请书的写作要求

（1）在提出请求时所提供的情况必须真实，不应隐瞒或夸大事实。

（2）请求要求明确，陈述理由要简单清楚。

（3）申请书一般是写给组织或领导的，措辞要庄重、严肃、平实。

【范文欣赏】

国家助学金申请书

尊敬的国家助学金评审人员：

你们好！我是会计事务专业 × 班的学生赵冉。我出生于一个五口之家，全家靠父母打工赚来的钱维持生活。现在我和妹妹都处于求学阶段，而去年奶奶生病住院的费用让我们的生活雪上加霜，变得更加拮据，家中已难以同时负担我和妹妹的学费、生活费。为了能够顺利完成学业，我郑重地申请国家助学金，希望能够得到国家的帮助。

我深知父母供我和妹妹读书非常艰难，在过去的一年中，我在各方面都努力做到最好。我现将本人在学习、工作、生活等各方面的情况介绍如下，供各位评审人员参考。

一、学习方面

我积极进取，从未放松对本专业知识的学习，始终保持端正、谦虚的态度，积极配合老师教学，努力提高自身的专业素养与人格素养。通过努力，我在第一学年取得了本专业第八名的成绩。课余时间，我还会自觉学习课本上没有的知识，通过到图书馆阅读各种图书、报纸、杂志及上网查阅资料等充实自己，丰富自己的知识储备。我知道自己还有很多方面需要进一步完善，在以后我会更努力地学习，争做一个全面发展的新型人才。

二、工作方面

在刚入学的时候，我很荣幸地被选为班长。在日常工作中，我踏实肯干，认真负责，积极为同学们提供服务和帮助；虚心向别人学习，有错就改，并积极听取老师和同学们的建议。在利益面前，我坚持以大多数同学的利益为重，绝不以权谋私，赢得了同学们的信任和支持。

三、生活方面

我节俭朴素、作风优良、性格开朗。我始终用一颗真诚的心对待人和事，在别人需要帮助的时候勇于伸出援助之手，与室友和同学们保持良好的关系，获得了室友和同学们的信任。

在不影响自己学业的同时，我会做一些兼职来帮助父母减轻负担。

我特别感谢学校对我的培养，老师和同学们在学习、工作、生活上对我的帮助和支持。我真诚地希望学校能考虑我的情况，给予我适当的补助，帮助我顺利完成学业。我会继续努力学习，不断上进，只要自己有能力，马上回报学校、回报社会，帮助更多需要帮助的人！

敬请评审人员审核！

此致

敬礼！

申请人：赵冉

2023 年 × 月 × 日

【实践园地】

张 ×× 同学今年考上了某职业技术学院艺术设计专业，但由于家境贫困，交学费困难。请你以第一人称写一封助学贷款申请书。

任务五　条　据

条据是指人们在日常生活和工作中与人交往时通过书面形式把临时要说明的事情写成的便条，或者是财务往来时用文字写成的凭据。条据是一种最常见的应用文体。

条据文字简练、形式灵活、省时可靠，在生活和工作中使用的范围也很广泛，为人们交流信息、联系情况等诸多方面提供了方便。

一、条据的分类

按用途分，条据可分为说明性条据和凭证性条据两大类。

1. 说明性条据

说明性条据是指临时需要对别人说明的事情，由于某种原因无法当面讲或由于手续上的需要而写成的条子。说明性条据有请假条、留言条、托事条等。

（1）说明性条据的格式及写法

说明性条据的格式可分为五部分：称呼在第一行顶格写，后面加冒号；正文在第二行空两格开始写；祝颂语在正文后另起一行空两格写“此致”，再另起一行顶格写“敬礼”，表示对对方尊重；在正文右下方写自己的姓名；在姓名下方写年、月、日。

说明性条据的写法与书信相似，但正文要比书信简练。

（2）说明性条据的分类

① 请假条

a. 请假条的含义。请假条指因病或因事无法参加某项工作或活动，需要向领导或有关人员说明原因、请求批准的条据。请假条应由本人撰写，若因故由他人代写，应加以说明。

b. 写作请假条的注意事项。请假条要事先递交；叙述简洁明了，语气婉转谦恭；写清请假原因和请假起讫时间；代写的请假条要以第三人称行文，并写清代写者姓名。

② 留言条

a. 留言条的含义。留言条是指在联系工作、交代任务或访问亲友未遇时，为留下告知话语而写的便条。

有事找人，但因故未遇，可写留言条说明来访目的及事情的轻重缓急。如有其他事情，也可顺带提及，或约定时间再访，或另约地点会面。

b. 写作留言条的注意事项。留言条要以如发送短信等容易看到的方式传递。如果以前没有交往，要做自我介绍，并留下联系方式。

③ 托事条

a. 托事条的含义。托事条是指委托别人办理事务所写的便条。

b. 写作托事条的注意事项。托事条要写清在什么时间、什么地点、以什么方式办理什么事情及如何办理；叙述简洁明了，语气谦恭礼貌。

2. 凭证性条据

凭证性条据是人们在生活中交接财物时用来作为凭证的单据。凭证性条据可分为借条、欠条、领条、收条等。

（1）凭证性条据的格式及写法

在第一行中间写上“借条”“欠条”“领条”“收条”等字样。

第二行空两格写“借到”“收到”“领到”“暂欠”等字样。有的会加“今”字表明时间。之后写对方单位名称（或当事人姓名）、财物名称及数量。之后紧跟正文写“此据”二字。

在条据右下方写上单位名称、经手人姓名及日期，并加盖公章。

（2）凭证性条据的分类

① 借条

借条又叫借据，是指在借到个人或单位的钱物时所写的条据。借条是一种非正式契约，通常在归还钱物后由立据者收回或当场销毁。

若是向个人借钱、借物时所写的条据，借方可只写一张借条；若是向单位借钱、借物，借方须写两张借条，借方和单位各保留一份。

借条上应标明“借条”二字。正文中应明确写清借了什么、借了多少、归还期限等内容。向单位借钱、借物还应写明其用途。最后须在借条后面签名盖章、标上日期。

② 欠条

欠条实质是借条的一种特殊形式。如果借方在归还所借钱物时，只能归还其中一部分而不能全部归还，则应立下欠条。有时，在借用了钱物之后补写的用作凭证的条据亦可称为欠条。欠条的格式、份数、处理方法与借条相仿。

③ 领条

领条即个人或某一机关单位向另一机关单位领取钱物时，给发放钱物者留下来保存的条据。如果是代替他人领取钱物，则应注明“代领”二字，并写上代领者与被代领者的姓名。要写明何时从何处领取到什么物件及数量。

④ 收条

收条有时也称“收据”，指在收到其他个人或单位的钱物后，专门立下的凭据，交给对方。收条可写一份，也可采用两联单或三联单的形式以便日后核实之用。其中第一联是存根，第二联或第三联在加盖公章后交由付方，作为其回单位的报销凭证。

归还钱物时，如果被借方不在场，而由他人出面代为收下时，代收者应出具收条。此类收条亦被称为“代收条”。若被借方在场，则只需交还给借方借条，而不必出具收条。要求写明什么时间收到何人的什么东西、数量。

⑤ 发条

发条即机关单位在发放钱物时写给领取者的条据。发条不同于发票。发条往往限于小额货款或单位内部发放钱物，仅是一种收付钱物的简单凭证。而发票则是由国家税务部门统一印制的，有严格的规范样式。

（3）凭证性条据的写作忌讳

① 忌空白留得过大。条据的内容部分与签章署名之间的空白留得太大，容易被持据人增添补写其他内容，或将原内容裁去，在空白处重新添加内容。

② 忌大写、小写分不清楚。写条据时，如果只有小写，没有大写；或者小数点位置不准确，数字前头有空格；或大写、小写不相符，都容易被持据人添加数字或修改，甚至由此而引发民事纠纷。

③ 忌用褪色墨水书写。用圆珠笔或其他易褪色的墨水书写条据，倘遇保存不当、受潮或水浸时，字迹会变得模糊不清，并为某些别有用心的人用化学制剂涂抹留下可乘之机。

④ 忌不写日期。不写明日期的条据，一旦发生了纠纷，事实真相常常难以查清，对诉讼时效的确定也容易造成困难。

⑤ 忌内容表述不清。有的条据将“买”写成“卖”，“收”写成“付”，“借给”写成“借”等，都极易颠倒是非。

⑥ 忌名字书写不完整。条据上有姓无名或有名无姓，都会给对方留下行骗的口实和赖账的把柄。

⑦ 忌核对不认真。请别人或由对方写的字据，应字字斟酌，认真审核，不能贸然签字盖章。

⑧ 忌使用同音同义字。姓名不要用同音同义字、多义字代替，否则容易发生责任不清的纠纷。以身份证上面的名字为准，具有法定的效力。

⑨ 忌印鉴不规范。由他人代笔书写或者代笔签名，而本人只在上面按一个手印，发生纠纷时，也很难认定责任。

⑩ 忌还款时不索回条据。还款还物时，对方若称一时找不到借条，应该让其写一张收据留存，这样才不至于给日后留下隐患。

二、条据的写作要求

（1）内容要写清楚，文字要简短、具体、准确。

（2）物品、钱款的数量要大写，数额之前不可留空格，数额之后要写上“整”字，以防涂改。

（3）单据写好后不能涂改，非涂改不可，要在涂改处加盖负责的印章，以示负责。

（4）正确使用标点，以防引起误解，书写要端正，字迹要清楚。

（5）条据一般用蓝黑钢笔或碳素水笔书写，不能用红色笔或铅笔书写。

【范文欣赏】

例文一

请 假 条

张经理：

我因感冒发热不能上班，需要请假两天（请假时间自 2023 年 3 月 31 日—4 月 1 日）。这两天的工作已做好处理，希望予以批准。

此致

敬礼！

王明

2023 年 3 月 31 日

例文二

留 言 条

小李：

今天下午我到员工宿舍楼找你，结果你不在，我也未打通你的电话。看到此条后请打电话或到宿舍楼找我，关于我们上次说的一起组织义卖活动的事，我想和你进一步商量。

王明

2023 年 4 月 8 日

例文三

借 条

今因买房事宜，本人（身份证号：410401××××××××××××）从张全和处借款壹万伍仟圆整。我须于 6 个月之内（2023 年 10 月 28 日前）还清借款。

特此为据。

借款人：王明（附手印）

2023 年 4 月 29 日

例文四

领 条

今领到办公室新发办公用品钢笔伍拾支、稿纸贰拾本、信封伍拾个、拖把拾把、蓝墨水贰拾瓶、垃圾斗拾个。

人事科 王明

2023 年 4 月 28 日

例文五

托 事 条

××× 同志：

烦您代购明天去北京的 G102 次火车票两张（姓名：×××、×××，身份证号：××××××××××××××××××、××××××××××××××××××）。

谢谢！

××× 托

×××× 年 ×× 月 ×× 日

例文六

欠 条

今欠建设路欣荣超市鸡蛋款人民币伍佰叁拾柒圆陆角（¥537.60），定于叁日后，即 2023 年 5 月 10 日如数付清。此据

×××× 学院后勤处（盖章）

立据人：赵显

2023 年 5 月 7 日

例文七

收 条

今收到 ×××× 学院 ×××× 级 ×××× 专业 ×××× 班给 ×× 灾区的捐款现金人民币柒佰玖拾叁圆（¥793.00）整；救灾衣物：帽子壹顶、单衣拾捌件、棉衣玖件、鞋子拾双。此据。

×××× 学院学生会（盖章）

代收人：赵达

2023 年 5 月 7 日

【实践园地】

一、说明性条据实践

如下是一位学生写给辅导员的请假条，请你指出此条据的错误并改正。

请 假 条

因有事，须请假，望批准。

李晓

20×× 年 ×× 月 ×× 日

二、凭证性条据实践

李某向周某借人民币 10 000 元，约定一年后归还，并出具借据一份。一年后，李某归还周某 3 000 元，要回原借据撕毁，又为周某出具了一份新借据，如下。请你指出此借据的错误并改正。

借 据

李某借周某现金人民币 10 000 元，现还欠款 3 000 元。

此据。

李某

20×× 年 ×× 月 ×× 日

任务六 启 事

启事是一种公开的文告，即单位或个人把需要向公众说明或希望协助办理的事情简明扼要地写出来，张贴于公共场所或刊登在报纸、杂志及显示于电视屏幕上。

“启”即陈述，启事就是陈述事情。陈述是启事的主要表达手段。启事不具备法令政策性，也不需办理行文手续，启事的对象可以参与也可以不参与。

一、启事的分类

根据内容，启事可分为征稿启事、征订启事、招聘启事、招生启事、招商启事、开业启事、征集启事、鸣谢启事、征婚启事、婚礼启事、寻人启事、寻物启事、招领启事、比赛启事、迁移启事、更名启事、庆典启事、邮购启事等。

二、启事的特点

启事除了陈述性以外还有以下几个特点。

1. 告知性

告知性是指启事的形式是通过报纸、杂志、广播、电视等媒介把某事传播开去，公布于众，达到使人知晓的目的。

2. 广泛性

广泛性是指启事的告知对象不受行业、系统区域和单位的限制。

3. 求助性

求助性是指有的启事需要人们帮助配合，协同办理。如寻人启事、寻物启事，就是请求找到丢失的人或物件的有关人员告知下落。

三、启事的结构与写作方法

启事一般由标题、正文、落款三个部分组成。

1. 标题

最简单的标题可只写“启事”，但这不容易使读者了解这个启事是不是自己所关心的，不易引起注意，所以一般常常加上有关内容的摘要。比如“迁移地址启事”“寻人启事”等，使人一看便知是什么事。有的还写得更具体，使人一目了然，如“尚友百货公司开业启事”，人们看了便知道是哪家公司、有什么事，愿意看下去。如果“启事”内容紧急，可在“启事”前加“紧急”二字。

2. 正文

正文是启事的具体内容。这里要注意把事情的有关情况写得明确、具体。比如写寻物启事，就要写出什么时间、什么地点、丢失了什么东西、东西有什么特征、拾物人如何归还物品等。如果是迁移地址启事，就要写什么时间迁移到新的地址、新地址的具体方位（街、巷、门牌号码、乘几路公共汽车在哪一站下车）、电话号码、传真、电子邮件地址等。写征集图案启事，就要写清征集的是哪方面的图案、有何具体要求、怎样应征等项目。总之，要使人读后能了解你启事具体情况和要求，以便考虑能否提供帮助或应征。

3. 落款

在把启事的内容叙述清楚以后要署上启事人的姓名或者单位名称。如果在标题或正文内容中已经写了启事的单位名称或个人姓名，落款处也可不再署名。

启事的最后要写明启事的日期。如果所登媒体已统一标明时间，为了节省笔墨，也可不写。

四、启事的写作要求

有的内容特别简单的启事，一句话就能表达清楚，结构上自然不必求全。应根据实际需要，调整结构，安排文字。此外，写作启事时，要遵循实事求是的原则，对所启事的各项内容，均应如实写出，既不可夸大也不可缩小。启事的各项内容，可标项分条列出，使之醒目；也可用不同的字体列出，以求区别。启事的语言要简练得体、庄重严肃又礼貌热情。

【范文欣赏】

例文一

寻人启事

陈××，曾用名为陈××，男，××岁，身高1.78米，身材魁梧，讲普通话，脸上有明显老人斑。外出时，头戴浅灰色旅行帽，戴金属框茶色变色眼镜；上身穿浅豆沙色夹克衫，下身穿旧石磨蓝牛仔裤，外穿米色风衣，脚穿白色低帮旅游鞋；骑一辆红色女式旧金狮自行车（车牌号：×××××××，钢印号：×××××××）。有线索者，请速与本人联系。重金酬谢！

陈先生，您于20××年×月×日骑车外出，至今未归，单位许多事亟待与您商量，同事及家属都万分着急，盼您早日归来。

联系人：张维

联系方式：139××××××××

例文二

寻物启事

本人于8月30日中午在××市××区××路遗失一个30厘米×50厘米的黑色软皮包，内有一本存折、××××公司开出的一张银行支票，以及送货清单、购货发票、笔记本、少量现金。这些物品对本人来说非常重要，如果有人拾到，请速与本人联系。归还后必有重谢！

联系人：张维

联系方式：139××××××××

例文三

招领启事

本公司前台工作人员在8月30日上午于公司大厅拾到一个手提包，装有一副眼镜和其他物品，望失主尽快前来认领。认领地点：×× 市 ×× 商场3楼办公楼大厅。

联系人：张维

联系方式：139××××××××

例文四

招聘启事

×××× 公司成立于2000年，主营房地产开发与经营、物业管理、建材购销、房地产咨询等业务。因公司业务发展需要，现面向社会诚聘销售管理人员。

愿您的加入给我们带来新的活力，我们也将为您提供广阔的发展空间！

招聘要求：专科以上学历，工作认真扎实，具有较强的沟通协调能力和团队协作意识，有责任心；专业、男女均不限。

招聘人数：4～5人。

主要职责：销售案场管理、联系房管局和银行、给客户办理按揭贷款、签订购房合同、办理房产证等业务。

工资待遇：试用期基本工资为 ×××× 元/月，试用期为3～6个月。试用期满考核合格，实行基本工资加奖金的薪酬制度。

报名日期：截止到2023年 × 月 × 日。

面试日期：2023年 × 月 × 日 9:00。

面试资料：毕业证或学位证复印件、1份个人简历。

面试地点：××广场述德写字楼3楼 ×× 号(×× 路和 ×× 路交叉口，×× 店对面)。

联系人：张维

联系方式：139××××××××

【实践园地】

王 ××（电话：1360×××××××）求租40平方米左右铺面房，开展复印机、打字机等的修理业务，如能租赁在 ×× 区 ×× 一带最好。根据以上材料，请你以王 ×× 的名义拟写一份启事。

任务七　声　　明

声明是就有关事项或问题向社会表明自己立场、态度的应用文体。政党和国家的领导机关及其领导人、机关单位、社会团体、企事业单位、其他组织或公民个人均可发表声明。

声明是告启类文书的一种。可以在报纸、杂志上登载，也可以通过广播、电台播发，还可以进行张贴或通过多媒体发布。

一、声明的分类

1. 警告性声明

（1）警告性声明的定义。警告性声明指当单位或个人的某种合法权益受到损害或侵犯时，为维护自己的合法权益、引起公众关注，并要求侵权方停止侵害行为的声明。

（2）警告性声明的意义。警告性声明既表明了受侵害一方的立场、原则，又明确了双方责任，更可为将来提供书面证据。

（3）警告性声明的内容。警告性声明一般包括三个方面：声明方的权利；声明方受到的侵害；对对方的警告。

2. 遗失声明

（1）遗失声明的定义。当单位或个人遗失了支票、证件等重要凭据或证明文件时，为防止他人冒领、冒用而发表的声明。

（2）遗失声明的意义。遗失者按法律规定刊登声明之后，即推定社会上不特定的所有人都应当知道该证无效，便解除了遗失者的社会责任。通俗来讲，就是他人再冒用该证而产生的各种后果，遗失者不再承担相关责任。

（3）遗失声明的发布。遗失声明一般要求在市级公开发行的报纸、杂志上刊登才有效，网络发布是无效的，不具有遗失声明的法律效力。具体程序：在户籍所在地的派出所申报，同时在报纸上刊登声明。

（4）遗失声明的内容。遗失声明一般包括四个方面：遗失人名称；遗失时间；遗失原因；遗失的物品，遗失物品的各种具体证号。

二、声明的结构与写作方法

声明由标题、正文、落款三部分组成。

1. 标题

标题的写法同“启事”标题。可以写“声明”，也可以写“郑重(严正)声明”“××××单位郑重（严正）声明”或“××××单位委托×××律师郑重（严正）声明”。

2. 正文

正文要求写清楚声明的原因、态度、立场、措施和做法。在正文的末尾，另起一行空两格写“特此声明”四字，以示郑重。

3. 落款

落款包括署名、时间和附项三项内容：声明单位署名；年、月、日。有的声明正文内容中写有希望公众检举揭发侵权者的意思，还应在署名项目的右下方附注自己单位的地址、电话、邮箱以及邮政编码等，以便联系。

三、声明的写作要求

1. 事实有据可查

所需声明的事实必须真实清楚，有据可查。遗失声明还应写上遗失证件、票据的号码和份数。

2. 内容有法可依

声明的内容要符合法律的有关规定，依照法律直截了当表明观点。

【范文欣赏】

例文一

中国××网律师声明

版权声明

中国××网（www.××××net.com.cn）页面发布的所有内容，包括但不限于文字、图片、照片、表格、专栏目录与名称、商标及构成网页内容的设计风格、内容分类标准等，均受《中华人民共和国著作权法》《中华人民共和国商标法》及其他法律法规和国际公约、国际条约的保护；上述内容的知识产权属于北京××××科技有限公司及其开设的网站，或其他授权本公司及网站使用其内容的提供者。

非经本公司及网站书面同意或授权许可，其他任何网站不得将本网站的页面的部分或全部内容显示于其网站的页面内；不得对本公司及网站的页面内容进行复制、修改、展示、公开传播等及其他任何商业目的的使用。否则，本公司将依法追究侵权人的法律责任。

免责声明

任何因使用本网站或与本网站链接的任何其他网站或网页而引致的意外、电脑病毒、版权或其他知识产权纠纷及其造成的损失等，本公司及网站不承担任何法律责任。

用户转发或发送到本网站上的任何资料、信息或通信信息被认为是非机密的，网站没有任何通信保密方面的义务。本网站禁止用户发送或转送任何非法的具有威胁、中伤、诽谤、淫秽、色情内容或其他违反法律的资料、信息和言论。

对于上述内容引起的法律责任，本公司及网站不承担任何责任，其全部责任应由用户承担。

中国 ×× 网法律顾问

上海 ×× 律师事务所

×××

×××× 年 ×× 月 ×× 日

例文二

遗 失 声 明

××× 遗失第二代居民身份证，证号：36232×××××××××××××，自本声明发布日起所有与本身份证有关事情概与本人无关。

特此声明。

×××

×××× 年 ×× 月 ×× 日

【实践园地】

1. 上海 ×××× 集团与上海 ×××× 公司曾有合作，后者借此在未经上海 ×××× 集团同意的情况下擅自对外进行一系列商业活动，导致对上海 ×××× 集团名誉、利益等的损害。请你以上海 ×××× 集团的委托律师，为其拟写一份声明。

2. ×××× 大学金陵学院 ××× 不慎遗失就业推荐表，编号：61700368。请你以 ××× 的名义拟写一份声明。

任务八 简 报

简报

简报又称简讯、动态、摘报、要情、工作通讯、情况交流、内部参考等，是传递某方面信息的简短的内部小报，只在内部发行，不会公开，常用在国家机关、企事业单位、社会团体等组织中，用来汇报、反映、沟通情况和交流社会经验。也可以说，简报就是简要的调查报告、情况报告、工作报告、消息报道等。

一、简报的分类

按照不同的维度，简报可以分为不同的种类。按照时间，简报可以分为定期简报和不定期简报；按照性质，简报可以分为日常工作简报、会议简报、情况简报；按照内容，简报可以分为反映综合情况的简报和反映特定情况的专题简报。

从性质方面划分，每种简报的具体内涵如下。

（1）日常工作简报又称业务简报，是一种反映本部门或本单位日常工作或问题的简报。日常工作简报包含的内容较为广泛，包括日常工作情况、成绩、问题、表扬批评、经验教训等。

（2）会议简报的作用是反映重要会议的进展情况。

（3）情况简报用来反映大家当下关注的问题，供单位领导参考。

二、简报的结构及其写法

简报一般由报头、报身、报尾构成。

1. 报头

报头一般包括简报名称、期数、编发单位、编发日期、编号和增刊。

① 简报名称：一般用套红印刷的大号字体居中书写，常见的形式有“事由 + 文种”（如“× × 会议简报”）、“编印单位 + 文种”（如“× × 集团简报”）。

② 期数：位丁简报名称的正下方，是本年度所编写简报的顺序编号，用括号括上，如“（第 × 期）”。

③ 编发单位：位于报头的左下方。

④ 编发日期：位于报头的右下方，与编发单位平行。

⑤ 编号：位于报头的右上方，也可不出现。

⑥ 增刊：当简报需要加印一些特殊内容而又不必另出一期时，就需要在名称或期数

下面注明“增刊”或“××专刊”字样。

2. 报身

报身是简报的主体部分，不同类型简报的报身的写法也是多种多样的。

① 消息式报身：包括标题、引言、正文、结尾，以及一些背景材料，各部分的写法如下。

a. 标题：类似新闻标题，要揭示主题，简短醒目。

b. 引言：也叫导语，有引出全文的作用，通常用简短的一句话或几句话概括全文的主要内容，给读者一个总体印象。引言的写法灵活多样，有叙述式、提问式、描写式、结论式等。不管用哪种方式，都要交代清楚某人或某单位在什么时间做了什么事，以及产生了怎样的结果。

c. 正文：详细、具体地描述事件或问题，通常以夹叙夹议的方式进行描述。

d. 结尾：正文部分的总结，应指明事件或问题的发展趋势，或提出希望及今后的打算。

e. 背景材料：对人物、事件起作用的条件或环境等因素，常常以小板块的形式穿插在叙述中。

② 模块式报身：将报身分成几个板块，每个板块自成一章，讲述不同的事情，并各自配上小标题。

③ 按语式报身：有些简报的正文部分是转载而来的材料，这时就需要在材料的上方加上按语，也就是内容提要，对材料进行简单解释，以强调其意义。一般来说，按语写在间隔线的下方，不同类型的按语写法如下。

a. 说明型按语：说明转载材料的来源、作者的写作背景和过程、转载的缘由或目的等。

b. 评论型按语：对材料进行评论，既可以是对其内容的性质和意义进行正面评价，也可以对其不足提出异议，以表明编发单位的态度，起到警示读者的作用。

c. 提要型按语：用于解释一些内容较为复杂的材料，帮助读者理解材料内容。

3. 报尾

报尾在简报最后一页的下方，用横线与报身隔开，横线下左边写明发送对象或范围，右边写明印发份数。

三、简报的写作要求

简报的主要功能是在组织内部传达信息、互通信息和交流信息，一份优秀的简报可以更好地实现这几个方面的功能。为了写出优秀的简报，撰写者应注意以下写作要求。

（1）简报的写作原则是主题集中，做到一报一事，即使是由不同板块组成的简报，也要围绕同一主题，不贪多求全。这就要求撰写者在制作简报时只能抓住一个问题进行阐述。

（2）简报的写作风格应简短、明快，用尽可能少的文字说清楚重要的问题。如果涉及的问题较多，撰写者可以在写作前把想说的问题进行简单提炼和归纳，抓住最能反映问题本质的部分，并重点围绕这一部分进行阐述。

（3）简报应用短小的篇幅将问题说透彻，不可将几个观点堆砌在同一简报上。撰写者要精选材料，围绕主题精心挑选典型事例，凡是能够表现主题的材料，都不可错过；与主题无关的材料，即便生动，也要舍弃。

（4）撰写者要注意简报的时效性。简报是组织领导针对某些问题做出决策的参考依据，也是各组织推动工作的重要手段，因此其时效性很重要。这就要求撰写者在制作简报时保持思想和行动两方面的敏捷，能够快速对问题做出反应，分析材料，构思内容，撰写简报，快速成稿。

（5）简报的内容应质朴、符合实际。简报不同于文学作品，也不同于评论文章，既不需要刻画形象，也不需要使用过多的理论观点，它更偏向于新闻报道，依靠现实中活生生的事实来宣传路线、方针、政策、精神和思想，达到交流、育人的效果。因此，简报追求质朴、简约，只要能把问题交代清楚即可。

（6）个别简报要注重保密性。在一定时间和范围内，某些简报具有保密性。简报的内容不同、密级不同，会导致其收文对象和范围也不同。一般来说，编发单位级别越高，简报的密级就越高。

【范文欣赏】

××学院教学科研工作会议简报

（第×期）

××学院办公室编

2022年×月×日

教学科研工作情况交流

为进一步提高学院教学科研工作的水平，加强教学科研工作管理，挖掘广大教师的业务潜力，打造一支素质过硬、业务精良的师资队伍，促进学校“质量管理年”活动的开展，学院制定了教学质量工程建设实施方案。为了保证此方案的有效实施，相关部门在寒假期间起草修改了一系列工作制度和管理办法。

2022年2月27日，学院副院长翟××主持召开了本学期第一次教学科研工作会议，各系（部）主任及教务处、科研处、高教所、信息中心的负责人参加了本次会议。会议重点讨论了由教务处起草修改的《学分制教学管理办法》《学生留降级管理办法》《青年教师培养管理办法》《学生顶岗实习管理办法》，由科研处起草修改的《科研课题管理办法》《科研经费管理办法》《科研成果奖励办法》《课程建设管理办法》，由高教所起草修改的《教学质量评价工作暂行条例》《教坛新秀评选方案》，由人事处、教务处联合起草修改的《教学名师管理办法》《优秀教学团队评比办法》《品牌专业、特色专业建设管理办法》等。

会议从8：30开始，在15：30结束。近一天的时间，参会人员畅所欲言，各抒己见，对上述文件在针对性、可行性、可操作性等方面进行了广泛、深入的讨论，提出了许多很好的修改意见，使修改后的文件更加规范、严谨。以上文件经进一步修改完善，经学院教学委员会、学术委员会及学院领导讨论后，将正式发布实施。新文件的出台，必将进一步促进我校师资队伍整体素质、教学科研管理水平和教学质量的提高。

学院副院长翟××总结了寒假期间的工作，传达了××省教育厅职业教育信息化建设工作的会议精神，介绍了教学质量建设工程实施方案和推进计划，对本学期的教学工作进行了布置，强调本学期要以强化教学工作管理、提升科研工作水平、提高教学质量为重点，大力加强师资队伍建设、课程建设、教材建设、科研课题开发研究，全面提高信息化建设水平。

会议结束前，副院长翟××征求了各部门的工作意见和要求，进一步明确了教学部门有关工作的分工，布置了新教师招聘、新专业（方向）申报的准备工作，对开学之初教学活动的各项准备工作进行了认真布置，要求各部门深入下去，认真做好各项工作，保证开学后各项教学活动正常开展。

发送：学院相关部门

共印××份

【实践园地】

写活动简报。

以下是某农村小学“手拉手献爱心”捐资助学活动的方案。假如你也在这个学校，并积极参加了这次活动，跟随老师到相关学生的家中了解情况，还参与了捐款活动，请试着为这次活动撰写一份简报。

鉴于我校家庭有困难的学生较多，这些困难对他们的健康成长和完成学业都产生了较大的不利影响。为了帮助这些学生完成义务教育，学校领导研究决定，在全校开展“手拉手献爱心”捐资助学活动。

一、活动指导思想

本着“以人为本”“以学生为主”的教育理念，为了不让一个学生因家庭有困难而失学，希望通过建立多渠道、长期、稳定的助学帮扶机制，帮助学生顺利完成学业。

二、开展活动的目的

互帮互助一直是中华民族的传统美德。为了弘扬这种美德，现动员全校力量，帮扶暂时遇到困难的学生，为国家培育更多栋梁。

三、活动组织形式

以年级为单位。

四、活动开展时间

2023 年 5 月 31 日。

五、具体实施过程

1. 由各班班主任制定活动方案。

2. 各班上报相关学生名单。

3. 对每位报名的学生进行家访。

4. 号召全体师生进行捐款活动，并上报捐款名单。

5. 学校认真了解、审核相关学生的情况后，确定最终的帮扶对象及资助方式。

6. 学校根据相关学生的实际家庭情况制定帮扶方案，定期开展帮扶活动，大致原则为每季度至少为他们办一件实事，每学期至少对他们进行一次家访。

六、其他要求

1. 各班应高度重视此次活动，积极做好摸查和建档工作，建档情况随时上报学校。

2. 各班应认真开展活动，团干部要充分发挥带头示范作用，使同学们都能在活动中受教育、做贡献。

3. 各班积极挖掘活动中涌现的好人好事，以及其他生动、典型的事例，并及时对活动进行总结，加强信息报送工作，及时宣传报道，大力营造助人为乐的校园风尚。

项目三
公 务 文 书

学习目标

知识目标

1. 了解通知、通告、通报、报告、请示、批复、意见、纪要等公文的概念、特点及分类；重点掌握其结构与写作方法，并能进行简单的写作。

2. 根据文种的适用范围、行文特点等，能够正确确定行文时应使用的文种，并能够区别不同文种使用上的差别。

技能目标

1. 能在实践中熟练运用党政机关公文的行文规则。

2. 能结合实际需要选用党政机关公文文种，并按照标准格式写公文。

素质目标

1. 培养学生求实精神，实事求是，还原事物的本来面貌。

2. 培养学生积极的学习态度，要有坚持不懈的韧劲。

思政目标

通过对公务文书的学习，提高学生的使命感与责任感，强化学生自身的教育能力和社会实践能力。

案例导入

小张是某机关办公室工作人员，自己分管的业务范围出现新情况，本单位无权、无力、无法解决该事项，需要请求上级机关给予指示或者批准，那么这份公文该怎样写？

通过上述案例描述，请思考：

1. 你认为小张应该使用什么文种行文？

2. 小张拟这份公文时需要注意哪些要求？

任务一 通知

通知是批转下级公文、转发上级或不相隶属机关的公文、发布规章、传达事项，要求有关单位和人员周知、办理或共同执行的普遍使用的文种。通知，最重要的一点是说明事项要明确，不能有半点儿含糊，用语要得体。它是最常用的行政公文。

一、通知的分类

通知一般可分为以下三种。

1. 指示性通知

上级机关对下级机关某一项工作做出指示和安排，而根据公文内容又不必用“命令”或“指示”时，可使用指示性通知。

2. 知晓性通知

知晓性通知，用于告知各有关方面通知的事项等。这种通知发送对象广泛，对下级、平级均可发送。

3. 事务性通知

事务性通知，用于上级机关对下级就某一具体事项布置工作，交代任务；同级机关及不相隶属的单位之间就某一项具体工作的进行或某一具体问题的解决要求对方配合、协助办理等。

二、通知的特点

1. 功能的多样性

通知是党政机关公文中功能最多的一个文种，可以用来发布法规规章、传达指示、布置工作、批转转发文件、告知事项、任免人员等。

2. 运用的广泛性

通知在党政机关公文中是使用频率最高、使用范围最广的一个文种。它的广泛性表现在：一是使用主体的广泛性，无论是党和国家的最高领导机关，还是普通的基层单位都可以使用通知行文；二是通知内容的广泛性，无论是涉及国计民生的重大安排，还是某单位具体告知一般事项，都可以使用通知行文。

3. 办理的时效性

与其他公文相比，通知制发快捷、灵便，对所办事项的时限要求最具体，也最严格，不能提前或拖后。受文机关对需要办理或执行的事项，必须在规定时间内予以完成。

三、通知的结构与写作方法

1. 标题

通知的标题由发文机关名称、事由、文种三项内容组成，如《××省粮食和物资储备局关于在全省粮食系统推行社会服务承诺制度的通知》。有的标题也可省略发文机关名称。如果是几个单位联合发出的通知，要在通知的前面加上“联合”二字；如果通知的事情很重要，很紧急，可在通知的前面分别加上“重要”或“紧急”二字，以引起被通知者的注意。公文性质通知的标题，不应只简写“通知”二字。

2. 主送机关

在标题下、正文前顶格书写。挡住送机关超过三个时，采用统称，并用顿号与逗号区分主送机关的类别。

3. 正文

通知的正文，一般包括三部分：一是缘由，简要写明发出通知的原因和目的；二是事项，写出通知的具体内容；三是结语，常用“特此通知”之类的习惯语作结尾。

通知的种类不同，正文内容的写作要求也不一样：

（1）事务性通知。这是让下级机关知道或办理事项的一种通知。这类通知涉及事项比较具体，结构单一，所以撰写的多是开宗明义，直叙情况，是什么事就写什么事，要求什么时间办，怎样办，都要准确、清楚地一一写明。

（2）会议通知。这类通知要注意写明会议的目的、议题、要求与会者所做的准备，以及参加会议人员的条件，召开的时间、地点、会期。如邀请有关单位参加，应在通知下加写抄送单位的名称。

（3）任免通知。这类通知的写法比较简单，一般只要在正文部分写清决定任免的时间、对象、单位及具体职务即可。任免通知的结构一般先写任免根据、时间，后写任免内容。同一对象既有任命又有免职的，应先任后免。如对象不止一人，则应以级别高低为序排列。如果只有任命，就写成“任职通知”；只有免职，就写成“免职通知”；既有任命又有免职，则写成“任免通知”。任免通知属于向下级机关告知的重要行文，应当同时抄送直接的上级机关。

（4）指示性通知。这类通知是用其做指示或安排布置工作，一般情况下要写出工作任务、基本措施、原则要求与注意事项等内容。这类通知比较重要，下属单位要认真执行。

（5）批示性通知。这类通知应写明批转、转发的文件名称，被通知单位的名称，批转或转发的原因和目的，重点写明对批转或转发文件的态度以及批转或转发机关的意见，并提出希望和要求。同时把批转或转发的文件作为附件随文转发。

4. 发文机关署名、印章和发文日期。

在正文右下方标明发文机关名称，加盖印章，写明发文日期。

四、通知的写作要求

1. 熟悉通知内容

不同种类的通知，所要表述的内容是不同的，因此，要根据所发通知的类别，记述不同的情况。

2. 运用适当的表达方式

通知的标题、目的、要求，应以说明式方法表述，要体现出明白、清晰、顺序严整的特点。

3. 注意通知的语体色彩

通知多使用文书的习惯用语。

【范文欣赏】

例文一：批转性通知

国务院关于批转交通运输部等部门重大节假日免收小型客车通行费实施方案的通知

各省、自治区、直辖市人民政府，国务院各部委、各直属机构：

国务院同意交通运输部、发展改革委、财政部、监察部、国务院纠风办制定的《重大节假日免收小型客车通行费实施方案》，现转发给你们，请认真贯彻执行。

附件：重大节假日免收小型客车通行费实施方案

国务院（印章）

2017年5月18日

例文二：转发性通知

河南省人民政府办公厅转发省教育厅等部门关于做好进城务工人员随迁子女接受义务教育后在当地参加升学考试工作实施意见的通知

各省辖市、省直管试点县（市）人民政府，省人民政府各部门：

省教育厅、发展改革委、公安厅、人力资源社会保障厅制定的《关于进城务工人员随迁子女接受义务教育后在当地参加升学考试工作的实施意见》已经省政府同意，现转发给你们，请认真贯彻执行。

附件：关于进城务工人员随迁子女接受义务教育后在当地参加升学考试工作的实施意见

河南省人民政府办公厅（印章）
2017年12月31日

例文三：公布性通知

国务院关于公布《通用规范汉字表》的通知

各省、自治区、直辖市人民政府，国务院各部委、各直属机构：

国务院同意教育部、国家语言文字工作委员会组织制定的《通用规范汉字表》，现予公布。

《通用规范汉字表》是贯彻《中华人民共和国国家通用语言文字法》，适应新形势下社会各领域汉字应用需要的重要汉字规范。制定和实施《通用规范汉字表》，对提升国家通用语言文字的规范化、标准化、信息化水平，促进国家经济社会和文化教育事业发展具有重要意义。《通用规范汉字表》公布后，社会一般应用领域的汉字使用应以《通用规范汉字表》为准，原有相关字表停止使用。

附件：通用规范汉字表

国务院（印章）
2017年6月5日

例文四：公布性通知

关于公布取消和免征部分行政事业性收费的通知

外交部、公安部、工业和信息化部、国土资源部、住房城乡建设部、农业部、水利部、交通运输部、海关总署、国家税务总局、国家工商总局、国务院港澳办，各省、自治区、直辖市、计划单列市财政厅（局）、发展改革委、物价局，新疆生产建设兵团财务局、发展改革委：

为了减轻企业和社会负担，促进经济稳定增长，根据国务院有关要求，决定取消和免征部分行政事业性收费。现将有关事项通知如下：

一、自2017年1月1日起，取消和免征30项行政事业性收费。具体项目见附件。

二、上述行政事业性收费取消和免征后，有关部门和单位依法履行管理职能所需相关经费，由同级财政预算予以保障。其中，行政机关和财政补助事业单位的经费支出，通过部门预算予以安排；自收自支事业单位的经费支出，通过安排其上级主管部门项目支出予以解决。各级财政部门要按照上述要求，妥善安排有关部门和单位预算，确保其工作正常开展。

三、有关执收部门和单位要按规定到原核发《收费许可证》的价格主管部门办理《收费许可证》注销手续，并到原核发财政票据的财政部门办理票据缴销手续。有关行政事业性收费的清欠收入，应当按照财政部门规定渠道全额上缴国库。

四、各地区和有关部门要严格执行本通知规定，对公布取消和免征的行政事业性收费，不得以任何理由拖延或者拒绝执行，不得以其他名目或者转为经营服务性收费方式变相继续收费。各级财政、价格主管部门要加强对落实本通知情况的监督检查，对不按规定取消或免征相关收费的，按有关规定给予处罚，并追究责任人员的行政责任。

附件：取消和免征的行政事业性收费项目

财政部　国家发展改革委

2017年12月19日

例文五：印发性通知

中共中央办公厅 国务院办公厅

关于印发《党政机关公文处理工作条例》的通知

各省、自治区、直辖市党委和人民政府，中央和国家机关各部委，解放军各总部、各大单位，各人民团体：

《党政机关公文处理工作条例》已经党中央、国务院同意，现印发给你们，请遵照执行。

中共中央办公厅（印章）　国务院办公厅（印章）

2018年4月18日

例文六：指示性通知

河南省教育厅 河南省军区司令部

关于加强高中阶段学生军训工作的通知

各省辖市教育局、军分区（警备区）、省直管县（市）教育局、各中等专业学校：

为贯彻落实教育部、总参谋部、总政治部制定颁发的《学生军事训练工作规定》（教体艺〔2007〕7号）（以下简称《规定》），进一步推进高中阶段（含普通高中、中等专业学校、技工学校、职业高中，下同）学生军训工作，组织学生广泛开展军事技能和军事理论课教学以及与学生军事训练有关的其他活动，根据我省情况，现就进一步加强学生军训工作提出如下要求：

一、学生军事训练是指学校组织的学生军事技能训练和军事理论教学，以及与学生军事训练有关的其他活动。

加强学生军事训练工作是全面贯彻党的教育方针，推进素质教育，为国防和军队建设造就大批高素质后备兵员的重要措施。通过军事训练，可以使学生掌握基本军事技能和军事理论，增强国防观念、国家安全意识，加强组织性、纪律性，弘扬爱国主义、集体主义和革命英雄主义精神，磨炼意志品质，激发战胜困难的信心和勇气，培养艰苦奋斗、吃苦耐劳的作风，树立正确的世界观、人生观和价值观。各级教育行政部门和学校要把高中阶段学生军事训练作为建设人力资源强国的政治任务，摆到教育、教学工作的重要日程当中。

二、各级教育行政部门和学校要按照《规定》和教育部、总参谋部、总政治部颁布的《高级中学学生军事训练教学大纲》（教体艺〔2003〕1号）要求，把高中阶段学生军事训练和军事理论纳入学校教育教学计划，统一施训，合理安排教学内容。要充分利用学校主阵地，发挥课堂主渠道作用，采取丰富多彩的教育、教学方式，增强学生的国防观念和国家安全意识，全面提高学生的综合素质，切实把学生的军事技能训练和军事理论知识学习工作落到实处。同时，学校要按《规定》将学生军事技能训练和军事理论知识学习成绩载入学生本人学籍档案。

三、加强军训中的安全管理。集中训练期间，各普通高中、中等专业学校、技工学校和职业高中要加强对学生军训工作的组织领导，确定一名学校领导分管学生军事训练工作。要建立和落实安全责任制，加强对学生的安全教育，及时查堵各类安全隐患和漏洞，严密组织、科学施训，严防各类安全事故的发生。

四、各地在学校集中军事训练结束后，可组织当地学校学生军事训练成果展示活动，加大对学生军训工作的宣传，营造全社会支持学生军训工作的氛围。

河南省教育厅（印章）　河南省军区司令部（印章）

2017年4月15日

例文七：会议性通知

××省教育厅关于召开全省中等职业学校招生工作专题会议的通知

各省辖市、省直管县（市）教育局，各省属中等职业学校：

为推动全省中等职业学校招生工作，进一步扩大全省中等职业学校招生规模，总结2017年中等职业学校招生工作经验，安排、部署2018年中等职业学校招生工作，经研究，定于2018年1月10日召开全省中等职业学校招生工作专题会议。现将有关事宜通知如下：

一、会议时间

2018年1月9日报到，1月10日开会，会期一天。

二、会议地点

××市××宾馆。

三、参会人员

各省辖市、省直管县（市）教育局分管职业教育工作的副局长、职业教育科科长，各省属中等职业学校校长、招生负责人。

四、会议内容

1. 总结2017年全省中等职业学校招生工作，表彰招生工作先进单位；

2. 安排部署2018年全省中等职业学校招生工作；

3. 招生工作先进单位介绍招生工作先进经验；

4. 教育厅领导做重要讲话。

五、会议要求

各参会人员应按时参加会议，不得随意缺席；各单位应于2017年12月31日前将本单位2017年招生工作总结及介绍本地、本单位招生经验的专题片（10~15分钟）发送至邮箱××××××××，供会议择优交流；会议期间食宿统一安排，费用自理。

乘车路线：从火车站下车乘坐×路、×路、×路到××宾馆下车；从汽车中心站下车乘坐××路、××路、××路到××市教育局南门下车。

联系人：××× ×××

联系电话：××××——×××××××××

××省教育厅（印章）

2017年12月6日

例文八：指示性通知

河南省教育厅 河南省公安厅等四部门
关于加强暑期预防中小学生溺水工作的通知

各省辖市、省直管县（市）教育局、公安局、水利局、住房和城乡建设局（委）、城市管理局：

随着暑期、汛期的到来，涉水险情明显增多，预防中小学生溺水事故将面临严峻形势，为进一步加强预防中小学生溺水工作，保护中小学生的生命安全，现就有关工作通知如下：

一、进行一次暑假前安全教育。各级教育行政部门要指导辖区内中小学校和幼儿园，在暑假之前对全体学生集中进行一次安全教育。各地中小学校法制副校长（辅导员）要深入学校，积极配合学校开展防溺水安全教育，必须让学生十分清楚私自下水玩耍极端危险，教育学生务必做到：不在无家长带领下私自下水游泳；不擅自与同学结伴游泳；不到无安全设施、无救护人员、无安全保障的水域游泳。让学生必须知晓当同伴溺水时的正确救援办法，不要贸然拉手施救。

二、提醒家长履行暑期学生监护责任。各地教育行政部门要督促学校利用校讯通、家长会等多种方式，加强与家长的沟通，通报最近发生的中小学生溺水事件等情况，给每位学生及家长发布预防溺水等安全提示，普及预防溺水知识，教育提醒家长认真落实监护看管职责，并将教育部的《致全国中小学生家长的一封信》发到所有家长手中，将家长签字后的回执回收统一保管，切实增强家长的预防溺水安全意识和监护人责任意识，共同做好学生的安全工作。

三、全面开展安全隐患排查整改。县级教育、水利等部门要提请当地政府，联合并协调组织乡镇政府和村委会，在放暑假前对学校周边、学生上下学途中以及村周围的南水北调水渠、河道、水库、池塘、水坑等重点水域进行一次全面、细致排查，住房城乡建设部门要对城市和县镇的河道进行安全检查，对查出的隐患要及时报请当地政府采取相应措施进行整治，做到提前部署，加强防范，及时消除安全隐患。

四、加大重点水域管理力度。省辖市和县级水利、住房城乡建设部门要加强对危险、重点水域的管理，立即通知各水库、河道管理单位，加强关键时段、地段的重点检查。水利、住房城乡建设部门要在河道、水库等危险、重点水域设立防溺水警示牌，并组织人员加大检查和巡防力度。县级教育、公安等部门要组织中小学校与所在乡镇、村庄建立暑期安全工作对接制度，就假期预防学生溺水工作要求和各方职责进行一次全面沟通和对接，对学生经常嬉水、游泳的重点区域要安排专人或组织志愿者、退休人员进行巡查和劝阻。

五、广泛开展宣传工作。各级教育行政部门要通过校园网、校园广播、宣传橱窗、板报等载体和当地新闻媒体向广大中小学生、家长及全社会宣传预防学生溺水工作的有关要求和预防溺水的知识与技能，各地公安机关社区民警要在下社区进农村走访活动中，积极开展防溺水安全宣传，营造预防学生溺水工作良好氛围，切实提高学生及家长安全意识。

河南省教育厅（印章）　河南省公安厅（印章）

河南省水利厅（印章）　河南省住房和城乡建设厅（印章）

2017 年 7 月 4 日

例文九： 传达性通知

国务院关于调整城市规模划分标准的通知

各省、自治区、直辖市人民政府，国务院各部委、各直属机构：

改革开放以来，伴随着工业化进程加速，我国城镇化取得了巨大成就，城市数量和规模都有了明显增长，原有的城市规模划分标准已难以适应城镇化发展等新形势要求。当前，我国城镇化正处于深入发展的关键时期，为更好地实施人口和城市分类管理，满足经济社会发展需要，现将城市规模划分标准调整为：

以城区常住人口为统计口径，将城市划分为五类七档。城区常住人口50万以下的城市为小城市，其中20万以上50万以下的城市为Ⅰ型小城市，20万以下的城市为Ⅱ型小城市；城区常住人口50万以上100万以下的城市为中等城市；城区常住人口100万以上500万以下的城市为大城市，其中300万以上500万以下的城市为Ⅰ型大城市，100万以上300万以下的城市为Ⅱ型大城市；城区常住人口500万以上1000万以下的城市为特大城市；城区常住人口1000万以上的城市为超大城市。（以上包括本数，以下不包括本数）

城区是指在市辖区和不设区的市，区、市政府驻地的实际建设连接到的居民委员会所辖区域和其他区域。常住人口包括：居住在本乡镇街道，且户口在本乡镇街道或户口待定的人；居住在本乡镇街道，且离开户口登记地所在的乡镇街道半年以上的人；户口在本乡镇街道，且外出不满半年或在境外工作学习的人。

新标准自本通知印发之日起实施。各地区、各部门出台的与城市规模分类相关的政策、标准和规范等要按照新标准进行相应修订。

国务院（印章）

2017年10月29日

例文十： 任免性通知

河南省人民政府关于×××等8人职务任免的通知

省机关事务管理局：

鉴于省政府机构改革，中共河南省委、河南省人民政府机关事务管理局更名为河南省机关事务管理局，不再保留中共河南省委、河南省人民政府机关事务管理局，省人民政府决定：

任命×××为河南省机关事务管理局局长；

任命×××、×××、×××为河南省机关事务管理局副局长；

任命×××、×××为河南省机关事务管理局巡视员；

任命×××、×××为河南省机关事务管理局副巡视员。

原任中共河南省委、河南省人民政府机关事务管理局局长、副局长、巡视员、副巡视员职务，随机构撤销自行免除。

河南省人民政府（印章）

2017 年 10 月 31 日

【实践园地】

一、纠错训练

1. 请你指出下面这份通知的错误，并予重写。

县人民政府转发县住建局《关于加强小城镇建设的意见》的通知

各有关单位：

县人民政府同意县住建局关于加速小城镇建设的意见，现印发给你们，请遵照执行。当前，全县小城镇建设呈现快马加鞭的大好形势，县人民政府希望大家借这股强劲的东风，众志成城，聚沙成塔，集腋成裘，加速我县小城镇建设的步伐，尽快实现我县建成小康县的目标。

×× 县人民政府

2021 年 5 月 6 日

2. 请你修改下面这份通知。

关于召开我局招聘工作座谈会的通知

兹定于 12 月 20 日在我局召开招聘工作座谈会，听取我局职工对这次招聘工作的意见。希望有关单位准时参加。

×× 局办公室

2020 年 12 月 15 日

二、案例写作

1. 在新学期来临之际，学院团委、学生会各部门及其下属社团准备面向全院公开招募一批新成员。请你为此次招新活动拟一份通知。

2.×× 中学准备在 7 月 22 日晚 7 点召开初二学生家长会，开会地点在学校报告厅，请你以学校的名义，为此次会议拟一份通知。

3.×× 大酒店一直以来热衷于慈善事业，公司把每个双月的 18 号定为公司的“爱心一日捐”活动日，号召大家自愿捐款、捐物，所得款物送到市红十字会帮助那些需要帮助的人们。新的活动日临近，工会要在当天下午 3 点之前收齐各个部门所捐的钱和物，请你以工会的名义写一则通知。

任务二　通　报

通报适用于表彰先进、批评错误、传达重要精神或者情况。它是党政机关、社会团体、企事业单位将工作情况、经验教训以及各种典型事例告知有关单位和人员的公文文种，其作用是将有关情况告知所属单位，以增加工作的透明度，使各单位相互协调，搞好工作。

一、通报的分类

通报一般可分为以下几种。

1. 表彰性通报

表彰性通报主要用来表彰先进，介绍单位或个人成功的经验、做法，以学习先进，见贤思齐，改进与推动工作。

2. 批评性通报

批评性通报用来批评后进，纠正错误，打击歪风，指出有关单位或个人存在的错误事实，提出解决办法或处理意见。

3. 传达性通报

传达性通报用于传达上级重要精神与重要情况，引起人们的警觉与注意，对当前的工作起指导作用。

二、通报的特点

通报的应用比较广泛，主要具有以下两个特点。

1. 内容的真实性

真实是通报的生命。通报的任何情况、事实都必须是真实的，不能有差错，更不能有造假情况。

2. 目的的告知性

通报的内容，常常是把现实生活当中一些正、反面的典型或某些带有倾向性的重要问题告诉人们，让人们知晓、了解。

三、通报的结构及写法

通报由标题、正文、发文机关和日期组成。

1. 标题

通报的标题由发文机关、事由、文种或事由、文种构成，所以应具备公文标题的三要素，以显示庄重，不可只写“通报”，如《××市人民政府办公厅关于××有限公司发生重大交通事故的通报》。通报标题中的事由，有的只写“表扬”或“批评”，如《关于给王××表扬（批评）的通报》。这样写较简单，因为“表扬”或“批评”不能反映事由的内容，它反映的是组织的决定，事由应是具体事实的概括，如《国务院关于一份国务院文件周转情况的通报》《关于人大建议、政协提案办理情况的通报》等。

2. 正文

正文要有具体事实。表彰性通报和批评性通报一般分为如下四部分。

（1）主要事实

表彰性通报要突出主要先进事迹，批评性通报要抓住主要错误事实。

（2）分析指出事例的教育意义

表彰性通报，要在阐述先进事迹的基础上，提炼主要经验、意义和值得学习与发扬的精神。批评性通报要分析错误的性质、危害，产生的根源和责任，指出应吸取的主要教训等。

（3）决定要求

表彰性和批评性的通报，应写明组织结论及予以表彰或处理的决定，同时提出对表彰或批评对象与读者的希望、要求。为了防范和杜绝类似错误发生，批评性通报的结尾处，通常要有针对性地提出防范的措施或规定。

（4）最后要提出希望或要求

传达性通报一般不写决定要求。

3. 发文机关和日期

在正文右下方标明发文机关名称，加盖印章，写明发文日期。

四、通报的写作要求

（1）通报一般可以没有主送机关，无受文单位。

（2）通报所选择的事件、问题、经验等，一定要具有普遍的教育意义和指导作用，也就是一定要注意典型性，避免一般化。

（3）材料要真实。对通报的事实一定要核对清楚，实事求是，措辞、判断要准确、恰当。要注重说理的准确性。

（4）写法要恰当。通报以叙述为主，用事实说话，但要分析原因，有叙有议，分析情况应观点鲜明，评价要恰如其分。

（5）行文要及时。通报的时间性极强，写作要及时迅速，否则，就不能起到很好的教育作用。

（6）详略得当。通报的事例是写作重点，固然要多用笔墨，但要注意详略得当。若过于简单，变成抽象的概念，人们难以受到教育，产生不了爱憎之情。若过于详细，将“通报”写成近似“通讯”或“报告文学”，又会让人难于把握要领。

【范文欣赏】

例文一：批评性通报

国务院办公厅关于××省××市××县擅自停课组织中小学生参加迎送活动的通报

××××年12月5日，××省××市××县举行××高速公路在本县通车仪式，××县主要领导擅自决定，让本县部分中、小学校停课参加通车仪式，近千名中小学生在风雪天等候长达两小时，致使部分中小学生生病，学生家长和群众极为愤慨，致信中央要求坚决制止此类现象。

中小学校依照国家规定建立有严格的教育教学秩序，这是教育教学质量的保证，任何单位和个人都不能随意破坏。现在一些地方的个别领导利用自己的权力，动辄调用中小学生为各种会议、考察、参观、访问甚至商业性典礼搞迎送或礼仪活动，有些地方还因此发生了严重的安全事故，造成极恶劣的社会影响。××县发生的问题，已不只是一般的形式主义，而是官僚主义，严重脱离群众，此类不良风气必须坚决予以制止。各地区、各部门以及各级领导干部，要高度重视这一问题并从中吸取深刻的教训，切实增强群众观念，杜绝此类事件再度发生。

中小学生是祖国的未来，他们的学习和活动安排，要有利于他们的学习和身心健康。今后各地区、各部门都必须严格执行国家的有关法规和规定，不得擅自停课或随意组织中小学生参加各种迎送或“礼仪”活动，如确有必要组织的，须报经省级教育行政部门批准。

国务院办公厅（印章）

××××年×月×日

例文二：表彰性通报

关于表彰五华县商业局的通报

各县商业局、局直属各公司：

××年五华县商业局认真落实经营责任制，强化企业管理，在市场竞争激烈、商业工作难度较大的情况下，团结广大干部职工，鼓足干劲，扎扎实实做好各项工作，取得了显著的成绩。

一、购销利税全面增长。去年，五华县商业系统商品总购销实绩××××万元，比上年增长27.6%，其中总购进××××万元，比上年增长111.7%，总销售实绩××××万元，比上年增长36.74%，其中纯销售××××万元，比上年增长1.8倍，实现了购、销、利润、税收同步增长。

二、亏损大户食品行业扭亏为盈。五华县商业系统按省政府规定，加强生猪购销管理，落实生猪经营和扭亏责任制。全年收购生猪××万头，比上年增长3.14倍，占全县生猪总上市量的70%，完成商品总销售××××万元，比上年增长2.08倍，实现利润××万元，比上年增盈××万元，35个食品核算单位中，有30个盈利，亏损单位从上年的32个减为5个。

三、加强网点建设，更好地发挥国营商业主导作用。近几年来，五华县以少花钱多办事的精神，加强商业网点建设，去年扩建了34间门店，到目前为止，营业面积6 437平方米，比改造前的3 871平方米增加了2 566平方米，改造后的门店，美观大方，既增加了服务项目，扩大了经营范围，方便了群众购买，又占领了市场阵地，在市场竞争中，发挥了国营商业的主导作用。

鉴于五华县××年商业工作成绩显著，市商业局决定予以通报表扬，希望我市各级产业部门在新的一年中，要学习五华县商业局的先进经验，深入改革，开拓经营，繁荣市场，把商业工作提高到一个新的水平，为发展我市的经济建设做出应有的贡献。

××年××月××日（印章）

例文三：传达性通报

××省教育厅
关于对部分职业学校安全工作暗访检查情况的通报

各省辖市教育局、各省属中等职业学校：

××年××月××日，省教育厅组织检查组，采取暗访形式，以学校安全保卫、学生饮食卫生、消防安全通道、学生宿舍、学校用电为重点，对在省会××市区的××省××××学校、××省××××学校、××省××××学校、××省××××学校、

×× 省 ×××× 学校等 13 所中等职业学校的安全工作进行了检查。现将检查情况予以通报并提出几点要求：

一、学校安全工作落实情况

1. 学校领导对安全工作都比较重视，当作大事来抓。本月 26 日省教育厅《关于加强我省各级各类学校安全工作的紧急通知》下发后，×× 省 ×× 学校、×× 省 ×××× 学校等省属学校都立即做了传达，并对安全隐患排查工作做了安排。

2. 建立安全规章制度，并注意抓经常性的安全教育。×× 省 ×××× 学校、×× 省 ×××× 学校、×× 省 ×××× 学校等都制定有门卫值班、宿舍管理、学生宿舍用电等相关制度，×××× 学校、×× 省 ×××× 学校还在校内进行了消防常识教育。

3. 学校安全工作做得比较到位。×× 省 ×××× 学校、×× 省 ×××× 学校、×× 省 ×××× 学校等对来访人员都实行了严格的登记制度，做到了闲杂人员不得进入校园。×× 省 ×××× 学校等学生食堂食品特别是肉、菜、粮油等，由学校伙食科统一定点进货，以提高学生食品安全系数；所检查的学校中学生宿舍用电没有乱拉乱扯现象，多数学校都配备有消防器材。×× 省 ×××× 学校等学生宿舍楼从寝室到盥洗间、卫生间，到处干净整洁。

二、存在的主要问题

1. 门卫管理不够严格。暗访人员到学校查看时，有的学校值班人员不查验证件，也没有办理登记手续就可以出入。有的学校值班人员尽职不够，上午 10 时左右，×× 省 ×××× 学校男生宿舍楼一值班人员在睡觉。

2. 学生食堂管理存在漏洞。×× 省 ×××× 学校等餐厅、厨房卫生较差，且存在剩饭菜留存乱放、不经冷藏处理第二天出售现象。

3. 多数学校教学楼、学生宿舍楼没有安全警示，不少学校学生宿舍楼只有一个通道。

4. 一些学校在安全保卫、食品卫生方面宣传教育工作做得不够。虽然在安全保卫、食品卫生等方面制定有规章制度，但在宿舍、餐厅、厨房都没有张贴宣传。

三、进一步加强安全保卫工作的几点要求

1. 各级教育行政部门和学校要高度重视校园安全保卫工作。要切实贯彻落实《×× 省教育厅关于加强我省各级各类学校安全工作的紧急通知》精神，进一步建立健全安全工作领导机构，明确职责，专人负责，切实加强对校园安全工作的领导。

2. 要进一步健全和落实学校安全工作各项规章制度。要制定和完善学校预防突发事件工作预案，确保事件发生时能够迅速、有序地妥善处理，保障师生生命及校园财产安全。

3. 要进一步加强校园安全和食品卫生工作的管理。近期，各职业学校要对校园安全和食品卫生工作进行一次严格细致的排查，发现问题立即整改。要切实加强安全保卫人员和食堂工作人员的培训和管理。对外来人员进入校园和学生宿舍要实行严格的登记制度。严格执行定点采购制度，严禁无关人员进入食品操作间，严防学生食物中毒事件发生。

××省教育厅（印章）

××××年××月×日

【实践园地】

一、纠错训练

1.请你指出下面这篇通报的错误，并予重写。

关于给予李××记过处分的通报

我校计算机专业学生李××于6月10日在外校参与打架，造成二人受伤，严重地违反了纪律。为教育本人，经研究决定给予记过处分。特此通报。

××职业技术学院

6月18日

2.请你指出下面这篇通报的错误，并予重写。

关于给予王××同学表扬的通报

我校贸易经济系学生王××数年如一日，长期帮助孤寡老人陈××，受到了社会各界的称赞。为表彰先进，决定给予王××同学通报表扬。

××职业技术学院

4月25日

二、案例写作

1.××职业技术学院外贸专业的方××同学于2021年4月15日路过校园旁边的一条小河时，看到一位儿童不慎落水，他奋不顾身地跳入河中，将儿童救了起来。请你代××职业技术学院写一份表扬性的通报。

2.××职业技术学院服装设计专业的李××、陈××两位同学于2021年8月10日晚上私烧电炉，差一点儿造成火灾。请你代××职业技术学院写一份批评性通报。

任务三　报　告

报告

报告一般是向上级机关汇报工作、反映情况、提出建议、答复询问和请求备案的陈述性应用文体。报告是下级机关呈送上级机关的上行文种，是上级机关了解下情、制定方针政策、指导工作的重要依据。中下级机关，特别是基层单位和部门经常使用这一文种。一般事后、事中行文。报告不要求上级批复，行文较长。

一、报告的分类

1. 综合性报告

综合性报告是将全面工作或一个阶段许多方面的工作综合起来写成的报告。它在内容上具有综合性、广泛性，写作难度较大，要求较高。

2. 情况报告

情况报告是针对某项工作、某一问题、某一事件或某一活动写成的报告，在内容上具有专一性。

3. 建议报告

在下级机关就工作中的重大问题和事项，专门向上级机关提出建议时使用。

4. 回复报告

回复报告是根据上级机关或领导人的查询、提问做出的报告。

二、报告的特点

1. 重要性

重要性指报告在写作中必须突出重点，着重分析有关各因素，对存在的重要问题进行细致分析，并提出与之相关的措施。

2. 明晰性

明晰性指报告的内容必须条理清楚、简单扼要、观点明确。它要求调研报告从内容到语言都具有高度的确定性，在用词时不应出现“大概”“可能”等字眼，内容表述所用文字应准确，技术名词应解释清楚，让读者明了其确定含义。

3. 概括性

概括性指报告是以叙述和说明为主要表达方式的文种，但它的叙述和说明是概括性的，要求短小精悍。

4. 真实性

真实性即报告应以事实为基础，以数据为依托，报告要建立在真实可信的资料基础上，进行客观分析，反映出事物的真实情况。不得更改统计数字、随意夸大或隐瞒事实。

三、报告的结构与写作方法

报告一般包括标题、主送机关、正文和落款四部分。

1. 标题

报告的标题一般由发文机关、事由和文种组成。有的报告因事情紧迫，还要在文种前加“紧急”二字，以便引起足够重视，如“林业部关于抢救大熊猫的紧急报告”。

2. 主送机关

主送机关力求单一。

3. 正文

不同内容性质的报告，写法不尽相同，但正文结构一般由以下三部分构成。

（1）报告缘由。简明扼要地说明为什么写报告。若无必要也可略而不述。

（2）报告内容。这是正文重点所在。内容较多时，可依事情的发展变化脉络、认识处理问题的由浅入深，以纵式结构安排材料；也可按情况、经验、教训或问题的方方面面，以并列的横式结构安排材料，而且常分条列项使层次段落更分明。绝不能在报告中夹带请示事项。

（3）报告结语。各类报告一般以“特此报告”“请审阅”等语作结。也可以不要结语。

4. 落款

报告落款要写明发文机关和成文日期。

四、报告的写作要求

在撰写报告时，撰写者要注意以下写作要求。

1. 内容真实可靠

报告的内容要以事实为基础，要真实地反映事物的实际情况，不可夸大或杜撰。在撰写报告时，对引用的材料要反复鉴定，对证查实，不能有丝毫的虚假；要特别注意情况与意见的结合问题，做到相互联系、相互依存。

2. 突出重点

如果内容综合性较强，撰写者应抓住重点、分清主次，做到详略得当、主题突出。对于工作中的重要情况或对全局具有普遍指导意义的问题，应重点进行描述；对于一些次要的内容，则可以一笔带过。

3. 内容明晰

与其他公文相比，报告的内容较多，结构也相对复杂。因此，在谋篇布局上更要注意各部分间的逻辑关系，做到层次分明、结构严谨、条理清晰。

4. 文字精练

报告要通过精练的文字表达出鲜明的观点，以简短的文字反映更多的内容。

【范文欣赏】

×× 学院关于开展安全大检查的工作报告

×× 大学领导：

为贯彻落实《关于在全校开展安全大检查的紧急通知》的文件精神，根据校领导指示，结合学院既定安全工作部署，学院加强组织领导，严格落实责任，成立学院安全大检查工作领导小组，由院党总支书记 ××× 担任组长，院党总支副书记 ×× 担任副组长，众多优秀教师担任小组成员。此次安全大检查工作的重点是检查教室、实验室、资料室、学生宿舍等地方的安全及防火、防盗情况，加强对学生特别是新生的防火、防盗、防诈骗、防渗透等方面的安全教育。学院高度重视安全问题，对各方面进行了全面、细致的检查，做了大量的防范工作，从检查结果看，整体情况是好的。现将检查情况汇报如下。

一、全院师生的安全意识有了明显的提高，安全教育已形成一个良好的氛围，学院日常安全检查工作更加到位，全院协同配合更加积极主动。学院的安全工作形成了一个以宣传教育为基础、以防范为前提、以强化检查为手段且行之有效的较为完善的安全工作机制。通过检查，我们发现重点区域的安全状况较以往有了较大的改善。

（一）固定教室窗明几净。学院安全大检查工作领导小组加强对学院固定教室内门窗、暖气、多媒体、电器等设施的检查和防控，确保教室内的防火、防盗设施完备，为学生创造良好、安全的学习环境。

（二）学生宿舍安全、整洁。学院安全大检查工作领导小组重点检查了学生宿舍的防火和防盗情况，有效遏制了学生宿舍存在的使用电炉、煤气炉、酒精炉和乱接乱扯电线等违章现象；对学生宿舍的消防设备和防盗门窗进行了全面检查，确保学生宿舍的安全；加强了对学生特别是新生的防火、防盗、防诈骗、防渗透的安全教育。

（三）实验室、机房设备管理完善化。学院安全大检查工作领导小组重点对学院多媒体实验室、数字化工作流程实验室、数码实验室等的仪器设备、安全用电和药品、药剂进行了安全检查，并根据实验室使用规范对学生进行了安全教育。

（四）资料室管理规范化。学院安全大检查工作领导小组重点检查了资料室的设备管理情况、资料使用制度及防火、防盗情况，确保学院资料室设备管理的规范化，资料齐全化、整齐化、安全化、完善化。

（五）新生的安全教育更上一层楼。鉴于新生对大学生活了解有限，防范意识不强，在新生开学之日，学院就为他们发放了流感防护温馨告知宣传单，维护了广大师生的生命健康安全。在军训期间，学院加强了对新生的安全知识教育，促进安全大检查工作顺利展开。

二、从检查情况看，学院虽然做了大量的工作，也取得了显著成效，但还是存在以下薄弱环节和问题。

（一）公共消防设施仍然存在不足，如部分消火栓箱有机面板和消防指示灯（牌）破损、个别灭火器压力不足等。

（二）学生宿舍还存在个别违规使用电器的情况，存在安全隐患。

（三）部分多媒体设施和机房设备不能正常使用。

三、对于以上问题，学院领导高度重视并召开了安全管理工作领导小组会议，研究制定了以下整改措施和办法。

（一）严格按消防安全规范要求维护和配置消防设施，并保证落实到位。

（二）经常对学生宿舍的电器使用情况进行全面的专项检查，完善学生宿舍日常检查制度，加大查处力度，加强对学生进行安全工作的思想教育工作。

（三）维护或重新购置不能使用的多媒体设施和机房设备。

在此次安全大检查工作中，学院本着对学院广大师生负责、对学校负责的态度，认真组织、周密部署、严格落实责任、边查边改、彻底整改，不断完善各项安全防范工作制度，确保各项任务有效落实，营造了安全、文明、有序的校园环境，确保校园安全稳定。

2023 年 5 月 10 日

【实践园地】

一、纠错训练

1. 请你指出下面这篇公文的错误，并改正。

请求拨款修复老年活动中心的报告

在这次特大洪灾中，我县老年活动中心被洪水和泥石流冲毁。200 平方米的建筑物几乎夷为平地，部分体育、文娱器材、设施被损毁。为使广大离退休干部、职工有一个休息、娱乐、学习的场所，做到老有所乐、老有所为，必须尽快修复老年活动中心。为此，我们决定修复我县老年活动中心并扩大原规模，修建三楼一底活动室 200 平方米，运动场 1 000 平方米。共需基建费 200 万元，扩征土地两亩。

可否，请批准。

附件：修复老年活动中心预算表 1 份

×× 县民政局

2023 年 4 月 20 日

2. 请你修改下面的报告标题。

×× 职业技术学院开展财经纪律自查向上级的书面报告

3. 请你指出下面这篇公文的错误。

关于要求增加校第十一届运动会经费的报告

校领导：

我校第十一届运动会将于今年 10 月 20 日举行，此次运动会规模盛大，经反复测算，原定的 2 万元经费不够用，现要求再增加 1 万元经费，望领导批准。

×× 职业技术学院体育教研室

九月十二日

4. 请你指出下面公文的错误，并改正。

关于撤销我省驻港机构在香港与港资合办的三个公司的请示报告

遵照 ×× 发（2023）2 号文件和清理整顿驻港机构工作座谈会精神的要求，经我们初步认真研究，决定再次撤销我省驻港机构与港资合办的三个公司。它们是：×× 公司、××× 公司、××× 公司。

特此上报，请批示。

×× 省人民政府

2023 年 3 月 10 日

二、案例写作

请你合理扩充下面提供的材料，以 ×× 分公司的名义向总公司起草一份不超过 500 字的情况报告。

1. 20×× 年 6 月 4 日凌晨 2 时 40 分，×× 分公司江南百货大楼发生火灾事故。

2. 事故后果：未造成人员伤亡，但该大楼二楼商品被全部烧毁，直接经济损失 350 万元。

3. 事故原因：二楼某个体裁缝未经二楼经理同意从总闸自接线路，夜间没断电导致电线起火。

4. 施救情况：事故发生后，分公司领导马上拨打火警，市消防队出动了 8 辆消防车，至清晨 6 点，大火才被扑灭。

5. 善后工作：分公司经理、副经理多次到现场调查，并对事故进行了认真处理。

任务四 请 示

请示适用于向上级机关请求指示、批复。任何一级机关都有相应的职权范围。凡是下级机关无权或无力解决，以及按规定应由上级机关决断的问题，都应该向上级机关行文请示。同时必须事前行文，一事一文。上级应在一定的时限内批复。请示主要用于：在实际工作中，遇到缺乏明确政策规定的情况需要处理；工作中遇到需要上级批准才能办理的事情；超出本部门职权之外，涉及多个部门和地区的事情，请示上级予以指示。

一、请示的分类

按请示目的分，可分为批准性请示、呈转性请示和请求指示性请示三类。

（1）批准性请示

批准性请示，内容比较简单、具体，往往是一些较为细小的实际事项的请求。请示被批准后，执行机关范围也比较小，常常就是请示单位自己。

（2）呈转性请示

呈转性请示的请示事项较为重大复杂，具有一定的普遍意义，不但需要上级批准，还需要上级转发。

（3）请求指示性请示

请求指示性请示这类请示多涉及政策上、认识上的问题。下级机关在执行政策时遇到困难或出现新的情况，需要变通，或执行政策时尚有不太清楚明了的地方，或对上级机关某个决定有看法，可以向上级机关提出请求指示性请示。

二、请示的特点

请示属于上行公文，其应用范围也比较广泛，具有针对性、呈批性、单一性、时效性等特点。同时还应注意：一是必须由下级行文；二是在自己职权范围内无法决定或无法处理的事；三是必须要求上级明确表态、批复。

三、请示的结构与写作方法

1. 标题

在标题中不得使用具有请示含义的动词。比如“申请”“请求”等。请示标题的写法一般有两种方式：发文机关全称 + 事由 + 文种。例：“×× 学校关于建立校办实习工厂的请示”。事由 + 文种。例：“关于建立校办实习工厂的请示”。

2. 主送机关

在请示中只能有一个主送机关，不能越级主送，且不能送交给领导个人。

3. 正文

请示的正文一般由请示理由、请示事项和请求语三部分内容构成。

请示理由作为请示的开头部分，要求写明为什么要请示，包括情况、理由和依据。写作时要做到理由充分，合情合理，使之和下面的请示事项联系起来，反映出因果关系。

请示事项是请示的主体和重点内容，要写得具体明确，提出的处理意见和解决办法要中肯，要求合理，切实可行，以便上级机关研究和批示。这一部分由于请示的目的、内容不同，写法上也有所不同。

请求语在请示事项之后写明。常用“以上请示妥否，请批复”“特此请示，恳请批复”“当否，请批复”“以上如无不当，请批准”等习惯用语做结尾。

4. 落款

在正文右下方的位置要有发文机关署名，并用阿拉伯数字注明成文日期，加盖发文机关公章。

5. 附注

附注中应写明联系人姓名和电话号码。

四、请示的写作要求

1. 一文一事

一文一事是指一篇请示只能集中写一件事，这样便于上级单位研究答复，有利于解决问题。

2. 逐级请示

逐级请示是指请示只能送给本单位的直接上级单位，一般不能越级请示；如果遇到特殊情况或事项紧急必须越级请示，应同时抄送所有被越过的上级单位。

另外，除非是领导直接交办的事项，一般不将请示直接报送领导个人。因为领导往往代表组织进行活动，很多事情需要集体决策，不能片面地理解为领导安排的工作就要报给该领导，可将请示报送该领导所在的单位。

3. 不得抄送下级单位

请示是上行公文，不能同时抄送下级单位，更不能在上级单位尚未对请示做出批复时就要求下级单位执行请示中的相关事项。

4. 语言简洁、用词得体

请示的语言表述要简洁、明了，便于上级单位快速抓住重点。因为请示是上行文，所以用词要恭敬、得体。

5. 理由要充分

请示单位在陈述请示缘由时，理由要充分，同时应尽可能地联系全局来说明请示事项的迫切性、重要性和必要性，加大上级单位批准请示事项的可能性。

【范文欣赏】

××食品公司关于申请购买××牌货车资金的请示

×××公司总部：

近年来，我县农副产品行业不断发展，我司的运输力量越来越不能满足生产、运营的需要。

目前，我司仅有一部载重×吨的××牌货车，此车因车况较差，已无法承担正常运营工作。我司运输的生猪、鲜肉、饲料等均委托其他单位代运，每年要付出运费×万余元，还经常出现无法代运的情况，对我司正常生产、运营造成了严重影响。

为保证正常生产、运营所需，我司急需购买一辆货车，县商务局已承诺为我司分配一辆××牌货车，购车资金为×××××元。根据规定，分公司购置固定资产单价超过10 000元的，需由公司总部审批，特此向公司总部申请此货车的购置费用×××××元。

妥否，请批复。

××食品公司

2023年6月6日

【实践园地】

一、纠错训练

1. 下面这份公文有不少错误，请你予以改正。

关于要求解决学生宿舍拥挤等问题的请示

市人民政府、市教育局：

我校今年由于住宿生急剧增加，已有的学生宿舍已无法容纳，导致学生无法及时入住宿舍，严重影响学校对学生的管理。为解决这一困难，我校决定再建一栋学生宿舍楼。

另外，为了增强学生对学院的归属感，特申请举办趣味运动会，也请领导一并支持为谢！

此致！

敬礼！

××市二职

2023年1月5日

2. 下面这份公文有不少错误，请你予以改写。

请 示

因工作需要，我县急需购买小轿车一辆、请批准调拨经费××万元。

另：我县尚缺专业对口技术人员××名，请在制定明年人员编制时一并考虑。上述意见与要求如无不妥，请批复。

××县人民政府

××县财政局

2023年4月2日

二、案例写作

××市工商局计划在2023年5月修缮办公大楼，经费缺口较大，请你代替工商局起草一份请示，希望××市人民政府增拨办公大楼修缮经费50万元。

任务五 批 复

批复是用于答复下级机关请示事项的回复性公文。其制作和应用一般以下级的“请示”

为条件。当下级机关的工作涉及方针、政策等方面的重大问题，报请上级机关审核批准时；当下级机关在工作中遇到新情况、新问题，无章可循，报请上级机关给予明确指示时；当下级机关遇到无法解决的具体困难，报请上级机关给予指导帮助时；当下级机关对现行方针政策、法规等有疑问，报请上级机关予以解答说明时；当下级机关因重大问题有意见分歧，报请上级机关裁决时，上级机关都应该用“批复”予以答复。除此之外，有时“批复”还被用来授权政府职能部门发布或修改行政法规和规章。

一、批复的分类

根据内容、性质的不同，批复可分为两类：一类是审批性批复；另一类是指示性批复。审批性批复主要是针对下级机关请示的公务事宜，经审核后所做的指示性答复。比如关于机构设置、人事安排、项目设立、资金划拨等事项的审批。指示性批复主要是针对方针、政策性问题进行答复。这一类批复，不只是对请示机关提出请示事项的答复，而且批复的指示性内容，在其管辖范围内，具有普遍的指导和规范作用。另外，授权政府职能部门发布或修改行政法规和规章的批复，也属于指示性批复。

二、批复的特点

1. 针对性

批复的针对性反映在两个方面：一是批复必须针对请示机关行文，而对非请示机关不产生直接影响；二是批复的内容必须针对请示事项，不涉及请示事项以外的内容。

2. 回复性

批复的内容属于回复性的内容。因为批复的制作和应用是以下级机关的请示为条件，对上级机关来说是被动的发文，下级机关请示什么事项，上级机关就批复什么事项。并且，上级机关对请求事项无论同意与否，都必须有针对性地明确予以回答。

3. 权威性

批复是答复下级机关请求事项的回复性公文，它提出的处理意见和办法，代表上级机关对问题的决策意见，对下级机关具有行政约束力，特别是对一些重大事项的答复，体现了党和国家的有关方针、政策，具有权威性。所以批复一经下发，下级机关必须遵照执行。

三、批复的结构与写作方法

批复主要由标题、主送机关、正文、落款组成。

1. 批复的标题和主送机关

批复的标题一般采用公文常规模式写法，即发文机关、主要内容、文种。略有不同的是，批复往往在标题的主要内容一项中，明确表示对请示事件的意见和态度，而一般公文标题中的主要内容部分一般只点明文件指向的中心事件或问题，多数不明确表示态度和意见。如《国务院关于同意陕西省撤销榆林地区设立地级榆林市的批复》，其中“同意”两字就是用来表明态度和意见的。如果不批准请求事项，标题中可以不出现态度和意见，到正文中再表态。如果是答复请求指示的批复，也无须在标题中表态。

批复的主送机关，一般只有一个，即发出请示的下级机关。

2. 批复的正文

批复的正文由三部分组成，分别是批复依据、批复事项、执行要求。

（1）批复依据

批复依据主要涉及两个方面：一是对方的请示；二是与请求事项有关的方针政策和上级规定。

对方的请示是批复最主要的论据，要完整引用请示的标题并加括号注明其请示的发文字号，例如，“你省《关于变更西宁市行政区域范围的请示》（青政［1999］49号）收悉”。

上级有关的文件和规定是答复请示的政策和理论依据。可表述为：“根据××关于××的规定，现作如下答复。”必要时，可标引文件名、文件编号和条款序号。如果下级请示的事项在上级文件和规定中找不到依据，这样的文字便不需出现了。

（2）批复事项

针对下级机关请示所发出的指示而做出的批准决定，以及补充的有关内容，都属于批复事项。如果内容复杂，可分条表述，但必须坚持一文一批的原则，不得将若干请示合在一起用列条的方式分别给以答复。

（3）执行要求

对下级执行批复的要求可写在结尾处，文字要简约。如《国务院关于同意陕西省撤销榆林地区设立地级榆林市的批复》的结尾：“榆林市的各级机构均应按照‘精简、效能’的原则设置，所需人员编制和经费由你省自行解决。”如果只是批准事项，无须提出要求，此段可免。

四、批复的写作要求

（1）答复要明确。批复要紧扣下级请示的问题做明确答复，不能答非所问，也不能含糊其辞，让受文机关不得要领。如不同意下级所请示的问题，批复中要明确表态，并说明理由。如对同一请示中所请示的问题只有部分同意时，应分别表态，不能只答复同意或不同意的事项。

（2）行文要及时。在收到下级机关的请示后应及早研究。经研究不论同意与否，都必须及时答复。

【范文欣赏】

例文一：指示性批复

财政部国家税务总局关于技术开发技术转让营业税问题的批复

财税〔2023〕39号

××省财政厅、地方税务局：

云南省地方税务局《关于贯彻财税字〔2019〕273号文中有关营业税政策问题的请示》（云地税一字〔2022〕11号）收悉，现批复如下：

《财政部、国家税务总局关于贯彻落实〈中共中央、国务院关于加强技术创新，发展高科技，实现产业化的决定〉有关税收问题的通知》（财税字〔2019〕273号）中免征营业税的技术开发、技术转让业务，是指自然科学领域的技术开发和技术转让业务。

财政部国家税务总局（印章）

二〇二二年三月七日

例文二：核准性批复

国务院关于同意设立“全国交通安全日”的批复

国函〔2015〕195号

公安部：

你部《关于将12月2日设立为“全国交通安全日”的请示》（公部请〔2015〕83号）收悉。同意自2015年起，将每年12月2日设立为“全国交通安全日”。具体工作由你部和有关部门组织实施。

国务院（印章）

2015年11月18日

【实践园地】

一、纠错训练

1. 下面这份公文有不少错误，请你予以改正。

×× 省人民政府、教育厅关于 ×× 大学开设新闻专业的批复

（2020）× 政教第 05 号

×× 大学校长：

2022 年 1 月 10 日的 8 号报告收悉：关于你校 2012 年 9 月开设新闻专业的问题。限于校舍和经费开支有一定的困难，可暂缓进行。等到 2023 年 1 月以后再行研究决定。特此作答。

此致

敬礼

×× 省人民政府、×× 省教育厅

2022 年 12 月 3 日

2. 请你指出下面这篇批复的错误。

关于若干问题的批复

×× 乡政府并县住建局、文化局：

对你乡的多次请示，一并答复如下。

一、原则批准你乡作为小城镇综合改革试点乡镇，请与县住建局联系协调有关事宜。

二、今年你乡要盖村民活动室 3 座，这有利于活跃农村生活，增加宣传阵地。基本同意你们这一要求。

三、你乡提出试行《关于违反小城镇建设规划的处罚办法》，最好不执行，因为这个办法违反上级有关文件规定。

特此作答。

×× 县人民政府

×××× 年 ×× 月 ×× 日

二、案例写作

为适应经济和社会发展的需要，×× 大学准备新开设社区管理、涉外企业秘书、社会保险三个专业，从明年秋季开始招收专科新生。请你以该校名义向省教育厅写一篇申报新专业的公文，同时附上开设新专业的可行性论证报告和教学计划。

任务六　意　　见

意见，是党的领导机关和国家行政机关对重要问题提出见解与处理办法的一种公文。作为一种公文文体的意见，与一般会议上或公开场合个人发表的口头意见是有区别的。它的内容涉及现实工作中重大的和急需解决的问题，要有可行性的充分论证。

《党政机关公文处理工作条例》规定，意见“适用于对重要问题提出见解和处理办法”。

一、意见的分类

按照性质和用途的不同，可将意见分为以下三类。

1. 指导性意见

指导性意见是党政领导机关用于布置工作的下行文。它同决定、指示、通知等文种一样，对下级有一定的规范作用和行政约束力。但它有别于这类公文的特点是更突出指导性、内容上更注重原则性和灵活性结合、规定性和便通性结合，为下级留有更多的创造性余地。有时部署工作不宜以决定、命令、通知等文种行文时，即可用意见行文。

这类意见常常是阐明工作的原则、方法，提出要求，做出工作安排，提出处理办法。其中有的是对某一段时期的某方面工作规定了目标和任务，列举了措施、方法和步骤，提出了实施的要求。这种计划性意见也属指导性意见，也是指导下级工作的，它也可列为计划的一种，如《××县人民政府2021年成人教育工作的意见》。

2. 建议性意见

建议性意见是向上级提出工作建议、设想的上行文。它又可分为呈报类意见和呈转类意见。呈报类意见是向上级机关提出某方面工作的建议、意见，向上级献计献策，以供上级决策参考。如《××市林业局飞播站关于2021年飞播造林工作的意见》就是提出了进一步搞好这项工作的7项意见，“供领导决策参考”；中共××省委办公厅《关于对<党政机关公文格式>(征求意见稿)的意见》，也是为中办、国办秘书局修改时“提出参考”。

呈转类意见是职能部门就开展和推动某方面工作提出初步设想与打算，呈送领导审定后，批转更大范围的有关方面执行。如机关后勤改革工作，涉及许多方面的支持、配合和协调，已非机关事务管理局职能范围内能推行得了的，因此，××省机关事务管理局撰拟了《关于深化机关后勤改革的意见》报送给省政府，省政府审定同意后，以《××省人民政府批转省政府机关事务管理局关于深化机关后勤改革意见的通知》行文，要求各地政府及省级各部门“结合实际情况贯彻执行”。实际上，这类意见与过去建议性报告的用途、写法很相似，而且意见已经取代建议性报告对上行文了。

3. 评估性意见

评估性意见是业务职能部门或专业机构就某项专门工作、业务工作经过调查、研究后，把商定的鉴定、评估结果写成意见送交给有关方面，它虽可上行、下行，但主要是不相隶属组织间的平行文。它又可分为鉴定性意见、批评性意见和参考性意见。

为加强决策的科学性，对某项工作的成果、某项决策的可行性进行调查、论证、评估、鉴定后，即可写成鉴定性意见。

随着社会主义民主政治的推进，人大、政协监督职能的加强，人民群众监督作用的发挥，对政府及其职能部门、公务人员的工作提出意见、批评会越来越多。这就需要撰写批评性意见。人大代表在人大会上对各方面工作提出的书面“意见”即属此类。

有关机关单位组织，就某项工作、某一事项，向平行的或者不相隶属的其他机关单位组织提出意见建议，以供其参考，即为参考性意见。

二、意见的特点

1. 内容的多样性

内容的多样性既可以对工作做出指导，提出要求和处理办法；又可以对工作提出建议；或者对工作做出评估，提出批评。它主要用于党政领导机关，但也可用于人民团体、企事业单位；既可用于上级，又可用于下级甚至基层组织。

2. 行文方向的多向性

行文方向的多向性既可以用作下行文，表明主张，做出计划，阐明工作原则、方法和要求；又可以用作上行文，提出工作建议和参考意见；还可以用作平行文，就某一专门工作向平行的或者不相隶属的有关方面做出评估、鉴定和咨询，或者提出参考意见。

3. 作用的多用性

作用的多用性是指有的意见具有指导、规范作用，如《××县人民政府关于切实减轻农民负担的意见》；有的具有建议、参考作用，如《关于深化机关后勤改革的意见》就是××省政府机关事务管理局上报省人民政府的一份建议性意见；有的具有评估、鉴定作用，如《关于××市创建国家卫生城市工作的考核鉴定意见》；有的具有批评作用，如人大代表按规定就某项工作对政府职能机关提出的意见和批评。

正因为意见具有上述特色，使用起来比较灵活，因此越来越受到各方面的重视。

三、意见的结构与写作方法

意见一般包括标题，主送机关、正文和落款四部分。

1. 标题

意见的标题与其他公文文种标题的格式一样，常由发文机关、事由、文种三要素组成，如《上海市人民政府关于加快本市民政事业发展的若干意见》。有时也可省略发文机关，如《关于本市宣传贯彻 < 国家通用语言文字法 > 的意见》。

2. 主送机关

除一些评估性意见外，绝大多数意见都要写明主送对象。

3. 正文

意见的正文部分一般分前言、主体、结尾三部分。

① 前言一般指明发出意见的依据、背景和目的。最后一句习惯用语一般是“为促进……健康发展，特提出如下意见”，或者“为了全面贯彻落实……文件精神，进一步推动……工作的顺利开展，现提出如下意见”。

② 主体部分分成若干小点，一般用一句简明的语言作为小标题。这部分内容一是阐明贯彻落实某项工作或解决某个问题的意义；二是提出做好这项工作的基本原则，各项要求、具体措施的有关部门的职责，有的还提出实施步骤。这部分既要讲道理、明政策、通法律，又要可实施、能操作、便督查。

③ 结尾对加强领导提出总体要求，如果主体部分已说清楚，可省略。

4. 落款

落款即在右下角写上发出意见的机关名称和发文的日期。

四、意见的写作要求

1. 观点要鲜明，行文要庄重

因为意见既可以用于正式公文，也可以用于日常工作沟通。所以在正式公文中，撰写意见要有针对性、可行性，文字表述要明确具体，要能反映有关机关或部门对问题的看法和认识，主张做什么，不主张做什么，要清清楚楚，一目了然。

2. 措施要切实可行

意见一般要写明解决问题、处理工作的要求和措施，各项要求和措施都应写得实实在在，切实可行。

3. 对上级机关应慎重使用

意见在正式公文中，主要用于平行机关和对下级机关，对上级机关应慎重使用。对上级机关行文，多用“请示”“报告”等文种。

【范文欣赏】

关于阶段性减免企业社会保险费的实施意见

各省辖市人民政府、济源示范区管委会、各省直管县（市）人民政府，省直和中央驻豫有关单位：

为贯彻落实党中央、国务院和省委、省政府关于做好新冠肺炎疫情防控和推动企业有序复工复产的决策部署，减轻企业负担，稳就业、稳企业，根据《人力资源社会保障部财政部国家税务总局关于阶段性减免企业社会保险费的通知》（人社部发〔2023〕11号）、《国家医保局财政部国家税务总局关于阶段性减征职工基本医疗保险费的指导意见》（医保发〔2023〕6号）要求，经报请省人民政府审核同意，现就阶段性减免企业职工基本养老保险、基本医疗保险、失业保险、工伤保险费（以下简称企业社会保险费）有关问题通知如下：

一、阶段性减免社会保险费

（略）

二、缓缴社会保险费

（略）

三、个人社会保险权益不受影响

（略）

四、妥善处理已征缴的社会保险费

（略）

五、科学划定企业规模类型

（略）

六、加大基金调剂力度

（略）

七、确保各项待遇按时发放

（略）

八、切实抓好组织实施工作

（略）

本实施意见自2023年2月1日起生效，此前规定与本实施意见不一致的，按本实施意见执行。具体政策实施期满后自行失效。

河南省人力资源和社会保障厅

河南省医疗保障局

河南省财政厅

国家税务总局河南省税务局

2023 年 3 月 2 日

【实践园地】

案例写作：

请你以 ×× 系的名义拟写一份上送学校教务处的关于整顿课堂纪律的意见。

任务七 纪 要

纪要指适用于记载、传达会议情况和议定事项的公文。

一、纪要的分类

1. 指导性纪要

指导性纪要，这类纪要要求与会单位及有关方面对会议所达成的意见要遵守执行。

2. 通报性纪要

通报性纪要，通过如实传达会议情况及会议精神，使公众获得信息、交流经验。

二、纪要的特点

1. 纪时性

纪时性，纪要是对会议情况的真实记录和科学整理，不允许有虚构成分。

2. 及时性

及时性，纪要写作时限要求很严格，有的在会议将近结束时就要写出，多数是在会议结束后几天内写出。

三、纪要的结构与写作方法

纪要一般包括标题、正文、落款三部分。

1. 标题

标题一般是由会议名称和文种组成的，如《×××× 大学招生工作会议纪要》。也有使用双标题的，多是在报刊上公开发表的纪要。如《确定服务意识 树立公仆形象——×× 公安局政治思想教育会议纪要》。

2. 正文

正文由开头、主体、结尾组成。

（1）开头简要地介绍会议概况，包括参加会议的单位，会议的目的，开会的时间、地点、会期、议程和进行情况等。

（2）主体写会议的内容，即会议议定的事项，形成的意见及结论。可根据具体情况选择表述方式：如果会议内容不复杂，可以分段表述，每段表述一个问题；如果会议内容复杂，可逐一表述，这样条理清晰，重点突出。如果是座谈会议纪要，可采用发言记录式，即按照发言的顺序，把发言者的主要观点和意见概述出来，这样能如实地反映会议进程和各种观点。

（3）结尾部分提出希望或要求，也有的不写结尾。

3. 落款

落款写发文机关的全称与发文时间，有的也写在标题下方的居中位置。一般的纪要不加盖公章。

四、纪要的写作要求

真实、准确地概括会议内容；层次分明、语言准确，正确使用惯用语；写出会议的重点内容。

【范文欣赏】

中共 ×× 市委常委会会议纪要

〔2023〕×× 号

时间：2023 年 ×× 月 ×× 日下午 ×× 时

地点：市委主楼 218 会议室

主持人：××××

出席：　×××　　×××　　×××　　×××

列席：　×××　　×××　　×××　　×××

议定事项：

会议认真学习了省委 20×× 年 ×× 月 ×× 日《关于进一步统一认识坚决搞好治理

整顿的通知》，对我市前段治理整顿的情况和一季度形势逐项进行了分析和深入讨论，进一步统一了思想，明确了当前和今后治理整顿的任务和工作重点。

会议认为，半年来我市在贯彻中央治理整顿方针的过程中，工作扎实，初见成效，要按照中央精神，进一步统一思想，认真抓好治理整顿的各项工作。

会议决定：

召开市委工作会议，通过传达中央工作会议精神，分析我市治理整顿形势和任务，提高认识，统一思想，动员广大党员一心一意搞好治理整顿。会议定于4月底召开，由市委办公室做好会议筹备工作。

会议听取了 ×× 同志关于20×× 年庆祝振兴 ×× 立功竞赛表彰大会准备工作的汇报，同意“立功办”提出名单，责成“立功办”根据市委常委意见进行调整，并做好大会准备工作。对有些需要进一步研究的问题由“立功办”再作准备，向书记办公会汇报。

【实践园地】

一、纠错训练

指出下面这篇纪要的错误，并予以改写。

×× 办公会议纪要

2023 年 5 月 18 日，×× 职业技术学院召开了办公会议，讨论了三个问题，并达成纪要如下：

一、本校第六届运动会定于 6 月 7 日召开，6 月 7 日停课一天。

二、今年暑假改造装修第一教学楼，9 月 10 日前完工。

三、改造本校游泳池，暑假内向社会开放。

院长办公室

2023 年 5 月 18 日

二、案例写作

×× 职业技术学院于2023年5月6日召开了本年度院长办公会议，讨论了三个问题（可自由发挥），最后形成了决议。请你代校办秘书写一份会议纪要。

项目四 事务文书

学习目标

知识目标

1. 掌握相应的事务文书写作方法。
2. 明确事务文书的写作要点。

能力目标

1. 能够独自完整地完成事务文书写作。
2. 能够清晰、准确地表达事务文书内容。
3. 能够准确选择事务文书种类。

素质目标

1. 提高学生事务表达能力和事务写作能力。
2. 提升撰写计划、总结、规章制度的能力。

思政目标

通过对事务文书的学习，应培养学生严谨务实的态度、崇尚科学的精神，增强职业素养。

案例导入

张若阳是某商场一家品牌服装店铺的负责人。年终时，张若阳打算制订下一年的工作计划，以规范店铺的管理，使日常工作有序进行，不断提升客人的满意度。

通过上述案例描述，请思考：

1. 你认为张若阳应该使用什么文种行文？

2. 张若阳拟这份文书时需要注意哪些要求？

任务一　计　划

事务公文写作技巧——计划篇

计划，就是事前的打算。具体地说，是机关、团体、企事业单位或个人对未来一定时期的某项工作或任务预先拟定目标，制定方法措施，做出具体安排时使用的一种应用文书。制定工作计划，其目的就是事前心中有数，减少盲目性。

计划是计划类文书的统称。常见的规划、方案、安排、打算、设想、要点等，都属于计划的范畴。

一、计划的分类

计划不是单一的文种，而是计划类文书的总称，叫作“计划性文体”。计划的种类繁多，从不同的角度，可以有不同的分类。

1. 按内容分

有学习计划、生产计划、工作计划、研究计划、财务计划、教学计划、收购计划、销售计划等。

2. 按范围分

有国家计划、系统计划、地区计划、部门计划、科室计划、个人计划等。

3. 按时间分

有周计划、月份计划、季度计划、年度计划、五年计划、十年规划等。

4. 按性质分

有军事计划、工作计划、建设计划、维修计划及各种会议计划等。

5. 按效力划分

有指令性计划、指导性计划、综合性计划、专题计划等。

6. 按书写形式划分

有条文式计划、表格式计划等。

二、计划的特点

1. 预见性

预见性是指计划是为做好未来的工作，完成今后的任务而制订的，它要凭借超前意识预见到工作的发展趋势，以便做出正确决策。制订计划既要看得远，又要想得实，尽可能对各种情况做出正确预想，使计划顺利实施。

2. 可行性

可行性是指计划是决策的载体之一，它要指挥或者指导人们的行动，因此在制定目标、任务时都要考虑自身的实际，确保目标的实现。不能好高骛远，措施、办法应该切实可行。当然有时计划需要随客观实际情况的变化进行适当的调整和修订。

3. 明确性

明确性是指计划是效果检验的依据，因而计划的各项指标及措施、方法的设置安排必须十分明确，不能含糊。明确的计划可以使人行有所依，查有所据。

4. 时限性

时限性是指计划只在一个特定的时间范围内有效。无论是制订计划，还是执行计划，都是如此，离开了一定的时间范围，计划就失去了它本来的作用与意义。

三、计划的结构与写作方法

从内容上看，不论什么形式的计划，都应包括制订计划的“任务、目标、措施、步骤”，也称“四要素”。其结构一般由标题、正文、落款三部分组成。

1. 标题

标题由单位名称、时限、事由、文种组成，如《××市××局2019年工作计划》。也可省略其中的一项或者两项，如《××厂职工教育计划》等。但无论怎样省略，都必须保留事由、文种两项。有的计划则采用公文式标题，如《××学院关于留学生入学教育工作安排》。

2. 正文

正文一般由开头、主体、结尾三部分组成。

（1）开头

开头即引言、前言，这部分可写制订计划的依据，或背景材料（如面临的基本形势、前段工作经验教训等）。这部分要写得简明扼要，力戒套话、空话、大话。不同计划对上述内容可以有不同的取舍和侧重，有些大家熟悉的例行工作的计划，也可不写这部分内容，可直接写明工作的总目标、总任务。

（2）主体

主体即计划事项，包括具体的任务、目标、措施、步骤。一般可采用序号或小标题的方法展开内容。

① 任务，即“做什么”，是计划要完成的具体事项。任务要具体、明确、重点突出。

② 目标，即“做到什么程度”，是计划完成任务所要达到的基本要求，要求应有量和质的标准，切合实际，有达到的可能性。

③ 措施，即“怎么做”，是指实施计划的具体办法。措施是实施计划、完成任务的保证，是达到目标的具体手段。措施要求实事求是、具体可行。

④ 步骤，即“什么时候做”，是指工作的程序和时间安排。

（3）结尾

结尾即结束语，可提出希望、发出号召，以鼓励本单位全体人员为实现计划而努力，但也可视情况而决定要不要写这部分。

3. 落款

落款包括计划的署名和日期。如标题中已写明单位的，不用再署名。日期指制订的年、月、日，可写在标题下或正文的右下方。

四、计划的写作要求

1. 要从实际出发，量力而行

制订计划要立足实际，计划中的指标、措施都应从本单位实际情况出发，指标的提出要留有余地，经过努力能够实现。

2. 明确具体，利于执行检查

计划要定得明确具体。目标、措施、步骤、责任者、时间都要表达清楚、明确，以便于执行，有利于督促检查。

3. 层次分明，语言准确简洁

内容要具体明确，表达要简明准确，有条有理。

4. 抓住关键，突出重点

要将中心工作和重点任务突出出来，不能事无巨细，胡子眉毛一把抓。同时，还要兼顾一般，围绕中心工作合理安排其他事项。这样既重点突出，又具有针对性。

【范文欣赏】

例文一

学校年度工作计划

在迎接教育强县的大好形势下，要全面推进学校德育、教学、师资队伍建设，夯实双常规管理，加强教研教改力度，推进素质教育，实现学校管理制度化、规范化、科学化、民主化，根据上级教育部门要求，结合学校实际，特制订本计划。

一、指导思想

在教育局领导下，深入贯彻落实科学发展观，以科学发展统领学校工作全局，以全新的理念和视角理性审视现实，以提升教师专业化发展为抓手，深化改革，内涵发展，建立书香校园，全神贯注抓质量，科研兴校，以人为本，素质优先，全面建设和谐校园，办成社会满意的学校。

二、工作目标

（一）继续强化科学、规范管理，确保质量稳步提升，办学生喜欢、家长信任、社会认可、人民满意的学校。

（二）以学生全面发展为宗旨，以“素质质量”为中心，完善细化绩效量化考核办法。

（三）注重德育实效性的研究，扎实抓好学生行为习惯的养成，落实在校一日行为规范要求。

（四）以信息化带动学校教育现代化，实现信息化基础上各项教育要素的有机整合，促进学生和老师在学习方式、教学方式上的变化。

（五）创新工作方式，在教育形式、教研方式、反思形式、课堂教学形式等方面有所创新。又好又快提高教育质量。

（六）以教书育人、服务育人、环境育人为重点，加强师德教育，提高我们爱岗敬业、为人师表等师德素质，营造良好的育人环境，运用信息的育人方法培育学生。

（七）以骨干教师为主导，开展群众备课活动，提高备课质量，培养一批思想过硬、业务精良的学科带头人。

（八）加强学校安全防范工作，做到安全工作警钟长鸣，让学生在安全、健康、和谐的环境下茁壮成长。

三、工作任务和措施

（一）着眼学校发展，完善学校各种管理机制

（略）

（二）以“学生发展”为本，全面提高学生素质

1.德育工作求实效

要切实根据学生的实际特点，精心设计和组织开展资料鲜活、形式新颖、吸引力强的道德实践活动，提高学生的思想素质。认真扎实抓好学生行为习惯的养成，即：礼仪、诚信、卫生、学习、健体、勤俭习惯；落实在校一日行为规范要求。

继续规范每周一的升旗仪式、国旗下讲话资料，培养学生爱国意识和群众荣誉感：以重大节日和重要纪念日为契机，利用演讲、读书、主题班会、参观德育基地、知识竞赛、社会实践等形式多样、主题鲜明的教育活动，有针对性地对学生进行爱国主义教育，提高德育工作实效；开展好综合性主题教育活动，认真在教师节、国庆、新年组织各项活动，精心安排主题活动资料，引导更多的师生参与到活动中来，要将各项活动的举办成为师生互动、全校参与的盛会。

2.切实加强德育常规管理工作

“常规”往往最能体现一所学校的管理水平。要从日常行为规范教育入手，着重对学生进行礼貌礼仪为重点的基础礼貌教育。透过逐步完善“德育量化考核”、播放“行为规范专题片”，把学生的行为规范分解、细化，确定每个阶段的训练重点，构成序列。在教育训练的过程中坚持低起点、高标准、多层次、严要求的原则，做到要求明确、训练到位、反馈有效，力求透过严格的训练、使学生的行为规范外化为行为，内化为素质，养成良好的生活习惯、学习习惯、礼貌礼仪习惯。

班级是学校管理最基本的单位。要进一步加强班群众建设，注重良好的班风、学风的培养。在抓好行为、纪律、卫生等班级基础性工作的基础上，各年级、各班要根据学生的状况、分层次、有针对性地对学生进行思想道德教育和礼貌礼仪教育，力求逐步构成良好的学风、班风。学校将进一步加强“梯队式管理模式”“争星榜”德育管理模式。

班主任在学校德育工作中发挥着十分重要的作用，是学校管理的中坚力量，可以说，一所学校校风的优劣在很大程度上取决于各班班风的状况，而班风构成的关键在于班主任。班主任工作又是一项既辛苦又光荣的工作。要进一步加强班主任队伍建设，通过“班主任培训、举办班主任经验交流会”等，使班主任在班级管理中能耐心细致地做好班级日常管理工作。在日常管理中进行深入思考，深刻反思，不断总结班级管理成功的经验，大胆创新，勇于实践，努力构成具有鲜明特色的管理模式。

3.做好少先队工作，发挥少先队组织的育人功效

（略）

（三）紧抓教师队伍建设，进行好课堂教学改革

1.坚持以师为本，塑造教师群众优秀教风。（略）

2. 建立“以校为本”的教研机制。（略）

3. 加强教育科研，增进学校发展内涵。（略）

4. 深入开展“唱红歌、读经典、诵古文、学英模贤达”活动。（略）

5. 体卫艺工作规范化。（略）

20×× 年是中心小学各项工作再上台阶，全面创新的一年，在新的一年里，在全校教职工齐心协力、踏实工作下，学校的工作必将会取得一个全新的发展。

例文二

×× 商场 ×× 品牌服装销售工作计划

为了提高客人的满意度，本店铺决定加强店面和店员的有效管理，使店铺工作正常有序，避免无组织、无规律的现象发生，特制订 2023 年工作计划。

一、加强员工工作和交接班管理加强员工工作和交接班管理可以提高员工的职业素养，提升员工的精神面貌，使员工保持良好的工作状态。

1. 早班

员工必须按照商场规定身着工作服上班。商场开门后，两名员工共同完成打扫、化妆等工作。正式上班后，两名员工应根据店内账目做配送单，交付店长整理，之后轮流站在店铺门口迎接客人。备注：为防止打扫不彻底，两名员工应轮流负责不同区域，将责任落实到个人。由于早班客流量较小，因此两名员工应将工作重点放在入账、对账及服装陈列（包括调换配饰等）上。

2. 中午交接

午餐后，店长和副店长交接现金和账目，员工交接货品。交接后，店长和副店长分别在工作记录上签字确认。如果店长和副店长提前完成交接，应协助员工清理货品，完成接下来的订货任务。已售出的货物库存于中午交接时轮班清点，所有货物的库存应在每周三中午分两班清点。

3. 下午班

由于下午工作时间较长、客流量较多，所以员工一定要保持良好的精神状态，同时要在没有客人的时候对店内设施进行逐一检查。

4. 晚上交接

值班员工每天 19: 00 开始做每日销售报告。在没有客人时，值班员工要逐一检查照明、卫生、样品、装饰品，有损坏要及时报告。

5. 关于月度库存

每月 2 日晚 19: 00，所有员工都要对上一个月的销售情况进行汇总，并盘点库存，尽最大努力在一天内完成库存和对账工作，并在当月 3 日向会计呈交库存报告。备注：如因特殊原因无法按时完成汇总和盘点，应及时向店长和会计说明缘由，并在最短的时间内补齐报告。

二、加强服装陈列管理

在商场，除了店铺的设计和橱窗的造型能够吸引客人外，服装的陈列也同样影响客人的购买意向。所以，服装陈列既要展现本品牌的特色和优势，也要追求标新立异，以强烈的视觉冲击力营造一种商业空间中的销售环境，以浓重的设计感烘托品牌的气质和销售氛围。

1.挂装陈列

每款服饰应同时悬挂两件以上，并且保证挂装整洁，没有折痕和污渍。

挂装陈列应遵循以下原则：主排按照从外到内、从前到后的顺序，颜色由浅到深、由明到暗；侧排从前到后、从外到内，颜色由浅到深、由明到暗。

要点：主推款服装可不按照此顺序排列，悬挂于店铺显眼位置即可。

2.模特服装陈列

模特服装原则上来说选用当季新款，并保证每周更换2～3次，以保持新鲜感，吸引客流。

3.叠装陈列

叠装虽然处于不显眼的位置，但其陈列应同样强调视觉效果。同季节、同类型、同款式、同系列的服装应陈列于同一区域。叠装附近位置应设计模特或悬挂款，展示叠装中的代表款式，以方便客人浏览。

三、提高服务质量提高服务质量对员工和店铺的意义是非常重大的，好的服务必将得到客人的认可，增加销量，在提高员工收入的同时扩大店面影响。提高服务质量，所有员工可以从以下几个方面入手。

1.提高自身对工作的要求

秉持积极的工作态度、保持工作热情，特别是在有客人上门的时候。

严格要求自己，工作踏实细致，不断加强学习，特别要加强销售技巧方面的学习。

懂得与同事合作，增强团队意识，发挥团队力量，提高团队协作能力。

经常做工作总结，做到每天一小结、每月一大结。

2.提升客人满意度

学会倾听和观察，能够快速了解客人的真实需求，在满足客人提出的合理要求时，保证客人对自己的信任度，以提高回头率。

建立客人资料库，记录客人联系方式等资料，了解客人的偏好，以便在新产品上架时及时通知客人。

对于购买意向不强的客人，依然要保持服务热情，提升品牌在客人心中的满意度，增强品牌的竞争力。

在竞争日益激烈的环境中，只有不断提升自我能力，以品牌利益为中心，以服务客人为宗旨，提高自身素质，才能在竞争中站稳脚跟。祝愿新的一年里，大家能在这份计划的指导下取得令自己满意的成绩!

××商场××品牌服装

2022年12月

【实践园地】

案例写作：

1. 考试临近，请根据自身的具体情况，制订一份复习计划。

2. 本班要举办一次诗歌朗诵会，请制订一份工作方案。

任务二 总 结

总结是对以往工作进行回顾、检查、分析、研究，从中提炼出规律性的经验，用以指导今后工作的文书。平常所说的小结、体会、认识等也是总结，只不过因其内容较单纯、涉及面较小或经验欠成熟而在具体运用上有别于总结。

一、总结的种类

总结的种类很多，根据内容、时间和范围等的区别，总结大致有以下几类。

1. 全面总结和专题总结

（1）全面总结也叫综合总结，是一种全面检查、评估某一时期内工作情况的总结，这类总结要求站在全局高度，对整个工作的各个方面进行回顾，主要用来向上级汇报工作、反映情况。

（2）专题总结也叫单项总结，是就某一问题、某种工作、某次活动进行的专门总结，内容较单一、集中。这类总结往往侧重于对某一阶段的某项工作或活动所取得的经验进行分析、研究和阐述，用来传播信息，交流、推广经验，所以也有人将其称为经验总结。

2. 科研、生产技术总结

这类总结是科研、生产部门经常使用的，具有学术性。

3. 个人总结

这类总结主要是个人在工作、学习中的体会认识，内容单一，范围较小，既有具体事例，又有一定的理论分析，既叙事，又见思想，表达方式常用叙述与议论相结合。

二、总结的特点

1. 真实性

总结在回顾过去时要用事实说话，从本单位（或本人）自身的实践活动中选取材料，并从这些材料中提炼观点，得出结论。不得移花接木，张冠李戴，也不允许任意虚构，主观臆造。

2. 理论性

总结工作不是记流水账，不能停留在事实的表层，而是以辩证唯物主义和历史唯物主义为指针，认真地评论得失，对大量的事实材料进行科学分析，就事论理，把感性认识上升到理性认识，揭示出客观事物带规律性的结论，这也正是总结的价值所在。

3. 目的性

如果说总结工作回顾过去，回答"做了什么"体现了真实性；评论得失，回答"为什么"体现了理论性；那么指导未来，回答"怎么做"则体现了目的性。总结的根本目的就在于指导今后的实践。肯定成绩是为了增强信心，鼓足勇气，做好以后的工作；总结经验是作为后事之师，发扬光大，不断前进；找出教训是为了明白失利原因，以便吸取教训，使今后走上坦途，避免重蹈覆辙。

4. 自我性

总结是自身实践活动的产物。它以客观评价自身工作活动的经验教训为目的，以回顾自身工作情况为基本内容，以自身工作实践的事实为材料，所总结出来的理性认识也应该反映自身工作实践的规律。所以内容的自我性是总结的本质特点。

三、总结的结构与写作方法

总结一般由标题、正文和落款三部分组成。

1. 标题

总结的标题常见的有以下几种形式。

（1）四项式标题，即由单位名称、时间、事由、文种组成标题，如《××市人事局2019年补充国家机关工作人员考试工作总结》。这四项可根据需要进行省略。

（2）文章式标题，如《更新观念培养开拓型人才》。文章式标题常用于专题总结，可写单行标题也可写双行标题。

2. 正文

正文一般由前言、主体、结尾组成。

（1）前言，为基本情况概述，或概述工作的背景、全貌；或说明工作的指导思想和成果；或将主要成绩、经验、问题找出来，先给读者一个总体的认识。

（2）主体，总结的主体主要包括以下三方面。

① 做法、成绩与经验。这是总结的主要内容。要写明做了哪些工作，采取了怎样的措施、方法和步骤，有什么效果，取得了哪些成绩，取得成绩的主观原因是什么。哪些做法是成功的、行之有效的，有什么经验和体会。这些内容中，做法、成绩是基础材料，经验、体会是重点，在全文中占主导地位。这部分内容一般比较丰富，写作中要处理好主次详略的关系。

② 问题与教训。要写出工作中存在的问题与不足以及它们给工作带来的影响、造成的损失；分析出现问题、失误的主客观原因及由此得出的教训。不同的总结对这部分内容的轻重处置不同，比如着重反映问题的总结，就要把这部分作为重点。

③ 今后的工作设想和努力方向。这是在总结经验教训的基础上，针对工作的实际问题，提出改进措施；或者说明今后打算、工作发展趋势，展望工作前景，提出新的目标。也有的总结把这一部分就列为结尾部分。

（3）结尾，这部分主要是对下步工作的设想，提出新的目标。行文应简洁有力，具有鼓动性和号召力。

3. 落款

如果单位或个人的署名已经署于标题下，此处可省略。如果是用于报送上级的总结，在单位名称处应加盖公章。

四、总结的写作要求

1. 坚持实事求是原则

写总结思想一定要端正，要从实际工做出发，尊重客观事实，绝不能弄虚作假，对成绩夸大其词，对缺点避而不谈，甚至故意杜撰，把子虚乌有的事情也写进总结中，使用的事例一定确有其事，引用的数据要真实可靠，否则，就完全失去了总结的价值。

2. 避免两种倾向

一是只见成绩、不见缺点和不足的“请功表”；二是把自己的工作说得一无是处的“检讨书”。这两种倾向都不是实事求是，失去了总结的价值。

3. 观点和材料要统一

在总结写作中，不能没有观点，但是观点必须要用材料来说明，要用观点统率材料，保持两者的高度统一。

4. 点面材料相结合

在总结中，既要有面上的材料，又要有点上的材料，做到点面结合。面上的材料具有普遍性、概况性，反映的是事物的全貌、工作的全局；点上的材料典型、生动具体，可以补充、印证面上的情况，加深读者印象，增强说服力。

5. 叙述与议论相结合

总结的表达方式主要是叙述、议论，写法是夹叙夹议，说明是辅助性的。

【范文欣赏】

入职半年工作总结

时间如梭，一晃加入公司已经半年。回想刚毕业时，我怀着忐忑的心情来到公司，当初的我是那样拘谨，面对工作和同事完全放不开，现在我已经完全没有了刚来公司时的紧张感，那种无所适从的感觉也悄然消失了。经过不断学习和领导、同事的帮助，我慢慢了解了公司的主要业务，熟悉了工作流程，已经可以独自完成工作任务。

在这半年的时间里，我努力工作、学习，现在已经很好地融入了公司这个大家庭，同时也对公司的组织结构、工作流程等有了深入了解。我对这半年来的工作情况总结如下。

一、半年来的工作状况

我所在的岗位主要负责行业的信息整理，即将各级政府颁布的政策法规、公司开发与经营中产生的大量动态数据、行业供应等市场主要数据进行及时、准确、全面的采集和处理，为公司今后的决策提供依据。这使我能在第一时间接触到各类行业政策和市场信息，极大地扩充了我的知识量。

在工作过程中，我熟练地掌握了整理信息的各种办公软件，同时提高了对档案管理工作的认知。我工作的很大一部分内容是收集、整理有关信息，集结成档。最初我以为这是一份比较枯燥的工作，当我实际参与工作后才发现，档案管理工作没有我想得那么简单。信息类目繁多、更新频率快，经常让我陷入混乱状态。

于是，我在按常规进行整理的同时，从不同角度对一些信息加以分析，如进行地区、级别等方面的横向比较。最终，我发现了按照不同角度对信息进行细分的好处。如果有足够的时间，我还会从多个角度出发，对每个信息进行归类建档，这样做的好处是，当我需要一个信息时，就可以根据不同的关键词找到它，十分快捷、方便。当然，不同的工作内容需要不同的技巧，随着工作的深入，还有更多新的内容等待我去学习，去思索。

除此之外，我还利用闲暇时间尝试着对新项目进行了成本预算。这让我对成本预算知识有了一个从理论到实践的升华过程。结合在学校里学到的相关知识，我觉得我还需要进一步摸索和思考，通过将它们活学活用来解决实际的问题。

在这段时间里，我的心态也发生了很大的转变。刚参加工作时的我十分迷茫，找不到自己的定位。随着这段时间的不断调整，我渐渐明白，每个岗位都有发挥才能、增长知识的机会。只要我们能充满热情地工作，即使在最平凡的岗位上，也能成为最称职的职场人。假如以无所谓的态度工作，不论在哪个岗位，也不过是个平庸的人。

以上是我在这半年的工作中所做的努力和取得的一点点成绩。在不断找寻工作方法的过程中，我明白了这样一个道理：即使是从事最基础的工作，也需要不断地创新求进，以提高工作效率。同时，我也坚定了自己一贯的想法和态度：学习是没有止境的，虽然离开了学校，但学习永远不能停止。职业生涯是学生生涯的延续，重要的是将学校里学的理论知识运用到工作实践中，并进一步提高、升华。不断学习将永远是我的座右铭。

二、工作中出现的不足

回顾这半年的职场经历，我发现自己在工作中还存在一些不足之处，例如，我过于重视工作的进度，缺乏对工作内容的全面考虑。另外，我还需要调整心态，改掉做事急躁、欠考虑的毛病，注重工作质量，提高工作效率。

总之，在不断调整中我逐渐明白，无论做任何事都需要全力以赴，具有这种拼搏精神才能在日后的工作中取得更大的成功。可以说，拥有积极的心态，就能拥有成功的一生。

三、今后的工作方向

有了这半年的积累，我相信自己能在接下来的工作中做得更好。我将本着对本职工作的认真和负责，把工作做好、做精。我会以公司的经营理念为坐标，将自己的知识和公司的具体环境相融合，努力提高业务技能，为公司的发展尽一份绵薄之力。

工作中还有很多事情需要我不断地学习，我相信我在公司的明天会更好！

以上是我的工作总结，诚挚地希望领导和同事能提出宝贵建议，我一定虚心采纳！

王超

2022 年 12 月 3 日

例文二

个人年度工作总结

自进入单位近一年来，在领导的关心、指导和同事们的帮助下，我迅速融入群众，进入工作主角，基本掌握了各项工作要领，较好地完成了各项工作任务。工作之余通过自学，丰富了理论学识，并在工作过程中将所学理论付诸实践，通过理论知识与实践经验相结合，进一步提高了解决实际问题的能力。现将一年来的工作、学习状况简要总结如下：

一、思想上严于律己。工作中坚持以党的各项重要思想为指导，认真贯彻执行党的路线、方针和政策。通过学习，进一步夯实了理论基础，提高了思想认识水平。

二、业务上勤学好问。平常主动向领导、同事请教，用心参加各种形式的学习，参加了××××培训，切实提高了业务知识和技能，并在实际工作中不断总结经验，进一步提高办事效率。

三、工作上保质保量。日常担任报表统计、证照办理和资料整理等具体工作，在工作中，做到了勤勤恳恳、严格要求：一是认真校对数据，确保汇总报表数据的真实有效性；二是高效办理证照，确保100%在承诺时限内办结，且无因疏忽返工；三是仔细整理办公室资料，合理归档，提高办公效率。

回顾一年来的工作，我虽然在各方面都取得了进步，但同时也深刻认识到自身还存在诸多不足，主要是思想认识还较浅，业务理论深度还不够，实践经验还不足，今后务必继续加强学习，努力提高思想认识水平和业务水平，注意总结实践经验，全面提高工作能力，力争更好地为人民服务。

×××

2022年12月26日

【实践园地】

案例写作：

写一篇自己的学期总结。

任务三 规章制度

规章制度是指用人单位的规章制度，是用人单位制定的组织劳动过程和进行劳动管理的规则和制度的总和。也称为内部劳动规则，是企业内部的“法律”。规章制度内容广泛，包括了用人单位经营管理的各个方面。根据 1997 年 11 月劳动部颁发的《劳动部关于对新开办用人单位实行劳动规章制度备案制度的通知》，规章制度主要包括：劳动合同管理、工资管理、社会保险福利待遇、工时休假、职工奖惩，以及其他劳动管理规定。

用人单位制定规章制度，要严格执行国家法律、法规的规定，保障劳动者的劳动权利，督促劳动者履行劳动义务。制定规章制度应当体现权利与义务一致、奖励与惩罚结合，不得违反法律、法规的规定。否则，就会受到法律的制裁。本法第七十九条规定：“用人单位制度的直接劳动者切身利益的规章制度违反法律、法规规定的，由劳动行政部门责令改正，给予警告；给劳动者造成损害的，用人单位应当承担赔偿责任。”

一、各种规章制度的含义

1. 章程

章程是指党政机关、团体制定的纲领性文书，对组织的宗旨、性质、任务、机构、成员和活动规则做出规定的文书。章程应由该组织代表大会通过后公布实行。

2. 条例

条例是由国家机关制定或批准，规定某一事项或机关、团体的组织、职权等带有法规性质的文书。

3. 制度

制度是针对社会组织或某些范围、某一事项做出的行为准则。

4. 细则

细则指为了贯彻执行条例中某条款或某几条条款制定的详细规则。

5. 公约

公约是群众在自觉的基础上共同商定的对某一事项做出的具体要求。

6. 守则

守则是要求特定的群体共同遵守的道德和行为规范的文书。

二、规章制度的结构与写作方法

规章制度一般由标题、正文、落款三部分组成。

1. 标题

规章制度的标题一般由单位名称、内容、文种组成。如《××公司员工守则》等。单位名称，是指规章制度适用的单位或范围，或是制定、颁发规章制度单位的名称。

2. 正文

规章制度的正文结构一般有两种形式。

（1）分章列条式（章条式）

分章列条式即将规章制度的内容分成若干章，每章又分若干条。第一章是总则，中间各章叫分则，最后一章叫附则。

（2）条款式

这种规章制度只分条目不分章节，适用于内容比较简单的规章制度。一般开头说明缘由、目的、要求等，主体部分分条列出规章制度的具体内容。其第一条相对于分章列条式写法的总则，最后一条相对于附则的写法。

三、规章制度的写作要求

1. 体式的规范性

规章制度在一定范围具有法定效力，用语简洁、平易、严密，在格式上，不论是章条式，还是条款式，本质上都是采用逐章逐条的写法，条款层次由大到小依次可分为七级：编、章、节、条、款、目、项。一般以章、条、款三层组成最为常见。

2. 内容的严密性

规章制度需要人们遵守其特定范围的事项，因此其内容必须有预见性、科学性。就其整体而言，必须通盘考虑，使其内容具有严密性，否则无法遵守或执行。

【范文欣赏】

公司管理制度

第一章　总则

第一条　为保证顺利完成公司下达各项生产任务、经营目标、管理目标而制定本规章制度。

第二条　规章制度包括生产制度、卫生制度、考勤制度、奖惩制度、安全制度等。

第三条　本规章制度适用本公司的各部门的每一个员工。

第二章　行政办公制度

第四条　根据公司实际运作情况，定期召开生产计划、产品质量、人员培训会议。

第五条　公司每一位员工必须按公司要求参加会议。

第六条　卫生管理制度。（略）

第七条　工作期间，公司内严禁个人电话的使用。

第八条　公司的办公用品严禁使用与本公司无关的事宜。

第九条　生产场所严禁吸烟。

第十条 任何员工不能泄露公司的商业秘密和技术秘密。

第十一条 不说任何不利于公司和有损公司形象的话。

第十二条 不做任何有害公司的事。

第十三条 工作期间，严禁串岗、离岗，出入厂物品人员必须填写出入厂证，同意核准方可进出。

第十四条 宿舍里严禁大声喧哗，以免影响他人休息，严禁打架斗殴、聚众赌博。

第十五条 必须按公司值日规定和要求清扫宿舍，保持其清洁卫生。

第三章 考勤制度

第十六条 严格遵守公司时间，不准迟到、早退，发现迟到、早退，视时间长短作相应处罚。

第十七条 有事请假者，必须填写请假申请单，批准同意后休假，未办理请假手续者作旷工处理。

第十八条 任何请假以不影响公司生产为前提，由所在部门负责人批准，得到公司认可后方可休假，不可强行要假。

第十九条 公益事业活动等休假可享受工资待遇补贴。

第二十条 新招员工有试用期，试用期间不胜任工作而自行离开者，扣发当月工资，辞职者须提前一个月打辞职报告，同意后方可辞职，自行离职者扣发当月工资。

第四章 安全生产管理制度

第二十一条 严格按照操作规程操作，任何岗位都树立“安全第一”的思想，违反操作规程造成后果者，责任自负。

第二十二条 未经允许，不得擅自操作他人岗位，擅自操作他人岗位造成后果者，责任自负。

第二十三条 各自岗位操作人员有责任报告潜在的不安全因素，以便及时发现、排除。

第二十四条 如遇台风、洪水、自然灾害等紧急状况下，公司任何人员有责任和义务服从公司的紧急调配，保卫公司的财产不受损失。

第五章 员工的权利

第二十五 条平等就业的权利。

第二十六 条参加企业民主管理的权利。

第二十七 条按劳取酬、多劳多得、奖勤罚懒。

第二十八 条按公司规定休息和休假。

第二十九 条享受劳动安全、卫生和保护。

第三十条　请求劳动争议处理的权利。

第六章　员工的义务

第三十一条　保质保量完成工作的任务和各项生产指标的义务。

第三十二条　遵守国家法律法规，公司规章制度的义务。

第三十三条　执行劳动规程，按规定操作的义务。

第三十四条　在工作中不断提高劳动技能的义务。

第七章　奖罚制度

第三十五条　获“优秀职工”称号者，公司予以嘉奖。

第三十六条　违反公司规章制度的职工，公司予以处罚。

第八章　附则

第三十七条　本条例由××××负责解释。

第三十八条　本条例自颁布之日起执行。

【实践园地】

一、纠错训练

阅读下列规章制度，指出错误并加以修正。

阅览室规章制度

1. 本室图书只准室内阅览，不准带出室外，违者将处以通报批评。

2. 借阅图书，凭本人的学生证或 IC 卡，一次一册。

3. 本室采取开架阅读方式。

4. 所借图书需在当天归还，逾期一天不还者，除扣留一周证件外，还要通报批评。

5. 所借图书要当面检查是否有损坏，发现有损坏时，向阅览室工作人员声明，否则，还回时将向你追查损失责任。

6. 爱护图书，避免折叠、勾画、污损或剪裁，违者按规定进行赔偿。

7. 维护室内秩序和清洁卫生，不准大声喧哗、吃零食、聊天。

8. 禁止穿背心、短裤、拖鞋进入阅览室。

9. 禁止利用各种物品占座位，不准在桌面上乱写乱画。

10. 离开座位时，要轻轻将椅子放在桌子下。

二、案例写作

调查影剧院观众有哪些不文明的行为，写一份《观影守则》。

项目五
经济文书

学习目标

知识目标

1. 掌握经济文书的事务文书写作方法。
2. 明确经济文书的写作要点。

能力目标

1. 能够独自完整地完成经济文书写作。
2. 能够清晰、准确地表达经济文书内容。
3. 能够准确选择经济文书种类。

素质目标

1. 培养学生践行实践出真知的理念，锻炼实证思维。
2. 增强法律意识，培养严谨细致的工作态度。

思政目标

增强知法、守法意识，遵循诚信原则。

案例导入

××科技（上海）有限公司为了培养更多的应用型技术人才，优化企业的人力资源，决定与合肥工科职业学院进行合作，培养企业所需人才。经过洽谈双方达成了合作意向，决定签署合作意向书。

通过上述案例描述，请思考：

1. 意向书就是合同吗?

2. 意向书的结构组成部分包含哪些要素?

任务一　市场调查报告

市场调查报告是对市场进行深入调查研究后，对调查所获得的信息资料进行系统、科学和周密的整理，根据实际需要进行分析、归纳、综合后撰写的书面报告。它是经济领域最常见的应用文体之一。市场调查是市场调查报告写作的前提与基础，要想写出好的市场调查报告，首先必须认真进行市场调查。如何选择市场调查的范围和内容，应该根据市场调查报告的要求而定。

一、市场调查报告的基本要素

一份市场调查报告一般具备以下三个要素。

1. 基本情况

基本情况即对调查结果的描述与解释说明，可以用文字、图表、数字加以说明。对情况的介绍要详尽而准确，为下一步作分析、下结论提供依据。

2. 分析与结论

分析与结论是对上述情况与数据进行科学的分析，找出原因及各方面因素的影响，透过现象看本质，得出对调查对象的明确结论。

3. 措施与建议

措施与建议是指通过对调查资料的分析研究，对市场情况有了明晰的认识。针对市场供求矛盾和调查发现的问题，提出建议和看法，供领导决策参考。

二、市场调查的方法

市场调查的方法有四种，即普查（全面调查）、抽样调查、典型调查及重点调查。常用的具体方法有询问法、观察法、实验法、资料研究法。

三、市场调查报告的结构与写作方法

市场调查报告没有固定的统一格式，结构上一般包括标题、正文和结尾三部分。

1. 标题

市场调查报告的标题写作比较灵活，常见的标题有以下三种。

（1）第一种是公文式的标题，由调查单位、调查内容和文种组成。

（2）第二种由调查对象和文种构成。

（3）第三种是将调查对象的情况和结果概括成标题。

除此以外，还有正副标题的形式，正标题揭示调查结果、主题，副标题指明调查范围（时间、地点、对象）、调查情况等。

2. 正文

正文一般由前言和主体两部分构成。

（1）前言

市场调查报告的前言，即开头部分，常见的写法有以下几种。

① 概述调查研究的基本情况。包括市场调查的原因、目的、背景、地点、对象、范围、方式等，给读者以总体印象。

② 概括市场调查的基本观点、主要意义、主要内容。这种开头比较适合专题市场调查报告。

③ 选用结论式、引文式、议论式、对比式、描述式开头。这种方法的好处是将最醒目的内容一开始就揭示给读者，以引起读者的兴趣。

（2）主体

这是市场调查报告的核心部分，通常包括：

① 情况介绍。以陈述的方式写明调查所获得的基本情况，如市场占有情况、生产与消费的关系、产品、产量与价格等具体情况，可以用图表、图像或数字加以说明。

② 分析结论。根据情况部分所述的基本事实及有关资料，运用解剖分析或归纳推导的方式，进行科学的研究、推断，从分析中得出符合市场发展变化规律的结论性意见。为了层次清楚，可采用小标题的形式。

③ 建议或对策。根据调查资料和研究结论，提出具体的建议或对策。建议或对策应有针对性。

3. 结尾

结尾一般是概括结论。即根据调查的事实，对有关市场的情况作必要归纳和总结，力求寻找出所调查内容的规律和共性，实事求是地提出自己的观点、建议，以供有关决策部门参考。

四、市场调查报告的写作要求

1. 调查资料和观点相统一

市场调查报告是以调查资料为依据的，即市场调查报告中的所有观点、结论都要有大量的调查资料作为根据。在撰写过程中，撰写者要善于用资料说明观点，用观点概括资料。

2. 通过拟定提纲来理清思路

提纲是市场调查报告的骨架，可以帮助撰写者理清写作思路，展示市场调查报告内容各部分之间的联系。

撰写者可以先把市场调查报告分成几个部分，再充实各个部分的内容，按次序或按重要程度，横向或纵向罗列出较细致的提纲。提纲罗列得越细致，说明撰写者思路越清晰，对写作内容越了解，在撰写市场调查报告时也会更顺手。

3. 适当使用段落标题

段落标题是对市场调查报告文章层次、大意的提炼，其作用有四：提示本段内容；展示全文结构；优化阅读效果；强调撰写者的观点。有些市场调查报告应当设立而没有设立段落标题，或虽设立段落标题，但意散序乱、风格失谐、用语不精，使整篇文章的表达效果大打折扣。

4. 中心突出，条理清楚

运用多种方法进行市场调查，得到的材料往往多而杂，撰写者要善于根据市场调查报告主旨的需要进行严格鉴别和筛选，把材料进行归类，分清材料的主次轻重，按照一定的条理，将有价值的材料组织到文章中。

【范文欣赏】

××中式快餐连锁项目市场调查报告

为了向××中式快餐连锁项目的策划提供信息，2023年3月3日—7日，企业市场调查营销人员在上海市黄浦区南京东路新世界大丸百货商圈、陆家嘴商圈、豫园城隍庙商圈、昆山高铁站、昆山中心展开了市场调查，以了解现有快餐连锁店的店面情况（面积、流量）、客单价、店面租赁（租金、寻租方式）、现有快餐品牌的经营形式及加盟模式。

一、市场现状

1. 店面选址。目前上海市拥有中式快餐市场较大份额的3家企业在店面选址方面都热衷于购物广场、休闲步行区、各大车站等拥有高流量的位置。

2. 租赁情况。目前核心商圈店面租金高昂且寻租困难，高额的店面转让费也增加了新入行企业的投入成本。新世界大丸百货商圈核心位置的年租金高达20万元/平方米，且难以寻租，若在此商圈以40万～70万元转让费寻租，一个月可以找到合适店面；豫园城隍庙商圈核心位置的年租金为20万元/平方米，且寻租极其困难，即使支付高达120万元的转让费也难以拿下豫园内部店面；陆家嘴商圈3个广场交汇位置的租金较为便宜，寻租相较于新世界大丸百货商圈和豫园城隍庙商圈也较容易；入驻高铁站的困难相对较大：一是因为目前客流较大的各大站点均没有入驻名额；二是因为入驻的资格条件较为严苛。

3. 主流品牌客流量。目前中式快餐连锁主流品牌的选址均为人流较为集中的区域，能很好地保证店面客流量。新世界大丸百货商圈××快餐店11：00—12：00的客流量约为2人/分，12：00—20：00为客流高峰，约为6人/分；豫园城隍庙商圈×××快餐店在12：00—20：00的平均客流量为8人/分；陆家嘴商圈的人流量较小，且多以白领为主，××××快餐店在12：00—20：00的客流量约为4人/分。

4. 市场主流客单价。市场上的中式快餐连锁品牌繁多，以××、×××、××××为代表的主流中式快餐连锁品牌的理论客单价约为30元/单，实际客单价在40元/单左右。非连锁品牌快餐的客单价多集中在20元/单，但是由于这些品牌选址投入较小，未拿到核心位置的店面，且店面环境较差，即使是低客单价，依旧不能像××、×××、××××一样保证足够的客流量。

5. 主流快餐品牌经营形式。现有的以××、×××、××××为代表的中式快餐连锁品牌均采用标准化的中央厨房配送模式，即各分店接到中央厨房配送的半成品后，再进行标准化制作后就可提供给消费者。此种模式既保证了所有产品的质量和口感，也在很大程度上减少了食材的浪费。对××××中央厨房位置设置进行的分析显示，300千米内设置一个中央厨房最为合理。此3家主流中式快餐连锁品牌皆开放加盟模式。

二、行业分析

1. 放弃主流商圈选址，从一线城市二类商圈、二线城市一类商圈起步

餐饮产品是生活必需品，是刚需消费，足够的客流量完全可以保证店面有很好的利润。主流中式快餐连锁品牌均选择人流量大的地段就可以验证这一观点。但是，考虑到企业刚刚涉足餐饮行业，各种经营流程均不完善，若是此时便入驻核心商业圈，成本较高且容易造成消费者的不满，这对品牌的伤害是不可逆转的。考虑到企业实际存在的问题，建议企业以一线城市二类商圈、二线城市一类商圈为主要目标选址，逐渐完善经营制度。

2. 跟随主流，重新定位

企业作为以一线城市二类商圈为核心且后入市场者，要在定位方面与主流中式快餐连锁品牌有所区别，应以提供正餐为特色，主要有以下几点原因。

（1）一线城市二类商圈的旅游人群较少，多以周边人群为主。

（2）主流中式快餐连锁品牌多选择休闲步行区，使写字楼等白领聚集区成为空白市场，而写字楼聚集区将是未来的主力市场。

（3）当企业在写字楼聚集区形成规模，再进入核心商圈抢占市场时，已与主流中式快餐连锁品牌在消费者心中拥有了不同的品牌形象，容易形成区隔；中央厨房配送模式是主流中式快餐连锁品牌经过多年实验而成，已处于成熟阶段，企业后期借鉴这一模式可以避免其他不可控因素的出现，也可以节省企业在操作方面的研究开支。主流中式快餐连锁品牌的价格体系经过多年市场论证、调整，是消费者最能接受的价格体系，由于企业在原材料方面拥有绝对的优势，客单价可以略低于主流中式快餐连锁品牌的客单价体系，在消费者心中留下质美价优的良好印象。

三、直营入市，加盟起航

直营能很好地统一品牌形象、坚持品牌理念，有利于品牌形象在消费者的心中得到强化，且能保证产品品质。加盟管理不当容易破坏品牌形象，也不利于将企业理念贯穿平时的经营活动。

但主流中式快餐连锁品牌开放加盟依然没有影响其品牌形象，其众多的加盟店遍布市场的各个角落，反而扩大了其品牌影响力。为使 ×× 中式快餐连锁项目快速发展并获得成功，企业必须对外开放加盟，但须成立完善的市场监督与管理机制，坚持品牌理念，杜绝一切影响品牌形象的行为。

【实践园地】

选择你所熟悉的某种食品，对其在本地的市场销售状况做市场调查，写一篇小型市场调查报告。

任务二　市场预测报告

市场预测报告是运用各种科学方法，对已掌握的各种市场信息加以分析、研究、评估，写出预测未来经济发展变化趋势的报告。

一、市场预测报告的分类

1. 宏观预测和微观预测

根据预测范围的不同，市场预测报告可分为宏观预测和微观预测两种。

宏观预测是针对某一大类商品，就社会购买力与商品可供量的平衡情况所作的预测。微观预测是针对某一种或某一个牌号的商品，就其社会总需求所作的预测。

2. 定量预测和定性预测

根据预测方法的不同，可分为定量预测和定性预测。

定量预测是指主要采用统计分析法和经济计量法进行的预测。统计分析法主要根据已有的大量历史资料进行分析研究，统计出大量数据，从中发现产品的供求趋势。经济计量法主要根据各种因素的制约关系用数学方法加以预测。定性预测是对影响需求量的各种因素，如产品质量、价格、消费对象、销售网点、用途等进行调查、分析、综合之后，对供求前景做出推测和判断。

3. 长、中、短期预测

按时间分，一般把一年以内的预测称为短期预测，一年以上五年以内的预测称为中期预测，五年以上称为长期预测。短期预测适用于产销变化的商品；中期预测适用于耐用商品；长期预测适用于建设投资大的商品。

二、市场预测报告的特点

1. 预见性

市场预测报告是通过对来自多方面的经济信息全面、准确地了解和对经济活动必然规律的认识，运用预测理论，以现在预测未来，以已知推断未知。所以预测允许带有主观推断性和不确定性。

2. 科学性

市场预测报告是以大量的客观数据和资料做依据，运用科学的方法，并且根据客观经济规律的要求推测出来的，不是凭空臆造的，因而具有科学性。

3. 时效性

在市场经济环境下，经济活动常常是瞬息万变的。能否抓住商机，在激烈的竞争中立于不败之地，和能否正确及时地作出预测密切相关。所以市场预测报告往往在一定时间内发生作用，如果预测不能迅速及时，有可能错失良机。

4. 实践性

市场预测报告是通过对大量经济活动、市场信息的分析、研究总结出来的，再用于经济活动中去，以求获得良好的经济效益。也就是说它源于实践又反过来服务实践。

三、市场预测报告的格式

市场预测报告由标题、正文和落款三部分组成。

1. 标题

（1）公文式标题。公文式标题由四部分构成：预测时限、预测区域、预测对象和文种，如《2023年××商场商品销售预测报告》。

（2）省略式标题。省略预测时限或预测区域，但多数保留预测对象和文种，如《房地产市场预测报告》。

（3）文章式标题。如《空调价格战能否进行到底》。

2. 正文

正文由三部分组成。

（1）现状。这是市场预测报告的依据所在，包括历史情况和现状，要精选调查所得的大量资料和准确数据，作为预测的依据。

（2）预测。这部分是市场预测报告的重点所在，要在掌握大量的调查资料数据、情报信息的基础上，进行分析、综合、推理、判断，预测事物发展变化的趋势和规律。这部分需要经过科学的计算和分析，推断出趋向性的概况和前景。因此，选用的预测方法对预测准确性影响很大。

（3）结论与建议。这部分是市场预测报告的根本目的，要在分析、判断、预测的基础上，归纳出科学的结论。没有科学结论的预测报告毫无价值。同时，在基本结论的基础上，应提出具体的建议和措施。建议要切实可行，要考虑到现有的技术水平和人的自然状况。切忌空洞、抽象，过于笼统。

预测报告正文的三个部分环环相扣，有着严密的逻辑关系。

3. 落款

市场预测报告的最后要标明作者的姓名和成文时间。作者署名可以集体署名，如××单位、××课题组，也可以个人署名。如果在预测报告的标题下面已经标明作者，这里则应省略作者署名，而只需写上成文的日期即可。

四、市场预测报告的写作要求

1. 恰当地引用数据

要反映市场情况，离不开数据，但各种数据浩如烟海，不能都写到报告里，一定要有选择。最重要的包括以下几点。

（1）数据要准确可靠。这样进行的分析、预测才能有坚实的基础。

（2）引用要得当。调查得来的各种数据很多，有的是必要的，能够说明事物的本质；有的是次要的，不引用也不影响大局，就可以不引用。

（3）实事求是。在引用数据时不能“各取所需”，不能因为某些数据不符合自己的主观意图就有意隐瞒不写，否则将会带来不利后果。

2. 语言朴素无华

市场预测分析一要反映事实；二要进行分析、预测，而不需要形象的描写或感情的抒发，因此在语言的运用上要注意朴实、简洁，多用陈述性语句，而不多用描写、抒情式的语句。

【范文欣赏】

2024 年重庆市北碚区旅游市场预测报告

一、调查概况与数据收集

（一）重庆市北碚区旅游资源概况

重庆市北碚区拥有十分丰富而独特的自然和人文旅游资源，旅游开发潜力巨大。北碚区区内的山川江河、温泉峡谷、溪流瀑布、奇葩异卉展示了巴山蜀水幽、险、雄、奇的特色。北碚区有缙云山、北温泉、金刀峡等旅游资源，拥有国家 AAAA 级景区 4 个、国家 AAA 级景区两个、全国农业旅游示范点两个。北碚区人文底蕴深厚，有中共中央西南局缙云山办公地旧址、复旦大学旧址、张自忠烈士陵园、四世同堂纪念馆及晏阳初、梁实秋、老舍等文化名人故居等人文景点。北碚区静观镇是中国花木之乡和中国蜡梅之乡，静观蜡梅名扬海外。北碚区还是登山健身休闲胜地，长约 10 千米的“M”形缙云山健身梯道成为重庆市市民登高健身的好去处。

（二）数据收集

1. 问卷的设计

本次市场调查主要采取问卷调查的方式，调查对象为到北碚区旅游的游客。调查问卷主要涉及游客背景、游客地域结构、游客的时间结构等内容，共设计了 20 个问题，其中单项选择题 11 个、多项选择题 3 个、开放性问题 3 个、填空题 3 个。

2. 样本的发放与回收

本次问卷调查于 2023 年 4 月 27 日—29 日进行，分别在北碚区车站、缙云山、解放碑等地进行了随机抽样调查。经过计算又结合实际经验确定，调查的样本为 100 份，其中发放实地问卷 50 份、网络问卷 50 份，共回收 95 份，回收率为 95%。

二、调查结果分析

（一）游客背景分析

1. 年龄结构分析

在北碚区游客中，15 ～ 44 岁的游客占比很大，为 80% 以上，而 14 岁以下、45 岁以上的游客所占比例很小，总和也不超过 10%。

2. 职业结构分析

各个景区的游客从事的职业种类多样，但总体来说，学生较多，占到了 40% 左右，其他如工人、政府工作人员、专业技术人员、商贸人员也占有一定比例，各在 10% 左右。

3. 游客收入水平分析

抽样调查分析显示，北碚区游客的收入在各个水平都有所分布，其中月收入在万元以上的游客约占 40%。由于大部分游客不愿意透漏自己的真实收入水平，因此以上数据的真实性有待进一步考证。

（二）游客地域结构分析

北碚区游客多为本地游客，占比约 80%。来自国内其他地区的游客占比很小，且主要为四川省成都市、陕西省西安市等邻近地区的游客，几乎没有来自北方和西北地区的游客。

（三）游客时间结构分析

1. 季节性变化分析

北碚区游客大多倾向于选择春夏季节到景区游玩，52.6% 的游客来避暑消夏。只有 10% 左右的游客选择冬季来北碚区旅游。

2. 停留时间分析

70% 左右的游客在景区停留的时间较短，多为当天返回。这说明到北碚区旅游的游客多选择一日游或者两日游。

（四）游客消费结构分析

抽样调查显示，在北碚区旅游的游客每人每天的平均消费额为 ××× 元，这说明游客在北碚区的总体消费在中等偏低水平。游客花在交通、餐饮、游览、购物等方面的费用占据了总消费的大部分份额，花在娱乐和住宿等方面的费用比较少。

三、北碚区旅游市场预测

（一）游客数量预测

游客数量预测以 2023 年为基期、2024 年为预测期，通过比率法（根据历史资料和过去的增长率来推算未来预测值）和科学公式计算，预计到 2024 年，北碚区旅客数量将达到 4000 万以上。

（二）旅游收入预测

旅游收入预测以 2023 年为基期、2024 年为预测期，通过比率法和科学公式计算，预计到 2024 年，北碚区旅游综合收入将达到 140 亿元以上。

（三）人均停留时间预测

关于人均停留时间，由于数据采集不当，预测采取保守估算的方式，预计到 2024 年，北碚区游客还以一日游或两日游为主，但随着住宿业的发展，游客停驻的时间将会延长。

（四）人均旅游消费水平预测

目前北碚区游客的人均旅游消费水平在 ××× 元及以下，随着我国居民的生活水平和收入水平的提高，预计未来北碚区游客的人均旅游消费水平会呈现上升的趋势。

四、建议

（一）加强旅游形象宣传力度

调查显示，北碚区游客多为重庆本地人，旅游市场距离短，辐射半径较小。对于该问题，加强北碚区的旅游形象设计，再通过网络、电视、杂志等载体加大宣传力度，或者利用艺人代言来提高知名度，不失为有效的解决方法。

（二）加强旅游资源的整合，打造精品旅游业

北碚区旅游资源种类较多，观赏游憩价值和历史文化、科学艺术价值较高，但是由于没有良好的旅游规划，缺乏专业技术工作人员，没有将旅游业的食、住、行、游、购、娱 6 大基本支撑要素进行有效的整合，导致旅游业发展无法形成良好的产业集聚效应。因此，只有加强旅游资源的整合，形成规模集聚效应，打造精品旅游业，才能吸纳更多的旅游业就业人员，产生乘数效应，进而推动旅游收入的快速增长。

×××

2023 年 5 月 18 日

【实践园地】

假如你所在的陶瓷企业将要推出新品，要求你和同事做相关市场调查。在做市场调查过程中，你收集了以下资料。请你再结合同事收集的资料，撰写一篇关于陶瓷行业的市场预测报告。

1. 国内市场

我国建筑陶瓷年总产量连续几年都居于世界前列。近几年，一些如 ×× 等的国产名牌陆续出现。同时，部分国际品牌垂涎中国市场，以“三高”（高品质、高品位、高价格）定位纷纷进入中国高端市场。国内建筑瓷砖市场形成了高、中、低是三个档次的市场格局。

2. 市场潜量

部分数据表明，现有渠道远不能满足企业发展需要，扁平化、直达终端成为企业关注的焦点，很多企业在 3 级、4 级市场还处于空白状态。事实上，农村市场已经成为陶瓷行业主要的增长空间，但绝大部分陶瓷产品流向农村市场，都是通过地级市商家完成，很明

显，陶瓷行业众多品牌无法直接服务农村客户。

3. 陶瓷消费特征

建筑瓷砖是紧紧围绕房产的伴生耐用消费品，因此具有典型的不动性消费特征，也就是说，一般人将建筑瓷砖贴好后，不到万不得已是不会更换的。在建筑瓷砖消费中，价格、花色对消费者来说是十分重要的影响因素。

4. 陶瓷市场的变化

未来陶瓷市场的变化会呈现出以下特点：产品高端化；实用性与欣赏性相结合的设计更有发展前途；家用餐具瓷器的销势趋旺。

5. 陶瓷产品的变化

陶瓷产品的变化具有以下特征：一是仿古砖在未来几年仍将是消费者的“宠儿”，仿古砖的装饰还会引入一些新元素；二是玻化砖在一段时间内会持续作为陶瓷市场的重点，并有进一步的技术创新；三是绿色（环保）陶瓷是当今陶瓷行业的发展趋势。

任务三　经济活动分析报告

经济活动分析报告是金融企业根据会计报表（有按月编报的主表：资产负债表、损益表、财务状况变动表；有按年编报的附表：利润分配表，应收、应付利息情况表，其他应收、应付款项表，递延资产明细表，固定资产明细表；另有在年度报告中附送的财务情况说明书、会计报表附注）计划指标、会计核算、统计资料等数据材料，对经济、金融某一业务领域、某一经营单位的经济活动状况有重点、有针对性地逐一加以分析和考察，对金融企业的财务状况、理财过程和经营成果作出正确的评价，为报表使用者决策提供依据的一种书面报告。

经济活动分析报告是实现企业现代化管理的重要环节。它以经济政策和经济理论为指导，以各种核算资料和调查研究情况为基础，运用科学的方法，对企业的经济活动进行分析研究，从中探讨经济规律，评价成败得失，总结经验教训，寻找改进办法。它有利于单位查缺补漏、挖掘内部潜力从而不断调高经济效益；它可以提高企业经济决策的科学性和可行性；也可以给财政、金融、税务、工商等管理部门以及科学研究人员提供信息资料，使他们能够了解企业经济活动情况，以便加强管理，深化研究。

一、经济活动分析报告的分类

（1）按照分析范围的不同可分为宏观经济活动分析报告和微观经济活动分析报告。

（2）按照分析内容的不同可分为专题分析报告和综合分析报告。专题分析报告是对某个特定的问题或项目进行专门分析后写成的报告，如生产分析、销售分析、成本分析、财务分析等；综合分析报告又称全面分析报告，它需要从总体上分析生产经营活动的各个环节，对经济活动作出总的评价，对重点问题进行深入研究，提出改进工作的措施。

（3）按照分析时间的不同可分为事前预测分析报告（包括决策性分析报告和预测分析报告）、日常不定期分析报告（也叫事中分析报告）、事后定期分析报告（包括月份、季度、年度分析报告）。

（4）按照分析目的的不同可分为决策性分析报告、控制性分析报告等。决策性分析报告是在经济决策过程中通过对各个方案进行分析而形成的报告；控制性分析报告是指对照计划各部门、各岗位的任务完成情况进行分析而形成的报告。

二、经济活动分析报告的特点

1. 时效性

经济活动分析多是定期（如按年度、季度、月度或计划）进行的，以便及时了解某一阶段的经济活动状况，为下一阶段决策服务。这就要求撰写要及时，注意时效性。

2. 分析性

分析是分析性问题的关键，只有通过分析，才能对经济活动状况做出正确判断，找出影响经济效益或造成经济损失的原因，总结出经验，找到经济发展的规律。

3. 专业性

经济活动分析报告是一种专业性很强的文书，重在“析”而不在“文”，因而撰写经济活动分析报告的作者应具备相应的专业知识和业务工作经验，要熟悉经济理论和经济发展规律。

4. 指导性

经济活动分析报告站在全局和理论的高度分析经济现象，总结经济工作经验，探求经济发展规律，能给企业经营者以启迪，为其生产经营发展指明方向，因此具有一定的指导性。

三、经济活动分析报告的格式

1. 表格式

表格式写法是将全部分析项目、指标数据以及定量分析结果列成表格，全面系统地展示经济活动主要状况，然后配以简要的文字说明。这种分析报告的主要内容和重心在表格上，文字说明只是补充表格中没有显示出来的因素和改进工作的建议、意见。这种表格加文字说明的体式容易制作，也便于阅读，实用性较强，不少企业特别是企业基层常采用这种简要的格式来进行定期的经济活动分析。

2. 文章式或叙述式

（1）标题。标题分两种形式。

① 公文式。这类标题一般由单位名称、事由、内容和文种四部分组成，也可以根据具体情况省去其中一两项，比如《××公司××年度财务状况分析报告》。

② 论点式。标题本身就可以分析问题的要点或突出主题，为强调说明也可以加上副标题，比如《原油价格变动因素分析》《加速流动资金周转——对企业结算方式的分析》。

（2）正文。正文包括前言和主体两部分。

① 前言一般是介绍分析对象的基本情况，有时也介绍分析方法，交代背景，提出分析的内容和范围。前言的主要作用是为主体部分的写作和分析做好导引。其写法可根据需要选择，有提问式、结论式、对比式、评论式等。并非所有的经济活动分析报告都要有前言，也可以舍弃前言而直述主体，但应注意在主体中要体现前言中应介绍的问题。

② 主体是分析报告的主要部分，是全文的精髓所在，应从分析问题的要求和目的出发，利用数据及资料进行分析，从而得出正确的结论。主体通常由情况介绍、分析和建议三部分组成。

首先，无论是什么类型的分析报告，正文开头部分都应对具体情况进行介绍，如财务指标完成情况、生产计划执行情况、产品质量达标情况等，为后面的分析做好充分的准备。

其次，要分析现状，评价经济效益。经济活动分析报告的核心部分是将经济活动中出现的差异、矛盾进行比较、说明，找出关键性、规律性问题。

常用的分析方法有以下三种。① 对比分析法。又叫指标对比分析法。它是将具有可比性的数据进行对比，以找出差异的原因。例如，中指院数据显示，新建住宅方面 2021 年百城房价上涨 2.46%，较去年同期收窄 0.73 个百分点。② 因素分析法。这是以揭示事物因果关系的方式表明观点方法。企业的各项经济活动都是相互联系、相互制约的。一种结果的出现，往往是多种因素造成的。利用因素分析法，可以比较清楚地探求出各种因素之间的相互关系以及这些因素与企业经营结果之间的关系。③ 平衡分析法。又叫综合比较法。这是利用相对应的指标间的平衡关系进行分析的方法。

最后，要提出建议。应针对分析中发现的问题，提出改进企业经营管理、提高经济效益的建议或措施。建议要具体，措施要切实可行。

（3）落款。

呈送上级的分析报告，一般在正文右下方写明单位的名称，并加盖单位印章，在报纸杂志上发表的分析报告，一般在标题下方写清作者的单位名称和姓名。

四、撰写经济活动分析报告的写作要求

（1）要以国家的法律和经济政策为指导。

（2）要将数据展示与文字分析有机地结合起来，避免单纯罗列数据。

（3）要有科学的态度。一方面要掌握先进的经济管理理论，熟悉科学的分析方法；另一方面要求写作时必须坚持原则，实事求是，严谨、客观、全面地分析情况，反映问题。

【范文欣赏】

××支行20××年一季度经营情况分析

××支行按照××的部署与要求，认真贯彻××行长在年初工作报告中提出的“坚持高标准，确保现实新发展”的工作指导思想，迎难而上，奋力开拓，20××年一季度，各项业务稳步增长，各项存款总额×××万元，各项贷款总额×××万元，存贷比为×××，经营利润×万元，经营状况良好，为完成全年任务打下了较好基础。

根据××的通知，现将××支行第一季度经营情况分析如下：

一、各项指标完成情况

按照年初下达的各项工作计划，××支行制定了××工资绩效考核制度，各部门狠抓落实，积极开拓，共同努力，完成如下：

（一）存款目标：一季度末，××支行各项存款总额×××万元，较年初增加×××万元，完成本年任务××××万元的×%，未完成本年度计划。其中，对公存款×××万元，较年初增加××万元，全年计划增长×××万元，未完成季度计划。储蓄存款×××万元，较年初增加×万元，完成全年计划，增长×万元。

（二）新增贷款目标：各项贷款总额××××万元，较年初净增加×××万元。其中，存量贷款下降×××万元，新增贷款×万元。

（三）不良清收：一季度清收不良贷款×××万元，完成全年计划的×%，完成季度计划的×%。不良资产率为×%，较年初下降×%，达到预先计划目标。

（四）抵贷资产管理：一季度××支行加强了抵贷资产的处理力度，全年计划处置×××万元，一季度计划处置×××万元，一季度共清收×××万元，完成全年计划的×%，未完成计划指标。

（五）收息目标：一季度实收利息×××万元，每季收息按年末存量贷款计算计划为×××万元，完成×%。其中，存量贷款收息×××万元，完成季度计划的×%，完成全年计划的×%；不良贷款收息×××万元，完成季度计划的×%，完成全年计划的×%；新增贷款收息×××万元，完成季度计划的×%，完成全年计划的×%。

（六）利润目标：一季度××支行共实现收入××××万元，共计支出×××万元，本年度计划实现利润×××万元，一季度计划实现×××万元，实际完成×××万元。

其中，一季度计提定期存款应付未付利息 ××× 万元；应计提拆借总部资金利息 ××× 万元未收，应付总部临时借款利息 ××× 万元未付，实完成利润 ××× 万元。

二、经营状况分析

通过以上数据分析，×× 支行各项业务发展基本达到了预期的目标，呈现出以下几个特点：

（一）存款总额有所增长，其中储蓄存款增幅超过对公存款增幅，且以储蓄存款为主。从 ×× 支行各项存款所占比重看，发展极不均衡。对公存款中活期存款占存款总额的 ×%，较年初减少 ××× 万元，与去年同比减少 ××× 万元，活期存款占对公存款的 ×%，较年初比重减少 ×%；定期存款占存款总额的 ×%，较年初增加 ××× 万元，比重持平，与去年同比增加 ××× 万元，定期存款占对公存款的 ×%，较年初比重增加 ×%。活期储蓄占存款总额的 ×%，较年初增加 ××× 万元，比重下降 ×%，与去年同比减少 ××× 万元，活期储蓄存款占储蓄存款总额的 ×%，比重较年初减少 ×%；定期储蓄占存款总额的 ×%，较年初增加 ××× 万元，比重增加 ×%，与去年同比多增加 ××× 万元，定期储蓄存款占储蓄存款总额的 ×%，比重较年初增加 ×%。（略）

（二）贷款适度投放，加强信贷管理。（略）

（三）资产质量保持良好水平。（略）

（四）业务收入增势平稳。（略）

（五）机构建设进一步加快。（略）

三、经营中出现的问题与困难及解决方法

一季度，×× 支行在经营中出现的问题与困难主要有：一方面，×× 支行对公存款增速仅为 ××，储蓄存款活期、定期储蓄存款比例为 ××。另一方面，×× 支行办公楼对外形象欠佳，也限制了本行的扩展速度。针对以上问题，本行将着重做好以下几项工作：

（一）提高资产负债管理水平。保持良好、稳定的收入水平，积极调整资产负债结构，合理扩张规模及有效调配信贷资源，发展低风险的资产业务，降低资产风险程度。

（二）稳步发展公司业务，加快面向中小企业的产品和服务创新；扩大业务的服务范围，改变观念，从 ×× 做起，稳步发展。

（三）提高风险控制水平，从制度建设、责任追究和惩戒手段上下功夫，加强内控，强化管理，建立和完善操作风险等在内的风险管理体系，有效地识别、检测、控制风险。加大对陈欠不良贷款的清收，加大与法院的工作联系，加强依法强制执行的力度。

（四）加强职工的思想道德教育，加强团队建设，提高员工的敬业意识、服务意识、竞争意识，提高职工的责任感。

【实践园地】

请同学们在某一公司实习实训期间，利用所学过的经济活动分析报告的写作方法，试着写一篇该公司某一季度的经济活动分析报告。

任务四　意　向　书

项目意向书是国家、单位、企业以及经济实体与个人之间，对某项事务在正式签订条约、达成协议之前，由一方向另一方表明基本态度或提出初步设想的一种具有协商性的应用文书。

意向书的主要作用是传达“意向”，提请对方注意或供参考，可以约束双方的行动，保证双方的利益；意向书能反映业务工作上的关系，能保证业务朝着健康有利的方向发展；意向书可为正式签订协议或合同打下基础。

一、意向书的特点

1. 协商性

写意向书多用商量的语气，不带任何强制性。有时还用假设、询问的语气。

2. 灵活性

意向书的灵活性主要表现在两个方面：一是可以随情况改变自己的主张。意向书发出后，对方如有更好的意见，可以直接采纳，部分改变或全盘改变都是可能的；二是在同一份意向书里可以提出多种方案供对方选择，或者对其中的某项某款同时提出几种意见或调查，让对方比较和选择。

3. 临时性

意向书是协商过程中各方基本观点的记录，一旦达成正式协议，便完成了意向性的使命。意向书不像协议、合同那样具有法律效力。

二、意向书的结构及写作方法

项目意向书一般由四个部分组成：标题、导语、正文和落款。

1. 标题

项目意向书的标题，可以是合作双方名称、合作项目和文种三部分组成的完整标题；

也可以是合作项目、文种组成的简明标题；还可以是只写明“意向书”的省略式标题。

2. 导语

导语部分主要写明签订意向书的双方单位名称和法人代表名称、项目实施目的、主要内容、合作意向的形成过程和遵循原则、最终达成的目标等概括性内容。然后用“现达成以下意向”或“经友好协商，签订本意向书”等过渡性文字，转到正文部分。

3. 正文

正文是意向书的主体部分，这部分一般以分条列项的方式写作，通常原则性地列举出双方对项目的基本观点和态度，确定双方的权利、义务。

正文在写作时要注意其措辞和用语的准确性，既要充分表达双方的合作意愿，又要注意分寸，不能出现一些行政命令式或者过于肯定的文字。

正式条文写完后，意向书一般有专门的结尾，结尾部分应写明意向书的份数、各方或有关单位（个人）存执情况、有效期限及其他必要的说明。

4. 落款

由双方代表签字，并注明签订时间。

【范文欣赏】

例文一

项目合作意向书

甲方：×××××（以下简称甲方）

乙方：×××××（以下简称乙方）

甲乙双方为填补室内低能耗、环保型散热器国内外市场空白，充分利用甲乙双方的各项优势，着力研发创新型产品，本着平等互惠互利的原则，经双方友好协商，就合作经营达成如下意向，并共同遵守执行。

一、双方简介

甲方：×××××是一家设备配套齐全、技术先进、产品全面的铝合金型材及钣金加工企业。

乙方：×××××是一家生产世界新潮散热器为主的专业采暖散热器制造企业。

二、合作事项

1. 甲乙双方就钛镁铝散热器系列产品的研发、生产、销售及服务，在原有主体公司不变的情况下，甲方利用乙方的技术专利及销售渠道，乙方利用甲方的先进设备、厂地及庞大的周转资金，共同成立合作项目事业部，并在甲方现在公司内部分设独立核算的财务部。

2. 合作事业部名称：__________。

3. 合作地点：__________。

4. 负责人：甲乙双方协商后，特聘曾宪文（身份证号：××××××××××）为总负责人，总负责人权限及职责见附件。

三、合作基础

乙方将现有生产能力转移至甲方，所有生产由甲方负责，成为散热器生产基地。

四、合作模式

1. 以市场定位，分设：国内市场和国际市场。

2. 组建销售团队：在乙方现有销售团队的基础上进行整合，成立××销售部。

3. 国内市场：基于乙方现有的品牌效益和已售产品的服务周期年限制约，所有国内销售产品销售模式如下：

（1）甲乙双方共同确认各系列产品的成本，甲方依成本价销售至__________。

（2）国内市场年限为2年，2年后销售模式自动转换为__________。

4. 国际市场：甲乙双方共同确认各系列产品的成本，甲方依成本价销售至__________。

5. 利益分配

（1）国内市场

①依季度为利润分配，每季度由甲乙双方负责人及财务共同核算季度利润。

②利润计算方法，扣除甲方销售货款、所占用甲方的资金成本（资金利息依实际借款利息计算）及各项税款、销售费用、人员工资后为利润，其他成本则不记入。

③分配方式：甲乙双方各得50%。

（2）国际市场

①依季度分配利润，每季度由甲乙双方负责人及财务共同核算季度利润。

②利润计算方法，扣除甲方销售货款、所占用甲方的资金成本（资金利息依实际借款利息计算）及各项税款、销售费用、人员工资后为利润，其他成本则不记入。

③分配方式如下：销售额人民币3 000万元内，甲方分配30%，乙方分配70%；销售额3 000~5 000万元（含3 000万），甲方分配40%，乙方分配60%；销售额5 000~8 000万元（含8 000万），甲方分配50%，乙方分配50%；销售额8 000~11 000万元（含11 000万），甲方分配60%，乙方分配40%；销售额11 000万元以上，甲方分配70%，乙方分配30%。

五、双方的责任与义务

甲方：

1. 甲方负责产品的生产组装，包括设备的投入、场地，周转资金投入。

2. 甲方按照以上销售计划，按期组织生产，保证交期。

3. 甲方有义务协助利用甲方现有资源进行销售或自主销售。

乙方：

1. 乙方负责散热器产品的前期研发、技术攻关，行业标准检测，工艺文件制定等技术性工作。

2. 鉴于乙方现有生产库存，乙方自主销售产品过渡期为6个月，正式合同签订后，乙方6个月后必须停止一切自主生产、销售行为，须在期限内进行生产和销售。

3. 乙方现有的各项专利及技术资质全部转入。

4. 乙方有义务将目前国内客户陆续转入。

5. 乙方有义务提供所有有利于甲方所研发的产品，申请国家各项政策支持、申请创新发明奖、贷款支持等。

6. 本意向书正式签订后，未经甲方许可，不得在本意向书有效期（90天）内寻求第三方进行合作。

六、保密条款

1. 甲、乙双方应遵守本保密条款，履行保密的责任和义务。

2. 双方提供的以文字、图像、音像、磁盘等为载体的文件、数据、资料以及双方在谈判中所涉及此项目的一切言行均包括在保密范围之内。

3. 保密条款适用于双方所有涉及此项目的人员及双方由于其他原因了解或知道此项目信息的一切人员。

4. 如第三方确因项目进程而需向一方了解本协议的保密内容，则该方应在向第三方透露保密信息之前，征得另一方书面形式的同意，且有责任确保第三方遵守本保密条款。

六、违约责任

1. 乙方应保证对该项目所提供的相关文件材料真实、完整、合法、有效，否则甲方有权退出该项目的合作，并保留向乙方要求相关赔偿的权利，同时本意向书自行终止。

2. 本意向书是双方合作的基础，合作的具体方式、内容与执行等以双方正式签订的合同、章程及协议为准。

3. 因不可抗力（如战争、骚乱、瘟疫）致使本意向书无法履行，本意向书自行终止，双方互不承担责任。

4. 双方在项目运作过程中如发生争议，应友好协商解决，协商不成，双方均可向本意向书签订地人民法院提起诉讼。

5. 本意向书一式两份，甲乙双方各执一份，由双方代表签字盖章后生效，未尽事宜，双方另行协商。

甲方（盖章）：　　　　　　　　　　乙方（盖章）：

代表（签字）：　　　　　　　　　　代表（签字）：

地址：　　　　　　　　　　　　　　地址：

电话：　　　　　　　　　　　　　　电话：

传真：　　　　　　　　　　　　　　传真：

签订地点：

签订时间：　年　月　日

例文二

租赁意向书

甲方（出租方）：

乙方（承租方）：

身份证号码：　　　　　　　　　　商业登记号码：

联系人：　　　　　　　　　　　　联系电话：

联系地址：　　　　　　　　　　　传真：

一、乙方有意以下列条件向甲方承租商铺

1. 品牌名称：

2. 经营范围：

3. 意向商铺位置：第________层第________号铺位

4. 建筑面积：平方米，套内建筑面积：平方米。

5. 租期：

6. 意向租金：

二、乙方同意向甲方支付人民币________元整为租赁该铺位的认租意向金。

三、乙方享有在同等条件下优先承租上述意向商铺的权利。

四、甲方正式对外公开招商，乙方在接到甲方通知后________天内与甲方签署《租赁确认书》或正式《租赁合同》，所缴纳的认租意向金自动转为租赁定金或履约保证金；逾期则视作乙方自愿放弃优先承租该意向商铺的权利，甲方有权另行处理该意向商铺而无需事前知会乙方，并退还乙方已缴纳的认租意向金。

五、本《承租意向书》一式三份，甲方执两份，乙方执一份，具同等法律效力。

甲方（章）：　　　　　　　　　　　乙方（章）：

法定代表人（签字）：　　　　　　　法定代表人（签字）：

委托代理人：　　　　　　　　　　　委托代理人：

电话：　　　　　　　　　　　　　　电话：

传真：　　　　　　　　　　　　　传真：

住所地：　　　　　　　　　　　　住所地：

开户银行：　　　　　　　　　　　开户银行：

账号：　　　　　　　　　　　　　账号：

邮政编码：　　　　　　　　　　　邮政编码：

年　月　日　　　　　　　　　　　年　月　日

签字地点：　　　　　　　　　　　签字地点：

例文三

校企全面合作意向书

甲方：××技术学院　　　　　　　乙方：××公司

地址：××　　　　　　　　　　　地址：××

联系电话：0633-×　　　　　　　联系电话：0633-×

传真：0633-8123456　　　　　　传真：0633-1234567

第一章　总　则

第一条　为贯彻科教兴国方针，推动高等职业技术教育的发展，促进企业提高人才水平和科技创新能力，甲乙双方决定进行全面合作，共同培养具有服务意识、创新能力和可持续发展能力的高素质高技能人才。

第二条　双方经友好协商，本着优势互补、共同发展的宗旨，在人才培养培训基地、订单式人才培养和科研开发、技术服务等领域加强合作，达成一致意向，签订本意向书。

第三条　双方应保持经常性沟通与联系，互通信息，共同建立规范的合作信息网络工作系统，促进合作的全面深入开展。

第二章　人才培养培训基地

第四条　人才培养培训基地是在新的经济社会环境下产教结合的一种新形式，是以学校和企业在教育培训方面的共同利益作为结合点，实行双向合作的一个途径。其具体形式是甲方在乙方建立挂牌基地，乙方在甲方建立挂牌基地，通过基地载体为甲方培养学生和为乙方培训员工，实现校企双赢。通过人才培养培训基地，甲方和乙方的培训要求都得以实现，促进资源使用的高效低耗和教学质量的优化。

第五条　甲方在乙方建立基地有双重功能，既是大学生技能实训基地，也是大学生人文素质教育校外基地，甲方在乙方挂牌名称为："××职业技术学院大学生技能实训基地"和"××职业技术学院大学生人文素质教育基地"；乙方在甲方挂牌名称为："××公司（厂）员工培训基地"。

第六条　甲方安排学生到乙方参加实践、实习、实训，教育学生遵守乙方的有关规章制度；乙方为甲方学生实践、实习、实训提供必要条件，并指派相关人员参与指导，在进行技能实践指导的同时，注重对学生职业道德的培训，对学生实习、实训情况提出考核评价意见。

第七条 乙方安排员工到甲方参加专业培训，教育员工遵守甲方的有关规章制度；甲方安排为乙方员工培训提供包括专业教师授课在内的必要条件。

第三章 订单式人才培养

第八条 订单式人才培养是甲乙双方共同制订人才培养计划，共同开展人才培养工作，学生毕业后在乙方就业的一种产学合作教育人才培养模式，可以实现学生安心学习、不愁就业，学校提高人才培养和学生就业质量，企业节省人才培养时间和成本、获得量身定做的优秀人才的三方共赢。

第九条 双方成立5～7人的专业指导委员会，共同制订适应社会需求的人才培养计划，进行专业建设和对教学质量进行评估检查。

第十条 双方共同制订人才培养模式，乙方可参与修改课程计划、调整课程设置；甲方根据企业需要培养人才，学生毕业后直接去企业就业。

第十一条 乙方可以在学院内建立实验实训室；甲方认真维护与管理乙方资助建立的实验实训室。

第十二条 乙方可以资助甲方用于教学与管理的各种设备、仪器等，督促甲方认真维护与有效利用；甲方认真维护与有效利用乙方资助甲方用于教学与管理的各种设备、仪器等。

第四章 教学科研经营合作

第十三条 教学科研经营合作包括互派教师技术人员、共建实验实训室、设立基金教学奖、合作创办企业以及其他一切有利于双方共同利益的合作事项。

第十四条 甲方聘请乙方经营、生产技术、科研、管理人员到甲方做学术报告；乙方推荐经营、生产技术、科研、管理人员到甲方做学术报告，向甲方提供相关技术信息、咨询等服务。

第十五条 甲方聘任乙方推荐的高级技术人员、管理人员为双师型兼职教授、副教授、讲师，直接参与甲方教学工作；乙方推荐符合双师型要求的技术人员、管理人员作为甲方的兼职教师，并支持他们到甲方开展授课、指导实训、编写教材等教学活动。

第十六条 甲方安排有经验的专业教师承担或参与乙方科研工作，优先优惠为乙方提供新信息、新技术的科技咨询和科研成果技术转让；乙方聘请甲方推荐的专业教师参与科研工作。

第十七条 乙方可以在学院设立奖教基金、奖学基金、助学基金、创新基金、校企合作办学基金、大学生创业基金、大学生艺术团基金、大学生社会实践基金、大学生科技创新基金；甲方对乙方设立的各种基金制订完善的评选与管理办法，认真评选，妥善管理。

第十八条　乙方可以申请对甲方二级学院（部）、实验实训室、楼堂馆所、班级等进行冠名；冠名事项商定、实施后，甲方尊重并维护乙方的冠名权。

第十九条　乙方优先使用甲方校内教学实训场所及设备，参股甲方的校办企业，开展经营合作。

第五章　附　则

第二十条　本协议为双方进行合作的原则性文件，应当根据双方具体的合作事项，依据本意向书精神，协商具体实施细则，签订具体的合作协议。

第二十一条　双方每年检查评估本意向书执行情况，总结合作经验，调整、完善合作方案。

第二十二条　双方根据全面合作开展情况，在各类媒体上进行相关宣传，扩大双方影响。

第二十三条　本意向书一式四份，双方各执两份。经双方授权代表共同签字盖章后生效，协议有效期三年。如需延长，在协议到期前三个月双方进行协商。

甲方（章）：×× 技术学院	乙方（章）：×× 公司
授权代表（签字）：	授权代表（签字）：
签署日期：	签署日期：

例文四

合作意向书

×××× 有限公司（以下简称“甲方”）与 ×××× 集团有限公司（以下简称“乙方”）就在 ×× 建立 ×××× 项目（以下简称“项目”）的实施事宜进行了友好协商，达成如下合作意向。

一、总则概要

甲方、乙方在互惠互利、优势互补的基础上就上述市场的开发及签约后的实施进行排他性合作。任何一方（包括各自的分公司、子公司、股份公司及隶属单位）不得以其他任何方式就该项目与其他任何第三方进行合作。

双方的共同目标是长期合作，持续改进产品，使之符合标准，能够在中国和周边国家销售。

甲方主要负责与本国政府部门、银行、商会等相关单位的总体协调和联系工作，并对项目开发进行总体管理。

乙方主要负责技术文件编制、供货、技术服务和技术支持等工作，并提供周边国家的市场支持。

本意向书所涉及的产品为乙方生产的××××、×××和××。

二、双方工作

（一）在正式的合作协议签订前

1. 甲方的责任和义务

（1）编制该项目的可行性报告，及时就技术和商务问题与乙方进行澄清。

（2）负责项目融资事宜并承担相应工作，在必要时与乙方协作，为该项目争取优惠的信贷条件。

（3）审核乙方撰写的商务、技术文件，提出修改意见，组织谈判。

（4）负责组织乙方和相关人员在×××的考察工作。

（5）负责在合作过程中及时向当地的商会和有关政府部门汇报项目情况，并获得商会和有关政府部门的支持。

2. 乙方的责任和义务

（1）在充分考虑甲方要求的前提下撰写目标产品的技术文件，保证技术的完整性、可靠性和先进性。

（2）充分考虑甲方要求与乙方习惯的差异，并针对差异项尽可能提出备选方案，以供甲方选择。

（3）负责考察人员的接待工作，并安排其参观工厂、参加会谈，组织技术交流。

（4）及时安排有关人员参加国内外的考察和谈判工作，并根据甲方的意见对有关技术文件、商务文件等进行补充和修改。

（二）在正式的合作协议签订后

甲方、乙方将根据合作协议的规定和要求，另行签订具体的采购合同，明确双方在合同执行过程中的责任和义务。

乙方根据自身的业务特点，特授权其全资子公司——××国际经济贸易有限公司作为乙方的全权代表，与甲方签订采购合同、技术协议及服务协议等各种文件，并负责整个项目的实施过程。

三、费用分担

在正式协议签订前，甲方、乙方分别承担各自为获得该项目所产生的所有费用。

在正式协议生效后的执行过程中，甲方、乙方根据签订的合同或合作意向书支付相关货款或费用。

四、保密原则

在本合作意向书有效期内，甲方、乙方对有关合作信息及资料负有保密责任。未经双方书面同意，任何一方不得将有关合作信息及资料向第三方泄露或用于其他非双方合作的项目。

五、违约责任

甲方、乙方中的一方违反本合作意向书明确的责任和义务而使对方蒙受损失，受损方有权向责任方提出索赔要求，责任方应予以经济赔偿，赔偿的额度以造成直接或间接经济损失进行计算。

六、补充修改

此合作意向书为双方合作的依据，若有未尽事宜，甲方、乙方需另行协商解决。

若有任何修改、变更和补充的条款和内容，一方应提前两个月以书面形式向另一方提出。双方确认签字盖章后，这些修改、变更和补充的条款和内容将被视为本合作意向书不可分割的组成部分，与本意向书具有同等法律效力。

七、意向书的生效及期限

本合作意向书自甲乙双方签字盖章之日起生效，有效期为一年。

甲乙双方在此前签订的供货合同不受本合作意向书的约束。

若任何一方不履行本合作意向书约定的义务或违反本合作意向书的约定，守约方要求违约方赔偿的权利或要求违约方承担违约责任的权利不以本合作意向书的终止而终止。

八、其他

本合作意向书一式两份，双方各持一份，具有同等法律效力。

甲方：×××× 有限公司（公章）	乙方：×××× 集团有限公司（公章）
代表：	代表：
地址：	地址：
电话：	电话：
时间：	时间：

【实践园地】

阅读下列意向书，完成文后问题。

开办快餐食品公司意向书

×× 进出口公司 ×× 分公司（以下简称甲方）与 ×× 海外贸易公司（以下简称乙方），通过友好协商，双方就在 ×× 开设“×× 快餐食品公司”达成本意向书，内容如下：

一、双方同意合资开办一家快餐食品工厂和餐厅。

二、甲方将负责中国境内的筹备工作，乙方将负责国外的筹备工作。

三、甲方将提供：

1. 一座可建成日产10万份左右的快餐食品加工厂的厂房。

2. 两到三处繁华地段的可供改建成快餐厅的场所。

四、甲方将向乙方建议不同品种的每份快餐的零售价格。

五、甲方将提供加工快餐所需原料的参考价格，例如：肉、鱼、蔬菜等。

六、乙方将在甲方提供的有关资料的基础上提出初步的设计方案和所需设备及价格，以供双方制定可行性报告。

七、双方一致同意在双方认为合适的时候，举行下一次会晤。

八、本意向书，以中英文书写，两种文本具有同等效力，双方各执一份。

甲方：×× 进出口公司 ×× 分公司　　　　乙方：×× 海外贸易公司

×××（签章）　　　　×××（签章）

二〇二三年五月四日

（1）甲乙双方“做什么”？

（2）甲乙双方准备“怎么做”？（写出条款序号）

（3）为什么双方仍然要在“认为合适的时候举行下一次会晤”？

任务五 经济合同

《中华人民共和国民法典》指出，合同是平等主体的自然人、法人和其他组织之间设立、变更、终止民事权利义务关系的协议。经济合同则是指在经济活动中，具有平等民事主体的自然人、法人和其他组织之间为实现一定的经济目的，明确相互权利义务关系而订立的协议。

一、经济合同的特点

1. 经济性

经济合同的最大特点就是有经济目的。

2. 平等有偿性

平等有偿性是指签合同的当事人法律地位平等，同时应贯彻平等互利、协商一致、等价有偿的原则。

3. 合法性

合法性是当事人订立、履行合同，应当遵守国家法律、行政法规，尊重社会公德，不得扰乱社会经济秩序，损害社会公共利益。

二、经济合同的作用

经济合同是市场经济下各类经济组织之间通过沟通、协调、制约进行良好合作的重要措施和手段。它对保证国民经济宏观和微观的正常运行都具有十分重要的作用。

1. 有利于保护当事人的合法权益，维护社会经济秩序

《中华人民共和国民法典》规定，依法订立的合同对当事人具有法律约束力，其合法权益受到法律的保护。

任何一方合同当事人如发生违约，就必须承担违约责任甚至法律制裁。因此，合同的当事人既是合同的执行者，又是合同的直接受益者。订立合同的当事人在按照合同规定履行自己的义务的同时，也享有合同规定的权利。这样既有利于保护当事人的合法权益，又有利于建立和维护正常的社会经济秩序。

2. 有利于促使当事人加强管理，提高经济效益

经济合同是合同当事人经过充分协商之后签订的，必须兼顾当事人的利益。合同签订后，当事人为完成合同规定的各项指标，就必须加强经营管理，加强经济核算，降低成本，提高劳动生产率。

3. 有利于促进和加强社会生产的专业化协作和经济联合

在当今这个互动与交换日益频繁的商品经济时代，合同的订立是有效和有序开展经贸往来、发展市场经济、获得经济效益的有效形式。不同的民事主体之间为了一定的经济目的而通过合同进行经济合作，有利于优势互补，扬长补短，加强协作，使社会形成良性循环，从而达到双赢或多赢的目的。

三、经济合同的结构与写作方法

合同的书写形式有两种：一是条文式。二是表格式；除特殊者外，一般用工商行政管理机关监制的合同纸。不论采用何种形式，合同的结构包括以下四个部分。

1. 标题

合同的标题，应明确标出合同的性质，其后写上“合同”字样。也可以将产（商）品类别和合同的履行期写入标题。

2. 订立合同的双方

在合同标题的右下方，写明合同双方当事人的名称（要使用全称），然后用括号分称甲方、乙方、丙方等。

3. 正文

正文是合同的主体部分，一般由以下几方面内容构成。

（1）签订合同的依据或目的。

（2）协议的内容。

（3）合同的有效期。

（4）合同的份数和保存。

（5）附件。

合同如有表格、图纸、实样照片等附件，在正文下方另起一行写“附件”字样，把附件的名称、件数详细列出。

4. 结尾

（1）署名

署名在正文的下方依次写明签订合同的双方或几方单位名称（全称）、代表人姓名，并加盖公章，代表人应签字、盖章。如需公证、鉴证或双方主管部门签证的，应写明公证、鉴证和签证机关名称，并加盖公章。

（2）签订日期

在署名下方写明签订合同的日期。

（3）附页

有附件的合同，应注明附件的页数，并将其附在合同的后面，有的合同专列为“附则”一项。

四、经济合同的写作要求

1. 要符合国家有关经济合同的法律法规和现行条例

《中华人民共和国民法典》是签订合同的根本依据。经济合同能不能成为合同当事人双方行使权利和履行义务的法律依据，关键就在于它的签订是否符合国家的法规和政策。不符合国家法规的经济合同从它签订的开始就已是无效的，一旦出现合同纠纷，司法机关也将不予受理。按民法典规定，凡违反法律和行政法规的合同，采取欺诈、胁迫等手段签订的合同，代理人超越代理权限签订的合同或以被代理人的名义同自己或者同自己所代理的其他人签订的合同，违反国家利益或社会公共利益的合同均属无效合同。违法造成的无效合同不仅会使当事人经济利益受到很大损失，一旦触犯国家法律法规，当事人还要受到法律制裁。而依法订立的合同，则受到法律的保护。

2. 要坚持平等自愿、互惠互利和协商一致的原则

合同当事人双方在法律上是平等的。当事人中的任何一方均不得将自己的意志强加给另一方。在不损害国家和社会公共利益的前提下，合同内容要照顾到双方的合法权益，做到互惠互利。在合同当事人双方出现有争议的问题或合同中未能涉及的问题时，双方当事人应该通过共同协商来达成一致协议。

3. 内容表述要具体明确、严密完整

经济合同内容的表述必须具体、明确、严密、完整，既不能含糊不清和出现疏漏，也

不能产生歧义。合同涉及钱、物等数字应大写，标点符号也要准确到位，否则，可能会引起合同纠纷。

4. 文面要整洁美观

合同书写要正确工整，字迹要端正、清楚，最好用正楷，不写潦草字。尽量不在正式合同上进行修改，如有修改，应在修改处加盖双方印章，以示认可。

【范文欣赏】

经济合同

销货方：××××

购货方：××××

签约时间：

签约地点：

第一条　经购销双方协商交易活动，必须履行本合同条款。具体品类（种），需签订交货成交单，并作为本购销合同的附件；本合同中的未尽事宜经双方协商需补充的条款可另附协议书，亦视为合同附件。合同附件与本合同具有同等效力。经双方确认的往来信函、传真、电子邮件等，将作为本合同的组成部分，具有合同的效力。

签订成交单，除上级规定按计划分配成交外，其余商品一律采取自由选购，看样成交的方式。

第二条　合同签订后，不得擅自变更和解除。如甲方遇不可抗拒的原因，确实无法履行合同；乙方因市场发生骤变或不能防止的原因，经双方协商同意后，可予变更或解除合同。但提出方应提前通知对方，并将“合同变更通知单”寄给对方，办理变更或解除合同的手续。

按乙方指定花色、品种、规格生产的商品，在安排生产后，双方都需严格执行合同。如需变更，由此而产生的损失，乙方负担；如甲方不能按期、按质、按量、按指定要求履行合同，其损失，甲方负担。

第三条　成交单中的商品价格，由双方当事人商议决定，或以国家定价决定。

在签订合同时，确定价格有困难，可以暂定价格成交，上下幅度双方商定。

国家定价的商品，在合同规定的交（提）货期限内，如遇国家或地方行政部门调整价格，按交货（指运出）时的价格执行。

逾期交货的，如遇价格上调时，按原价执行；遇价格下调时，按新价执行。逾期提货的，如遇价格上调时，按新价执行；遇价格下调时，按原价执行。由于调整价格而发生的差价，购销双方另行结算。

第四条 运输方式及运输费用等，由双方当事人协商决定。

第五条 各类商品质量标准，甲方严格执行合同规定的质量标准，保证商品质量。

第六条 商品包装，必须牢固，甲方应保障商品在运输途中的安全。乙方对商品包装有特殊要求，双方应在具体合同中注明，增加的包装费用，由乙方负担。

第七条 商品调拨，应做到均衡、及时。对合同期内的商品可考虑按 3 ∶ 3 ∶ 4 的比例分批发货；季节性商品按承运部门所规定的最迟、最早日期一次发货；当令商品、零配件和数量较少的品种，可一次发货。

第八条 有有效期限的商品，其有效期在 2/3 以上的，甲方可以发货；有效期在 2/3 以下的，甲方应征得乙方同意后才能发货。

第九条 甲方应按乙方确定的合理运输路线、工具、到达站（港）委托承运单位发运，力求装足容量或吨位，以节约费用。

如一方需要变更运输路线、工具、到达站时，应及时通知对方，并进行协商，取得一致意见后，再办理发运，由此而影响合同期限，不以违约处理。

第十条 商品从到达承运部门时起，所有权即属乙方。在运输途中发生的丢失、缺少、残损等责任事故，由乙方负责向承运部门交涉赔偿，需要甲方协助时，甲方应积极提供有关资料。乙方在接收商品时发现问题，应及时向承运部门索取规定的记录和证明并立即详细检查，及时向有关责任方提出索赔；若因有关单据未能随货同行，货到后，乙方可先向承运部门拒绝接收，同时立即通知甲方，甲方在接到通知后 5 日内答复；属于多发、错运商品，乙方应做好详细记录，妥善保管，收货后 10 日内通知甲方，不能自行动用，因而发生的一切费用由甲方负担。

第十一条 商品的外包装完整，发现溢缺、残损串错和商品质量等问题，在货到半年内（贵重商品在 7 天内），责任确属甲方的，乙方可向甲方提出查询。

发现商品霉烂变质，应在 30 天内通知甲方，经双方共同研究，明确责任，损失由责任方负担。

接收进口商品和外贸库存转内销的商品，因关系到外贸查询，查询期为乙方收货后的 60 天，逾期甲方不再受理。

乙方向甲方提出查询时，应填写“查询单”，一货一单，不要混列。查询单的内容应包括唛头、品名、规格、单价、装箱单、开单日期、到货日期、溢缺数量、残损程度、合同号码、生产厂名、调拨单号等资料，并保留实物；甲方接到“查询单”后，10 日内作出答复，要在 30 天内处理完毕。

为减少部分查询业务，凡一张调拨单所列一个品种损益在 2 元以下、残损在 5 元以下均不做查询处理（零件除外）。对笨重商品的查询（如缝纫机头、部件等的残品）乙方将残品直接寄运工厂，查询单寄交甲方并在查询单上注明寄运日期。

第十二条　商品货款、运杂费等款项的结算，购销双方应按中国人民银行结算办法的规定，商定适宜的结算方式，及时妥善办理。

货款结算中，要遵守结算纪律，坚持“钱货两清”原则，分期付款应在成交单上注明。有固定购销关系的国有、供销合作社商业企业，异地货款结算可采用“托收承付”结算方式；对情况不明的交易单位，可采用信用证结算方式，或先收款后付货。

第十三条　甲、乙双方的任何一方有违约行为的，应负违约责任并向对方支付违约金。因违约使对方遭受损失的，如违约金不足以抵补损失时，还应支付赔偿金以补偿其差额。如违约金高于或者低于造成的损失的，当事人可以请求人民法院或者仲裁机构予以适当减少或者增加。

1. 甲、乙两方所签订的具体合同要求，一方未能履行或未能完全履行合同时，应向对方支付违约合同货款总值 ×% 的违约金。但遇双方协商办理变更或解除合同手续的，不按违约处理。

2. 自提商品，甲方未能按期发货，应负逾期交货责任，并承担乙方因此而支付的实际费用；乙方未按期提货，应按中国人民银行有关延期付款的规定，按逾期提货部分货款总值计算，向甲方偿付逾期提货的违约金，并承担甲方实际支付的保管费用。

3. 甲方提前交货和多交、错发货而造成的乙方在代保管期内实际支付的费用，应由甲方负担，乙方逾期付款的，应按照人民银行有关逾期付款的规定，向甲方偿付逾期付款违约金。

4. 对应偿付的违约金、赔偿金、保管、保养费用和各种经济损失，应在明确责任后，10 天内主动汇给对方，否则，按逾期付款处理，但任何一方不得自行用扣发货物或扣付货款充抵。

第十四条　甲、乙两方履行合同，发生纠纷时，应及时协商解决，协商不成时，任何一方均可向仲裁机构申请仲裁或向人民法院起诉。（两者选一）

第十五条　本合同一式四份，甲、乙两方各执两份，并送交当地人民银行及有关部门，监督执行。

第十六条　本合同（协议）双方签章，依法生效，有效期为 1 年，期满双方如无异议，合同自动延长。凡涉及日期的，按收件人签收日期和邮局戳记日期为准。

开户银行：	开户银行：
账号：	账号：
地址：	地址：
传真：	传真：

电话：　　　　　　　　　　　　　　　　　电话：

销货方（甲方）签章：　　　　　　　　　　购货方（乙方）签章：

年　月　日　　　　　　　　　　　　　　　年　月　日

【实践园地】

一、纠错训练

1. 指出下面这项合同的错误，并予重写。

合　同

立合同人：

×××× 公司第三车间（甲方）

×××× 市第三建筑公司（乙方）

为建筑 ×××× 公司第三车间 2# 厂房，经甲方要求，订立本合同。

甲方委托乙方建造 2# 厂房一座，由乙方全面负责建造。

全部建造费用（包括材料、人工）七十六万元。

×××× 公司在订立合同后先交一部分建造费，其余在项目完工后抓紧时间归还所欠部分。

工期待乙方筹备就绪后立即开始，力争在 5 月上旬开工，争取 12 月份左右完工。

本合同一式二份，双方各执一份。

立合同人：

×××× 公司第三车间（公章）

主任：×××（私章）

×××× 市第三建筑公司（公章）

处长：×××（私章）　　　　　　　　　　×××× 年 ×× 月 ×× 日

二、案例写作

××× 职业技术院校为改善办学条件，拟在校园北侧操场后建一栋学生公寓，占地面积 2 000 平方米，5 层框架结构，建筑面积 10 000 平方米，预算资金 2 000 万元。××× 建筑公司与该院签订建筑工程协议，拟于本年 4 月破土动工，本年 12 月底交付使用。请你准备其他附加材料，拟写一份合同。

任务六　招　标　书

招标是招标单位公布招标范围、内容和具体要求，征求合作者承购或承包的行为。招标书就是招标单位利用投标者之间的竞争，为了达到优选买主或承包的目的，从而集各种优势于一家的商品交易行为所形成的书面文书。

广义的招标书是指招标方在招标过程中使用的各种文书，包括招标申请书、招标公告、招标邀请书、招标书、标底书、招标章程、中标通知书、中标合同等。上述文书根据不同的招标情况可以相应合并或分开。狭义的招标书则指的是招标通告或招标启事。它提供全面情况，便于投标方根据招标书提供的情况做好准备工作，同时指导招标工作开展。因此招标书也称为招标启事，是一种告知性的经贸文件。

一、招标书的分类

招标书的类型比较繁杂，由于划分标准不同而有所区别。按时间划分有长期招标书和短期招标书；按招标的范围分为面向企业内部、系统内部的招标书和面向全社会的公开招标书，或本地区招标书和外地区招标书、非竞争性招标书和排他性招标书等；按计价方式分为固定总价项目招标书、单价不变项目招标书和成本加酬金项目招标书等；按性质和内容分为工程建设招标书、大宗商品交易招标书、选聘企业经营者招标书、企业承包招标书、企业租赁招标书、劳务招标书、科研课题招标书、技术引进或转让招标书等。

招标书

招标书的具体项目分为招标申请书、招标通告、招标邀请书（招标邀请函）和中标通知书。招标申请书是向上级招标投标管理机构提交招标申请的应用文本；招标通告是招标单位对外发布将要公开招标的信息所使用的应用文本；招标邀请书（招标邀请函）是招标单位邀请有关对象参加投标所使用的应用文本；中标通知书是招标单位发布中标信息时所采用的应用文本。

二、招标书的特点

招标书具有规范性、公开性、效益性和紧迫性的特点。

招标文书的制作过程和基本内容要符合《中华人民共和国招标投标法》的基本规定和要求；招标都是本着公开、公平、公正的原则进行的，因为招标本来就是横向联系的经济活动，凡是投标者需要知道的内容、条件、要求和注意事项（标的除外），都可以在招标书中公开说明和写清楚；通过公开招标，让众多的投标人进行竞争，从而以最低或较低的价格获得最优的货物、工程或服务，取得最佳的经济效益；招标单位或招标者只有在遇到难以解决的任务和问题时，才需要外界协助解决，而且要在短期内尽快解决，若有拖延，势必会影响工作任务的完成。

三、招标书的结构与写作方法

招标书的内容主要包括：招标单位和招标项目名称，招标项目的具体要求，投标资格与方法，技术、质量、时间等要求，投标开标的日期、地点和应缴费用等要素。在安排上一般由标题、正文与结尾三部分组成。

1. 标题

招标书的标题有四种基本类型。

（1）完全式标题

由招标单位名称 + 招标项目名称 + 招标形式 + 文种构成。例如《× × 市体育局运动康复基地会议中心会议音响设备购置安装招标书》。

（2）规范式标题

通常由招标单位名称、招标项目名称和文种三部分构成。例如《× × 市体育局运动康复基地会议中心会议音响设备招标书》。

（3）省略式标题

一般省略招标项目，例如《× × 市体育局运动康复基地会议中心招标书》；也可以只用文种，例如《招标启示》《招标书》。

（4）广告式标题

是以灵活多样，生动醒目的方式，激发投标欲望。例如《香格里拉，你我的向往》（酒店招标）。

2. 正文

正文由引言和主体两部分构成。

（1）引言

写明招标单位的基本情况以及行文的目的或事由。

（2）主体

主体的表述多采用条文式，有的也可以用表格式。对于招标的条件和要求、投标开标的日期等投标人应知事项，应简要概括，分条列出。

① 招标方式；

② 招标范围；

③ 招标程序；

④ 招标内容；

⑤ 双方签订合同的原则；

⑥ 招标过程的权利与义务；

⑦ 组织领导及其他事项。

商品招标书要求标明商品的名称、数量、规格、价格等；科技项目招标书要求写清招标原则，项目名称，任务由来，研究开发目标，研究开发内容，经济技术指标，研究开发的进度要求、成果要求、经费要求，承包单位的条件及要求等；建设项目招标书应写明工程名称、数量、技术质量要求、进度要求和建筑材料的要求等。

3. 结尾

要写清招标单位名称、法人代表、签署日期并加盖公章，联系人姓名、招标单位的地址、邮政编码、电话号码等；必要时还可写上开户银行及账号。若是两个以上单位联合招标，应依次写明，落款单位不一定与招标单位一致，它可以是招标单位的上级主管部门，也可以是某一具体的承办部门。

四、撰写招标书的写作要求

（1）招标书的文本格式要按照国家标准的经贸类文书构成编制。

（2）撰写招标书的内容要遵守国家法律规定，合法合理。

（3）招标书所涉及的技术要素、质量要求表述要绝对准确，避免发生歧义。

（4）语言表达要周密严谨、简洁清晰，所设计内容重点突出，切忌凌乱无序。

（5）文风平和，涉及经贸活动，要遵守平等、诚恳的原则。

【范文欣赏】

×× 市轨道交通有限公司员工服装采购招标

×××××× 招标公司受 ×× 市轨道交通有限公司委托，现对 ×× 市轨道交通有限公司员工服装采购项目进行公开招标。

一、项目概况与招标范围

（一）项目名称：×× 市轨道交通有限公司员工服装采购项目。

（二）资金来源：政府投资及自筹。

（三）标段划分：1 个标段。

（四）招标范围：×× 市轨道交通有限公司员工服装。

1.行政管理系列；2.客运服务系列；3.生产劳保（一）系列；4.生产劳保（二）系列的采购（数量详见招标文件）。

（五）供货期：110 日历天（夏季服装自合同签订后 60 日历天，春秋及冬季服装自合同签订后 110 日历天）。

（六）交货地点：招标人指定地点。

（七）质量要求：符合国家标准（行业标准）及用户需求书要求并达到合格标准。

二、投标人资格要求

（一）在中华人民共和国境内注册具有独立法人资格，持有企业法人营业执照，且年检合格、有效；且注册资本（金）不少于 6 000 万元人民币（或等值外币，按本招标公告发布当日中国银行发布汇率的中间价折算）。

（二）投标人必须是服装的生产制造企业（以营业执照的经营范围为准）。

（三）投标人近三年（20×× 年—20×× 年）财务状况良好，未出现连续三年亏损；

（四）投标人须提供检察机关出具的投标人无行贿犯罪档案查询结果告知函（开具日期及查询截止日期应在本招标公告发布日期当日或之后）。

（五）投标人自 20×× 年 1 月 1 日起至投标截止时间内，须具有至少一项类似供货业绩（类似供货业绩指：单项合同金额 500 万元及以上的服装采购项目，机关团体、企事业单位定做或团购，不包括分包、联合体、经销商供货业绩）。

（六）投标人须具备 ISO9001 质量管理体系认证证书、ISO14000 环保体系认证证书，且证书合格，有效。

（七）投标文件递交截止时投标人没有处于被责令停产、停业、投标资格被取消状态。

（八）单位负责人为同一人或者存在控股、管理关系的不同单位，不得同时参加本项目投标。

（九）本次招标不接受联合体投标。

三、投标报名

（一）凡有意参加投标者，请于 20×× 年 4 月 23 日至 20×× 年 4 月 27 日（法定公休日、法定节假日除外），每日 8 时 30 分至 12 时 00 分，14 时 30 分至 17 时 30 分（北京时间，下同），××××××××× 报名。

（二）报名须持：①营业执照（副本）；②企业法定代表人授权委托书及被委托人身份证报名。

注：上述所有证件要求报名时出示原件和留装订成册的复印件（加盖单位公章）一套。

四、招标文件的获取

（一）凡通过上述报名者，请于20××年4月23日至20××年4月27日（法定公休日、法定节假日除外），每日8时30分至12时00分，14时30分至17时30分（北京时间，下同），在×××××××××等候取文件。

（二）招标文件每套售价600.00元，售后不退。

五、投标文件的递交

（一）投标文件递交的截止时间（投标截止时间，下同）为20××年5月22日上午9时30分，地点×××××××××。

（二）逾期送达的或者未送达指定地点的投标文件，招标人不予受理。

招标单位：××市轨道交通有限公司招标办公室

联系人：××（经理）

电　话：0×××-×××××××

传　真：0×××-×××××××

手　机：×××××××××××

地　址：×××市××××区××××路4号

具体要求及项目情况以招标代理机构或招标人的解释为准。

【实践园地】

请你替招标办起草一则招标书。

浙江省交通厅建管处拟对杭千公路××段桩号为5K+100的××大桥进行施工招标。该桥上部构造为普通钢砼T型筒支梁，跨径20米计划处孔桥面；车行道宽9米，两侧各设1米宽的人行道。下部构造为钢筋砼钻孔灌注桩基础，双柱式墩（详见施工设计）。工程于2024年7月5日开工，当年11月30日竣工。工程建设实行五包，即包工程数量、包工程造价、包工程技术、包工期、包工程材料。凡省内交通系统各施工企业，各路桥公司、公路处、水利工程处、市政公司等单位均可投标。投标者应携带本单位介绍信于2023年1月25日上午九时到省交通厅食宿站报名登记，领取招标文件及施工图，收成本费300元。逾期不予登记办理。

任务七 投标书

投标书是指投标人按照招标书的要求，向招标人提出具体的标价、保证和有关条件，以及竞争中标的函件。

投标书一般是由招标单位设计并送给投标单位的。投标人在递送投标申请并接到允许投标的通知后，即可填写，然后密封后邮寄或派专人送到招标单位。

填写投标书是实现中标的关键环节。投标人必须对招标的项目做周密的调查研究，掌握足够的市场信息，弄清承包项目的有利因素和不利因素，知己知彼，做出准确核算和估计，报价力求高低适宜，既有竞争能力，又能为本企业赢得较大的利润。

一、投标书的分类

（1）按投标方人员的组成情况，可分为个人投标书、合伙投标书、集体投标书、全员投标书和企业（企业联合体）投标书等。

（2）按性质和内容，可分为工程建设项目投标书、大宗商品交易投标书、选聘企业经营者投标书、企业租赁投标书、劳务投标书等。

二、投标书的特点

1. 针对性

投标书的内容是按照招标提出的项目、条件和要求而写，针对性强。

2. 求实性

投标书对招标项目的分析、对己方的介绍、拟采用的措施和承诺等都具有求实求真忌虚假的特性。

3. 合约性

投标书以追求合作、签署合同为目的。

三、投标书的结构与写作方法

1. 标题

投标书的标题一般由投标单位名称、投标事由和文种构成，或由单位名称和文种构成，也可以由投标项事由和文种构成。

2. 正文

正文常采用条文并列式或表格式结构，说明投标项目的名称、数量、标价即承包价格，包干形式，质量保证，完工期限或交货期。标价往往内容较多，不仅要写明完成投标项目的总金额，还要列出分支项目每单位的金额。有的需要列表填写，有的投标书还设有其他内容，如投标单位的基本情况，包括企业的性质、级别，企业的经营历史，企业的技术力量和设备情况，以及技术服务培训条件等。

3. 结尾

结尾写上投标人的单位名称、负责人，加盖公章，并写明联系人、地址和电话。

以上是投标书的一般写法。由于目前我国尚未制定投标书的统一格式，投标的项目和条件也各不相同，所以投标书的写法也不是一成不变。

四、投标书的写作要求

写作内容要能紧扣招标书的要求；实事求是说明己方存在的优势和特点；内容要合理合法，尤其对承诺的内容，要表述得明确、具体、全面、周密，以免中标后发生纠纷。

【范文欣赏】

××国际服装设计公司服装设计加工项目投标书

致：××市体育局运动康复基地

根据贵单位编号为STYKF-ZB-20200010的2020年工作服与疗养服投标邀请，××国际服装设计公司副总经理叶继元经正式授权并代表××国际服装设计公司提交下述文件正本1份和副本2份。

1. 投标书、开标报价表。
2. 投标资格证明文件：营业执照、组织机构代码、税务登记证“三证”加盖单位印章的复印件。
3. 提供本公司产品在石门地区部分客户成功案例。
4. 自主产品及证明。
5. 公司本次项目设计团队构成情况，并提供本项目主要设计人员的相关学历证明、资格名称等的复印件。
6. 投标方认为有必要提出的合理化建议。
7. 出具投标单位基本情况和经营情况。
8. 服务承诺及对本项目的优惠条款。
9. 供应商资格声明。

地址：××市友谊东大街555号

邮编：××××××

电话：××××-×××××××××

投标人代表姓名、职务：×× 国际服装设计公司副总经理叶继元（手签）

投标人名称：×× 国际服装设计公司（印章）

××××年××月××日

投标书

一、前言

根据已收到的编号为 STYKF-ZB-20200010 的 2020 年工作服与疗养服投标邀请书，我公司经参考设计图片和研究上述服装招标文件的招标采购项目情况、投标人要求，积极组织了一系列工作来准备这次竞标，一切做到尽善尽美。

二、投标单位概况

×× 国际服装设计公司是一家集设计、生产、加工、销售于一体的国内知名服装公司。长期致力于为客户提供外在形象服装的设计制作、团体服装的策划与销售等专业性服务。我们有优良的设计团队，力争为客户打造完美的外在形象；我们也有优秀的生产工艺与负责的工作制度，生产出一批批质量过硬让客户放心的产品；我们更有优秀的销售服务专员，为客户提供优良舒心的服务。

我们致力于以创意为先导，质量为根本，以最适合的解决方案，帮助客户在外在形象上脱颖而出。我们拥有专业的设计团队、独立的制作工厂、一站式的服务群体。经营范围主要从事服装设计、制作、销售。公司自成立以来，我们始终坚持以质量为根本，视顾客为上帝。×× 公司始终以“维护顾客利益”为宗旨。专业的体系是低成本的保证。以平实其诚的企业原则为客户提供尽善尽美的服务。我公司不仅拥有优秀的服装设计师，还有做工精湛的工艺师可以根据您的需要为您的企业塑造完美的形象。在业界有很高的品质保证和良好的声誉。

三、面料说明

服装名称	面料名称	面料含量	特点
男短袖衬衫	CVC、高支棉	60% 棉、40% 涤	含棉较高、透气吸汗、不易起皱、易洗易干
女短袖衬衫	CVC、高支棉	60% 棉、40% 涤	含棉较高、透气吸汗、不易起皱、易洗易干
男、女长袖衬衣	CVC、高支棉	60% 棉、40% 涤	含棉较高、透气吸汗、不易起皱、易洗易干
洗浴服	全棉	100%	透气吸汗、抗过敏、不起球、易皱
疗养服	全棉＋莱卡	80% 棉、20% 莱卡	具有伸展性强、透气性好、吸湿性强、手感柔软、穿着舒适等优点

续表

服装名称	面料名称	面料含量	特点
男藏蓝色外套	毛涤贡丝锦	50% 羊毛、50% 涤	挺括性好、透气性强、穿着挺括大方
女藏蓝色外套	毛涤贡丝锦	50% 羊毛、50% 涤	挺括性好、透气性强、穿着挺括大方

四、拟定中标后工作组织图

服装项目中标→组织测量尺寸→根据款式及号型下达生产计划→组织生产工序→制版裁版→生产缝纫→整烫后处理→产品检验→产品包装→运输发放到招标单位。

五、售后服务承诺

（一）服务工作制度

1. 热情答复定制单位的来电来信问询，妥善解决实际问题，并建立客户服务档案。

2. 热情、认真地接待来访客户，并在最短时间内处理相关事宜直至客户满意而归。

3. 对所有由于尺寸或质量问题而退回公司的产品，详细填写记录单，并且按月及时汇总归档。

（二）售后服务内容

货品到需方发放并核实数量完毕后，我方派技术员至定制单位了解情况，按“三包”内容进行售后服务，并承诺售后服务期限增至 3 个月，直至定制单位满意。

（三）售后服务方式

1. 货到定制单位 3 ～ 10 天时间内，我公司派专人向定制单位了解情况，根据定制单位提供的相关情况进行分类，并在 2 天内及时选派相关技术员在定制单位有关人员配合下，按照“三包”的内容逐个逐套进行售后服务，直至满意。技术人员把客户不满意的产品带回公司，在保证质量的前提下对其进行修改直至客户满意，并在 10 天内完成返修工作，且立即送到定制单位。

2. 根据定制单位选择的面料，我公司选择相关的辅料与之匹配，届时我公司将制成专门的洗涤、保养说明书，给予定制单位作为参考，以便减少人为因素对服装的影响，延长服装的使用期。在发货及售后服务过程中，我公司技术人员根据面料、辅料的特性，对服装在以后的使用过程中的洗涤、保养给予专门指导。

3. 在质保期（3 个月）内，我公司将不定期地选派技术员到定制单位回访，并针对定制单位出现的相应问题，认真做好售后服务工作，对于定制单位有关人员对服装有关细节问题，认真给予答复，直到每一个员工满意称心为止。

4. 根据客户的行业特点，另行制定合理的售后服务方式。

我公司的产品达到同业内高质量水平，且价格实惠，希望通过我们尽心完善的服务，以达到让贵单位放心、省心、舒心地完成本次服装采购计划。

××国际服装设计公司

2020 年 5 月 2 日

附件 1：

服装名称	面料名称	面料含量	单位	单价 / 元
短袖衬衫	高支棉	60% 棉、40% 涤	300 件	288
长袖衬衫	高支棉	60% 棉、40% 涤	300 件	388
洗浴服	全棉	全棉	500 套	326
疗养服	全棉＋莱卡	80% 棉、20% 莱卡	500 套	412
男藏蓝色外套	毛涤贡丝锦	50% 羊毛、50% 涤	90 套	1 200
女藏蓝色外套	毛涤贡丝锦	50% 羊毛、50% 涤	210 套	1 000
合计	1 900 件（套）			
总价款	￥889 800（捌拾捌万玖仟捌佰元整）			

附件 2：资格证明文件、营业执照、组织机构代码、税务登记证“三证”加盖单位印章的复印件。

附件 3：本公司产品在石门地区部分客户成功案例。

附件 4：自主产品及证明。

附件 5：公司本次项目设计团队构成情况及相关学历证明、资格名称等复印件。

附件 6：投标方认为有必要提出的合理化建议。

附件 7：出具投标单位基本情况和经营情况。

附件 8：服务承诺及对本项目的优惠条款。

附件 9：供应商资格声明。

【实践园地】

根据下述材料，拟写一份投标书。

××××××职业技术学院拟对学生新公寓楼物业管理权进行公开招标，选定物业管理单位对学生新公寓楼群物业进行管理。管理范围包括：十九栋、二十栋、二十一栋学生公寓（1—6 层）348 796.7 平方米；周边道路、运动场 8 704 平方米；绿化面积

1 591 平方米。招标内容按招标单位提供的《招标文件》。凡是达到××市物业管理三级以上资质的物业管理公司或高校后勤服务公司（集团）均可报名参加投标。

任务八 协 议 书

协议书是双方或三方当事人为了共同实现一定的目的，明确相互之间的权利、义务关系而制定的书面契约。

协议书的签立是经济双方共同努力达成的。它是有关企业事业单位、团体或个人共同协商签立的一种具有经济或其他关系的契约。

一、协议书的分类

协议书的种类很多，常用的有联营协议书、经销协议书、委托协议书、代理协议书、补充协议书、调解协议书、仲裁协议书等。

（1）联营协议书是指两个或两个以上的经济组织或个体经营者为了进行联合生产、经营，而达成的明确相互权利义务关系的书面协议。

（2）经销协议书是一个企业为另一个企业销售产品而订立的明确相互权利义务关系的书面协议，如某百货公司为某企业销售产品约定的协议。

（3）委托协议书是委托人和受委托人约定，由受托人为委托人处理事务的书面协议书。

（4）代理协议书是企事业单位与代理商之间就双方共同目标、双方权利义务关系、业务关系等进行协商后达成的书面协议。

（5）补充协议书是对合同或协议书遗漏部分的补充，或是合同执行一段时期或出现了新的情况和新问题需要补充的书面协议。

（6）调解协议书是发生经济纠纷或民事纠纷的双方，经调解而自愿立下的书面协议。

（7）仲裁协议书是指双方当事人自愿把它们之间可能发生的争议和已经发生的争议提交仲裁委员会仲裁的一种书面协议书。

二、协议书的特点

协议书具有广泛性和灵活性的特点。

协议书的合作范围和涉及的领域非常广泛，只要当事人双方协商一致就可以签订协议书，不论是企事业单位，还是群众团体或个人；由于内容广泛，并且没有固定统一的写作格式，因此协议书的内容安排、条款形式都可由当事人协商议定。

三、协议书的结构与写作方法

协议书写作一般包括标题、名称、正文和落款四个方面。

1. 标题

标题要写明协议书的性质，如《企业形象识别系统（CIS）咨询策划服务协议书》《赔偿协议书》，也可以只写《协议书》三字。

2. 名称

签协议单位名称或立约当事人。在标题之下，正文之前，写明订立协议各方当事人单位或个人的名称，并在立约各方当事人名称之后注明一方是甲方，另一方是乙方，便于在正文中称呼。

3. 正文

协议书的正文包括签订协议书的原因、目的和双方商定的具体内容。

（1）导言

签订协议书的原因、目的是正文的开头部分，即导言。交代完签订协议的目的、原因、依据之后，紧接着可用程式化语言，如“现对有关事项达成协议如下”，转入双方商定的具体内容，即协议书的主体部分。

（2）主体

主体要求就协议有关事宜做出明确的、全面的说明，尤其要着力写好协议双方的权利和义务。主体部分大多用条款罗列，不同类型不同性质的协议书所包括的条款也不一样，都由双方协商的结果而定。

（3）结尾

结尾部分一般说明文本的份数、保存方式、有效期、保存人等。

4. 落款

即签名和日期。协议书最后必须写明签订协议双方单位和负责人的名称，并加盖公章。若有中间人的，中间人也要签字盖章；内容重要的协议书，一般邀请公证处公证，并签署公证意见、公证人姓名、公证日期，并加盖公证机关印章。最后写上签订协议的日期。

四、协议书的写作要求

（1）撰写的协议书的内容、形式和程序均须遵守国家的法律，符合国家政策的要求，不得出现违反国家政策、法令和危害国家与公共利益的内容。

（2）协议书的表述要严谨周密，字、词、数据均要精确，不能有歧义。

【范文欣赏】

投资合作协议

甲方：

乙方：

以上各方共同投资人经友好协商，根据中华人民共和国法律法规的规定，双方本着互惠互利的原则，就甲乙双方合作投资韩国进货项目事宜达成如下协议，以共同遵守。

第一条　共同投资人的投资额和投资方式

甲、乙双方同意，以双方注册成立的 ×× 经贸有限公司为项目投资主体。

各方出资分别：总投资额壹佰万元整（100 万元整），甲方占出资总额的 70%，乙方占出资总额的 30%。

第二条　利润分享和亏损分担

共同投资人按其出资额占出资总额的比例分享共同投资的利润，分担共同投资的亏损。

共同投资人各自以其出资额为限对共同投资承担责任，共同投资人以其出资总额为限对股份有限公司承担责任。

共同投资人的出资形成的股份及其孳生物为共同投资人的共有财产，由共同投资人按其出资比例共有。

共同投资于股份有限公司的股份转让后，各共同投资人有权按其出资比例取得财产。

第三条　事务执行

1. 共同投资人委托甲方代表全体共同投资人执行共同投资的日常事务，包括但不限于：

（1）在股份公司发起设立阶段，行使及履行作为股份有限公司发起人的权利和义务。

（2）在股份公司成立后，行使其作为股份公司的权力、履行相应义务。

（3）收集共同投资所产生的孳息，并按照本协议有关规定处置。

2. 其他投资人有权检查日常事务的执行情况，甲方有义务向其他投资人报告共同投资的经营状况和财务状况。

3. 甲方执行共同投资事务所产生的收益归全体共同投资人，所产生的亏损或者民事责任，由共同投资人承担。

4. 甲方在执行事务时如因其过失或不遵守本协议而造成其他共同投资人损失时，应承担赔偿责任。

5. 共同投资人可以对甲方执行共同投资事务提出异议。提出异议时，应暂停该项事务的执行。如果发生争议，由全体共同投资人共同决定。

6. 共同投资的下列事务必须经全体共同投资人同意。

（1）转让共同投资于股份有限公司的股份。

（2）以上述股份对外出质。

（3）更换事务执行人。

第四条 投资的转让

1. 共同投资人向共同投资人以外的人转让其在共同投资中的全部或部分出资额时，须经全部共同投资人同意。

2. 共同投资人之间转让在共同投资中的全部或部分投资额时，应当通知其他共同出资人。

3. 共同投资人依法转让其出资额的，在同等条件下，其他共同投资人有优先受让的权利。

第五条 其他权利和义务

1. 甲方及其他共同投资人不得私自转让或者处分共同投资的股份。

2. 共同投资人在股份有限公司登记之日起三年内，不得转让其持有的股份及出资额。

3. 股份有限公司成立后，任一共同投资人不得从共同投资中抽回出资额。

4. 股份有限公司不能成立时，对设立行为所产生的债务和费用按各共同投资人的出资比例分担。

第六条 违约责任

为保证本协议的实际履行，甲方自愿提供其所有的向其他共同投资人提供担保。甲方承诺在其违约并造成其他共同投资人损失的情况下，以上述财产向其他共同投资人承担违约责任。

第七条 其他

1. 本协议未尽事宜由共同投资人协商一致后，另行签订补充协议。

2. 本协议经全体共同投资人签字盖章后即生效。本协议一式两份，共同投资人各执一份。

甲方（签字）：	乙方（签字）：
年 月 日	年 月 日
签订地点：	签订地点：

【实践园地】

一、纠错训练

指出下面这则协议书的错误，并予重写。

临时劳动协议书

甲方：××××××超市

乙方：丁淼

经甲方同意，乙方到甲方工作，双方特签订本协议：

一、甲方提供工作场所，乙方须服从分配，并遵守甲方的一切规章制度。

二、乙方要按时到岗，每天工作八小时左右，工作期限为三个月左右。乙方要求解除终止协议时，需提前通知甲方。

三、甲方按月付给乙方一定的劳动报酬。

四、甲方有责任向乙方进行安全劳动教育。

五、如劳动期限需要延长，甲乙双方另议。

本协议一式两份。甲、乙方各一份，报公司一份。

甲方：××××××超市（公章）

乙方：丁淼（私章）

××××年××月××日

二、案例写作

马×和亲戚在欧莱龙商场共同租赁一店铺，销售不同品牌的乳胶漆，区域一分为二。共同承担店铺租金17.7万元，押金5万元，营业员工资、装修各自负担自己区域的费用，公共面积装修共同承担。店铺各自经营自己的产品，店铺法人由乙方注册。为了保证甲方马×的权益，请帮马×起草一份合作协议。

任务九　广告文案

广告文案

广告是指通过媒体向公众介绍商品、劳务和企业信息等的一种宣传方式。一般指商业广告。从广义来说，凡是向公众传播社会人事动态、文化娱乐、宣传观念的都属于广告范畴。广告有多种表达形式，如文字、图片、音响和影像等。

广告文案有广义和狭义之分。广义的广告文案包括广告的策划、方案、音响、影像的说明解说文字等；狭义的广告文案仅指广告作品中的语言文字部分，现讨论的主要是狭义的广告文案。

一、广告文案的分类

现代广告分类方法很多，角度不同，分类方法也不同。

1. 按广告目的划分

广告按目的可以分为商品广告和企业广告。商品广告侧重宣传商品本身；企业广告着重宣传企业形象和知名度。

商品广告又可细分为介绍性、提示性、竞争性广告三个小类。介绍性广告的目的主要是让人们“知道”某一产品；提示性广告的主要目的是让消费者经常想起它，加深消费者对该产品的印象；竞争性广告主要是针对竞争对手的。竞争对手在哪一种媒介上做广告，你也在哪种媒体上做广告；他做整版广告，你也做整版广告。可口可乐公司和百事可乐公司是世界两个经营饮料的大型跨国公司。20 世纪 80 年代初期，年营业额均为六七十亿美元，旗鼓相当。两家公司为推销自己的“可乐”，经常大打广告战。1981 年，可口可乐公司和百事可乐公司分别支出广告费 2 亿美元和 2.6 亿美元，分别占其当年营业额的 3.4% 和 3.7%。

2. 按广告对象划分

广告按对象可以分为消费品市场广告和工业品市场广告。消费品市场广告偏重于各层次的个人顾客；工业品广告，尤其是生产用工业品偏重于各层次的集团顾客。前者侧重选用视听广告媒介和户外广告媒介；后者着重选用专业报刊、商业报刊和邮寄广告。

按广告对象还有另一种分类方法，即分为消费者广告、工商企业直接用户广告和中间商广告。

3. 按广告媒介划分

（1）报刊和其他出版物广告。包括月历、日历广告。

（2）视听广告。即通过电视、无线电广播、电影、录像传播的广告。我国的国际广播电台用约 40 种语言对世界播音，可供宣传出口产品时选用。我国对外贸易中已广泛使用录像广告。

（3）邮寄广告。即把广告单、企业介绍、产品目录、产品说明、产品样本等直接寄给用户和潜在的用户。

（4）户外广告。包括路牌、橱窗和霓虹灯等广告。

（5）其他广告。包括车船广告、包装广告、空中广告等。

二、广告文案的特点

1. 宣传性

广告通过文字、声音、画面等，把商品和企业的有关情况介绍给观众，借以扩大影响，促进销售，因此广告是企业为了获取利润而采取的一种宣传手段。

2. 真实性

真实是广告的生命。广告必须实事求是地介绍自己的商品，不能为赚钱而做浮夸、虚假的广告。虽然也可以加些艺术的渲染，但这只起介绍商品、诱导与促进消费者购买的作用，绝不能使用欺骗的手段。

3. 艺术性

好的广告是真善美的统一体，它经常利用多种艺术手法，以生动活泼的内容和形式吸引人们的注意，争取人们的好感。它可以综合运用文学、绘画、音乐、摄影等多种艺术表现形式，吸取各艺术门类的长处，在宣传商品的同时，给人们以美的享受和精神的愉悦。

4. 灵活性

广告可以借助多种媒介，可以灵活运用各种表现手段，其内容和结构也灵活多样，不拘一格。

三、广告文案的结构与写作方法

广告文案形式多样，无固定格式可言，需要注意几点。

1. 标题

标题是广告文案的核心内容，往往处于文案的醒目位置。标题的作用是揭示广告的内容，吸引消费者的注意，美化文案的形式。如果按照诉求的方式进行划分，常用的文案标题形式有直接、间接和综合三种。

（1）直接标题

直接标题直接以广告主、商品、品牌名称、货物牌号等为标题，通过标题把广告所要传播的信息直接传授给受众，使受众一看到标题就能了解广告的主要内容。比如“华为手机”“格力空调”“十里南京路，一个新世界”等。这类标题一般开门见山，很少用修饰语，直截了当把广告最有价值的内容告诉消费者，具有简单、明了、确切的特点。由于一个广告标题的形成不是一朝一夕的事情，需要投入大量的资金和精力，因此，它对那些历史悠久、品牌独特的产品，或打算创立品牌、提升知名度的广告主作用比较大，而对于一般的广告主和产品，作用比较小。一个对受众吸引力不强的标题，其广告效益也会受到相应的影响。

（2）间接标题

间接标题本身并不直接传播商品的名称、牌号、制造商等，而是采用耐人寻味的方法，把受众注意的重点吸引到广告的正文中来。间接标题大多采用各种修辞方法或哲理丰富、含义隽永的语言，言外有言，趣味盎然。如“公道不公道，只有我知道”（某电子秤），“通则不痛，痛则不通”（某中成药）。这类标题虽然不直接表达广告的内容，但却能诱发受众的兴趣，让他们结合广告文案的全文和图画，理解广告的全部含义。

（3）综合标题

综合标题综合直接标题和间接标题两者之长，既直接点出企业名称、商品或牌号等，又配以形象、抒情、隽永的语句，虚实结合，表里兼顾，使标题别具一种吸引力。例如：“车到山前必有路，有路必有丰田车”；“放我的真心在你的手心——美加净护手霜”“原来生活可以更美的——美的电器”。由于综合标题兼有其他标题之长，又具有较大的信息容量，所以很受广告主和受众的喜欢。

2. 正文

在出色的广告标题吸引了受众的注意以后，能否进一步说服受众，使他们从广告的关注者转变为消费者，这就要看广告正文的写作了。正文是广告的具体内容，它比标题详细周密，是广告标题的延伸和说明。如“东芝复印机”广告的标题是“请君感受世界首创涡轮式复印机的力量”。其正文就有一组具体有力的数字，对“世界首创涡轮式复印机”做出说明，让读者通过广告“感受”其“力量”，强化广告的传播效应：“隆重推出有史以来第一台涡轮启动式复印机——新型 Toshiba 2230 Turbo。在精秀的机壳下，是一套已授予专利的先进复印系统。拥有它，你一分钟能复印 22 份材料。如果按下涡轮键，则一分钟可复印 30 份。现在你可以提高工作效率 40%，同时节约 33% 的增色剂。更具创新精神的是，我们并没有因为增加涡轮启动而提高价格。”

一般来说，广告的主题总是通过广告正文充分表现出来的。同标题的写作一样，广告正文也要讲究重点突出，结构紧凑，材料充实，介绍清楚。如某款手机广告的文案，把该产品的优点，仅用寥寥数语就概括出来：“挑战极致影音，我的口袋影院。”

就广告文案的表现形式而言，常见的正文类型有以下几种。

（1）叙述式。即在广告正文中，简要介绍产品的名称、性能、特点。有时产品的内容比较专业、枯燥，所以叙述式正文常常以某种故事形式展开，以期达到引人加入的效果。

（2）描写式。即用文学性的语言对广告的内容和受众可能会从该广告中获得的利益，进行生动的描绘，引起受众的注意和兴趣，以加强广告宣传的力度。

（3）问答式。即在广告正文中以对话问答的方式表达有关商品的情况，它往往针对消费者的心理，或自问自答，释疑解惑；或形如剥笋，步步引导，常用于介绍知识性比较强的产品或技术。

（4）论述式。即在叙述事实的基础上进行理性的分析，不仅仅告诉受众广告传播的“是什么”，而且进一步告诉受众“为什么”，把产品的内在要素用合乎逻辑的方式加以表达，以强化其打动人的力量。

3. 落款

落款是在广告正文之后，对那些需要购买商品或要进一步了解商品的消费者提供更详细的信息，一般包括广告主通信地址和联系方法，商品的购买方式和价格等。

广告的目的就是要把广告信息的受众变成广告产品的消费者。和品牌广告不同，有些广告除了告诉消费者重要的商品信息以外，还要传播一些其他的信息，诸如购买的方式和方法等，这些内容通常可以放在落款中。落款虽然不是广告的主要内容，而且不容易写得出色，但却是真正的消费者十分关心的内容，因此也不能掉以轻心。一是要准确无误，地址、电话号码、网址等不能有错；二是要区分轻重缓急，不要把所有的信息都往落款栏里堆；三是要考虑消费者的接受习惯，不要用公式化、机械化的方式排列信息，以免受众生厌而影响广告的效果。

四、广告文案的写作要求

1. 创意要实用

创意是广告活动的关键，一个奇妙的创意，往往是一个优秀广告的基础。但是，广告文案的写作毕竟是一种经济文体的运用，它可以从奇思妙想开始，但总要以促进消费结束。也就是说，评价广告文案优秀与否的最终标准是经济效益而不是艺术成就。因此，广告文案的创意有别于文学艺术，不能忽略广告主的要求，不能轻视受众的习惯。广告大师、奥美广告公司的创立者大卫·奥格威从自己几十年的广告创作实践中总结出了不少经验，在谈及广告创意时，他这样说道：当我写一则广告时，并不希望人们觉得它很有“创意”，我倒是希望人们觉得它很有意义而去购买该产品。优秀的撰稿人从不会从文字娱乐的角度去写广告文案。衡量他们成就的标准是看他们使多少新产品在市场上腾飞。

2. 内容要真实健康

广告内容真实、健康是广告法确定的一个基本规则。做广告当然需要使用各种新颖别致的创作手法，但这同广告的内容必须真实可靠并不矛盾。做到不夸大事实、不故作含混，不以假充真是广告内容最基本的要求。毋庸讳言，在广告写作的实践中，有些人为了追求经济效益而置国家的法律法规于不顾，或是以假乱真，或是低级庸俗，甚至把迷信落后的东西都拿来为己所用。事实证明，如果不遵守国家法律法规，做违法乱纪的广告，不仅会侵害消费者的合法利益，也会连累制作、传播这些广告的公司和媒体，而最终广告主也会受到相应的惩罚，名誉受损，自砸招牌，严重的甚至会受到法律的制裁。

3. 形式要新颖活泼

广告的内容要真实健康，但形式却要活泼多样。广告的创作是一种独创性劳动，靠简单的模仿或人云亦云的方法是无法取得好效果的。要善于抓住产品特点来标新立异，使广告词具有新奇活泼的冲击力。出色的广告构思新颖活泼，不落俗套，耐人寻味。明快而令人惊讶的文句及言语，会让读者精神大振，继续读下去。例如某品牌手机的广告主题歌就很新颖别致："时间自有公道，付出总有回报，说到不如做到，要做就做更好。"创意独特，境界高远，一方面有较强的普适性，能在不同的场合作不同的引用；另一方面也显示了该企业的理念和追求，使之从众多的手机生产者中"脱颖而出"，让消费者刮目相看，从而为自己获取一份宝贵的市场份额。

4. 语言要简洁明了

广告的写作受到许多因素的制约，其中经济因素的制约是很重要的一个方面。广告的撰制和传播都要花费一定的财力，因此，广告的篇幅总是有限的。这就要求广告的语言尽可能简洁明了，信息要准确实用，用寥寥数语概括广告的关键内容，让消费者在很短的时间就能认识了解产品信息。不要用最高级形容词，同时也要避免一般化字眼和陈词滥调。1947 年一位年轻的广告文案编写人为世界钻石巨头戴比尔斯公司创作了一句"钻石恒久远，一颗永流传"广告语，简洁明了，含义隽永。这段简短而经典的广告文案在 2000 年被《广告时代》提名为 20 世纪最佳广告语。

【范文欣赏】

例文一

长城干红广告文案

（三毫米的旅程　一颗好葡萄要走十年）

三毫米，

瓶壁外面到里面的距离。

不是每颗葡萄，

都有资格踏上这三毫米的旅程。

它必是葡萄园中的贵族，

占据区区几平方公里的沙砾土地；

坡地的方位像为它精心计量过，

刚好能迎上远道而来的季风。

它小时候，没遇到一场霜冻和冷雨；

旺盛的青春期，碰上十几年最好的太阳；
临近成熟，没有雨水冲淡它酝酿已久的糖分；
甚至山雀也从未打它的主意。
摘了三十五年葡萄的老工人，
耐心地等到糖粉和酸度完全平衡的一刻才把它摘下；
酒庄里最德高望重的酿酒师，
每个环节都要亲手控制，小心翼翼。
而现在，一切光环都被隔绝在外。
黑暗、潮湿的地窖里，
葡萄要完成最后三毫米的推进。
天堂并非遥不可及，
再走
十年而已。

例文二

无偿献血广告文案
我不认识你，但我谢谢你！

【实践园地】

根据提供的广告策略为该产品设计广告文案。

商品名：SPF15 防晒霜

创作目标：欲使崇尚阳光浴的少男少女相信，经常使用防晒系数 15 的防晒霜，将有效预防皮肤癌的发生。

支持理由：SPF15 能隔离大部分有害光线，为国际癌症协会专业人士强力推荐，能在阳光下安全地长时间暴露，同时还可以起到提亮肤色的作用。

格调：青春、活力、性感、美丽。

项目六
礼 仪 文 书

学习目标

知识目标

1. 了解欢迎词的结构，掌握欢迎词的写作要求。
2. 了解欢送词的结构，掌握欢送词的写作要求。
3. 了解邀请函的结构，掌握邀请函的写作要求。
4. 了解开幕词的结构与写作方法，掌握开幕词的写作要求。
5. 了解感谢信的结构与写作方法，掌握感谢信的写作要求。

能力目标

1. 掌握各种礼仪文书的结构及写作方法。
2. 掌握各种礼仪文书的写作要求。

素质目标

1. 在应用文写作教学中渗透职业意识、职业素养和职业情感教育。
2. 树立礼仪观念，弘扬传统美德，自觉提升礼仪素养。

思政目标

通过对礼仪文书的学习，增强学生的文化自信，加深对我国“礼仪之邦”的理解。

案例导入

为欢迎团体、个人而写作的书面文字或者发表的口头讲话常使用欢迎词这一文书。甲制冷科技集团将要召开成立周年庆典。在庆典上，甲制冷科技集团王总裁需要向到场的来宾致欢迎词，于是集团办公室就起草了一份《在甲制冷科技集团成立庆典上的欢迎词》，以供王总裁宣读。

通过上述案例描述，请思考：

1. 设想一下王总裁致欢迎词后对庆典会产生什么效果？

2. 这篇欢迎词的正文部分应该写些什么内容？

任务一　欢　迎　词

欢迎词是指行政机关、企事业单位、社会团体或个人在公共场合欢迎友好团体或个人来访时致辞的讲话稿。

一、欢迎词的特点

礼仪文书在涉外活动和一般的社交活动中使用频繁，其主要作用是能活跃社交气氛，交流宾主感情，密切相互关系，从而给客人或主人留下深刻而良好的印象。礼仪文书的主要特点：感情真挚、语言文雅大方，如是国际的迎送往来还应使用适当的外交辞令；内容精要，篇幅简短，一般不涉及具体的细节问题，重在表示热情友好的交往态度。

二、欢迎词的结构与写作

欢迎词一般由标题、称呼、正文和落款四部分组成。

1. 标题

标题写法一般有两种：一种是单独以文种命名，如《欢迎词》；另一种是由活动内容和文种名共同构成，如《在学术讨论会上的欢迎词》。

2. 称呼

用尊称，姓名前加上职衔或表示亲切的词语，如“尊敬的”“亲爱的”“敬爱的”等；后加“阁下”“殿下”“同志”等。

3. 正文

欢迎词的正文一般可由开头、中间和结尾三部分构成。

（1）开头

开头通常应说明现场举行的是何种仪式，发言者代表什么人向哪些来宾表示欢迎。

（2）中间

欢迎词在这一部分一般要阐述和回顾宾主双方在共同的领域所持的共同的立场、观点、目标、原则等内容，较具体地介绍来宾在各方面的成就及在某些方面做出的突出贡献，同时要指出来宾本次到访或光临对增加宾主友谊及合作交流所具有的现实意义和历史意义。

（3）结尾

通常在结尾处再次向来宾表示欢迎，并表达自己对今后合作的美好祝愿。

4. 落款

欢迎词的落款要署上致辞单位名称、致辞者的身份、姓名，并署上成文日期。用于讲话的欢迎词无须署名。若需刊载，则应在题目下面或文末署名。

三、欢迎词的写作技巧

欢迎词的写作技巧如下。

1. 有针对性

在商务交往中，客人的来访目的不同，讲话人欢迎的缘由也应不同。因此，欢迎词要有针对性，应根据不同的情况表达不同的情谊。

2. 言简意赅

欢迎词的篇幅短小，应言简意赅。欢迎词一般是礼节性的公关辞令，不必长篇大论。

3. 礼貌得体

欢迎词要感情真挚，礼貌得体地表达出讲话人的原则、立场。欢迎词要表达出热情和友好，以感染客人。

4. 措辞谨慎

欢迎词要措辞谨慎，不能信口开河，要尊重客人的习惯，避开忌讳，以免发生误会。

【范文欣赏】

经销商联谊会议欢迎词

尊敬的公司领导、各位嘉宾、合作伙伴们：

大家下午好！

在这丹桂飘香的季节，非常感谢大家在百忙之中抽出宝贵的时间来参加 ××× 照明公司举办的经销商联谊会议。谢谢大家，我谨代表×××照明公司向各位嘉宾和合作伙伴表示热烈欢迎。

在过去的几年里，×××照明公司攻克了一个又一个难关，创造了一次又一次佳绩，×××照明品牌得到了客户与业界的认可，年销售额不断增长，市场占有率不断提高。当然，“一路风雨一路情”，×××照明品牌成长的点点滴滴离不开×××照明公司领导的英明决策，更离不开各位经销商伙伴的努力协作。

我们知道，×××照明公司不仅是一家非常出色的照明生产公司，也是一个优秀的合作伙伴，是我们代理商和所有经销商强有力的后盾。质量是公司的生命，可靠性是公司蓬勃发展的根本。×××照明公司的产品质量给了我们足够的信心和勇气。作为代理商，我们没有过多地考虑盈利，考虑更多的是我们提供的产品能否对得起客户的信任和选择。事实可以证明，×××产品是能让我们代理商做着放心，能让我们的客户用着安心。

我们有责任和义务给大家提供更多的优良产品和优质服务，更有责任和义务为大家创造和提供更多的有利于发展的经营思路和经营空间，以让我们的经销商和×××照明公司合作，不仅赚取合理的投资回报，还赚取更多的市场份额。

再次欢迎大家前来参加这一次的经销商联谊会议，让我们就从这个金灿灿的秋天、从承载着春天的希望和丰收的季节开始，一道成长，相互信任，相互支持，同舟共济，充满斗志，鼓足干劲，力争上游，迎接下一个辉煌！

代理商：×××

××××年××月××日

【实践园地】

案例写作：

以下是某企业联合会商务沙龙的相关信息，请你据此撰写一篇欢迎词。

2022年6月30日下午，某企业联合会第一期商务沙龙成功举办，来自各商会的代表和企业家围绕“共建生态、共谋发展、共享成果”这一主题展开讨论，就今后举办商会系列沙龙活动达成共识。

企业联合会自换届以来，积极组织各种活动，帮助会员企业把握市场经济发展大势，洞悉国家产业政策，架起会员企业与政府、会员企业与会员企业之间的桥梁，又根据本地经济发展重点，谋划如何通过整合有效资源，为会员企业谋取发展机会，为社会贡献力量。

在沙龙活动中，与会代表分别做了自我介绍，对所在商会及企业进行推介，就“我能为商会做什么，商会能为我提供什么”进行了热烈探讨。

大家讨论后认为，商会要在政策宣传、会员合作、社会关系协调、促进企业家成长、维护会员权益等方向下功夫、想办法。会员企业也要为商会提供价值，能够为商会发展贡献力量。企业联合会要定期举办商务沙龙，围绕不同的主题展开，制定好沙龙规则，吸引更多企业参与。商会系列沙龙采用轮值主席制度，可以更大范围调动企业家的积极性，更加充分、有效地利用各种专业机构的优势，为会员企业提供优质高效的专业咨询和服务。

企业联合会秘书长闫某表示，根据大家讨论的意见及达成的“共建生态、共谋发展、共享成果”的共识，商会系列沙龙将从政策解读、管理提升、技能提升、兴趣聚集等方面为广大中小微企业家及企业高管提供交流服务的平台，通过商会内专业资源及商会外专家资源的整合，为企业家成长及企业发展提供各种针对性服务，让加入商会的企业有方向感、获得感、荣誉感、参与感，更好地助力本地的经济发展。

任务二 欢送词

欢送词是行政机关、企事业单位、社会团体或个人在公共场合欢送友好团体回归或亲友出行时致辞的讲话稿。

一、欢送词的特点

这种礼仪文书在涉外活动和一般的社交活动中使用频繁，其主要作用是能活跃社交气氛，交流宾主感情，密切相互关系，从而给客人或主人留下深刻而良好的印象。这种礼仪文书的主要特点：感情真挚、语言文雅大方，如是国际间的迎送往来还应使用适当的外交辞令；内容精要，篇幅简短，一般不涉及具体的细节问题，重在表示热情友好的交往态度。

二、欢送词的结构与写作方法

同欢迎词一样，欢送词也由标题、称呼、正文和落款组成。

1. 标题

标题的写法一般有两种。

（1）单独以文种命名，如《欢送词》。

（2）由活动内容和文种名共同构成，如《在研讨会结束典礼上的讲话》。

2. 称呼

称呼要求写在开头顶格处，要写出宾客的姓名称呼，如“尊敬的各位先生们、女士们”“亲爱的 ×× 大学各位同仁”。

3. 正文

欢送词的正文一般由开头、中间和结尾三部分构成。

（1）开头

开头通常应说明此时在举行何种欢送仪式，发言人是以什么身份代表哪些人向宾客表示欢送的。

（2）中间

欢送词在这一部分要回顾和阐述双方在合作或访问期间在哪些问题和项目上达成了一致的立场、取得了哪些有突破性的进展，陈述本次合作交流中双方的合作和交流给双方所带来的益处，阐述其深远的历史意义。

（3）结尾

通常在结尾处再次向来宾表示真挚的欢送之情，并表达期待再次合作的心愿。

4. 落款

欢送词在落款处要署上致辞的单位名称、致辞者的身份、姓名，并署上成文日期。

三、欢送词的写作要求

（1）称呼用尊称、注意宾客身份，致辞要恰到好处，感情要真挚、诚恳而且要健康。

（2）措辞要慎重，勿信口开河，要尊重对方风俗习惯，以免发生不该发生的误会。

（3）语言要精确、热情、友好、温和、礼貌。

（4）要言简意赅，篇幅不宜过长。欢送词也是一种礼节性的社交公关辞令要短小精悍，这样更能表达主人的尊重和礼貌。

【范文欣赏】

欢 送 词

——在欢送何老师退休大会上的发言

诸位领导，诸位老师：

今天，我参加欢送何老师光荣退休大会，心情分外激动。我是何老师三十八年前的学生，得到过何老师亲切的教诲和无微不至的关怀。非常荣幸，十年前我又和何老师一同执教于丹凤中学，得到了何老师更多的教诲、关怀和帮助。何老师在教育战线上辛勤耕耘长达三十八个春秋，可谓桃李芬芳，硕果累累。在长期的教学生活中，何老师渊博的学识、严谨的教学态度、丰富的教学经验、拳拳的爱生之心，都给我留下了深刻的印象，是我学习的榜样。然而令我感到万分惭愧的是，多年来光阴虚度，学无所成，毫无建树，有负师教，想来令人汗颜。我决心继续向何老师学习，接过何老师手中的教鞭，为教育事业做出自己的贡献，以此来报答何老师对我的教育和培养。祝愿何老师退休后生活幸福，健康长寿！

【实践园地】

案例写作：

试写一篇欢送毕业生的欢送词。

任务三 邀 请 函

邀请函的结构与写法

邀请函是行政机关、企事业单位、社会团体或个人邀请有关人士前往某地参加会议、学术报告以及婚丧等活动时所发出的一种约请性书信。邀请函实际上是一种比较复杂的请柬，它除了起请柬的作用外，还有向被邀请者交代有关事项的作用。

一、邀请函的特点

邀请函具有明显约请性和告知性的特点。在表达上，它不仅要求语言热情、庄重、优美、精炼、文雅得体，富有感召力和鼓舞性，而且注重礼仪要求。

二、邀请函的分类

按照内容差异分，可以将邀请函分为很多种类，如政务邀请函、文化活动邀请函、展会邀请函、律师合作邀请函、学术会议邀请函等。

三、邀请函的结构与写作方法

邀请函的种类繁多，内容各异，但其格式却大同小异。一般性的邀请函由标题、称谓、正文和落款四部分组成。

1. 标题

邀请函的标题由“礼仪活动名称＋文种”构成，还可包括个性化活动主题标语，如“‘第××届中法友好城市大会’邀请函”。

2. 称谓

邀请函的称谓使用“统称”，并在统称前加敬语，如“尊敬的××先生（女士）”或“尊敬的总经理（局长）”。

3. 正文

邀请函的正文是指活动主办方正式告知被邀请方举办活动的缘由、目的、事项及要求，写明活动的日程安排、时间、地点，并对被邀请方发出得体、诚挚的邀请。正文结尾一般要写常用的邀请惯用语，如“敬请光临”“欢迎光临”等。

4. 落款

落款要写明礼仪活动主办单位的名称或个人姓名全称及成文日期。必要时不仅要由主办方负责人亲笔签名，而且还要加盖单位公章。

四、邀请函写作要求

要想写出一封优秀的邀请函，除了要使邀请函具有基本的行文结构外，撰写者还要遵守以下写作要求。

1. 内容明晰

不管是简单的邀请函还是比较复杂的邀请函，撰写者要把有关活动的事项说清楚，既要简明概括，又要具体准确，不能模糊。邀请函的语言要简洁明了、通俗易懂，不能太深奥。

2. 态度诚恳

邀请函要体现出热情、恳切、朴实，同时应根据被邀请对象的实际情况和活动的主题认真措辞，体现出对被邀请对象的尊重，恰如其分地表达出殷切期望对方接受邀请的心情。

3. 内容完整

被邀请对象的姓名应写全，不应写绰号或别名。在网上或报刊上公开发布的邀请函，可省略称呼，也可以“敬启者”统称。

【范文欣赏】

邀请函

尊敬的王经理：

您好！感谢贵公司一直以来对我司的大力支持，使我司得以健康发展，我司非常感激！在新的一年里，希望我们的友好合作关系更进一步，互利共赢，再创辉煌！展望未来，前程似锦，面对挑战，我司信心百倍！借此新年之际，为感谢大家的辛苦工作，我司谨定于下月初举行春节联欢晚会，特邀请贵公司一起参与。除了丰盛的晚餐和精彩的节目外，我司还安排了一系列抽奖活动，还望贵公司能提供适当的费用支持，我司也会为贵公司做宣传推广，望贵公司能够一如既往地支持我司，与我司架起一座坚固的合作桥梁！晚会节目内容：歌曲演唱、乐器演奏、相声表演、口技等精彩节目，以及神秘嘉宾表演节目。

晚会地点：×× 文化广场。

晚会时间：2023 年 1 月 18 日 20：00—23：00。

竭诚欢迎贵公司积极参与和赞助，特函奉商，期能共襄盛举。愿我们在来年携手共进。

再次致以衷心的感谢！

×××× 有限公司

【实践园地】

以下是 ×× 实业集团在官网上发布的关于某场商业交流会的信息，请你据此撰写一封邀请函。

2023 年 6 月 24 日上午，“同心同德，同舟共济——2023 年 ×× 商业交流大会”在 ×× 市 ×× 广场 5 楼电影院召开，受邀参加交流大会的各业态商户共 170 位，出席此次交流大会的领导有集团公司董事长岳总、集团公司总经理刘总、集团公司副总经理祁总、商贸公司执行董事胡总、商贸公司总经理于总。

此次交流大会第一项议程，由商贸公司执行董事胡总围绕 ×× 广场 5 年来的发展情况做了全面的工作报告。胡总表示，×× 广场 5 年来虽然取得了一些成绩，但仍然有很大的提升空间，需要大家既正视存在的困难和问题，也明白自身的优势和潜力，认清形势，坚定信心，相信 ×× 广场在大家齐心协力、奋勇拼搏下一定会越来越强。

在交流大会上，集团公司总经理刘总、集团公司副总经理祁总为 5 年里涌现出的一批勤奋耕耘、经营有道的优秀商户进行颁奖，并邀请优秀商户代表发言。优秀商户代表表示，跟随 ×× 实业集团是正确的选择，大家要共同努力，总结经验，在未来的道路上携手并进。×× 广场还邀请到了 ××× 商行的工作人员，对银行的利好政策进行宣讲，为合作商户纾困解难，实现合作共赢。

在交流大会的最后，集团公司董事长岳总对冒着酷暑从四面八方赶来的各位商户表示感谢。岳总表示，面对当前的经济环境，大家要团结一心，在危难中寻求机遇，携手共进；

品质和信誉是支撑未来发展的重要因素，大家要迎合市场发展的需求，进行差异化经营，信守承诺，更新服务理念，相互扶持，寻求共同发展，提高广场的美誉度，为广大市民营造一个良好的购物环境；商户和 ×× 实业集团是共同体，有着共同的理念、共同的发展愿景，大家要齐心协力，奋勇拼搏，迎接更美好的明天。

此次交流大会让大家更加明确商企同心，精诚团结，以坚定实现共赢目标。在困难面前，×× 实业集团与商户做到“同心同德，同舟共济”，也让广大商户更加了解 ×× 实业集团“勤奋务实、创新发展”的企业精神和经营理念，进一步增强了广大商户对以后有序经营和共同繁荣的信心，为 ×× 实业集团和广大商户的长期合作打下了坚实的基础。

任务四 开 幕 词

开幕词是企事业单位在活动开始时，由活动主持人或主要领导人针对活动所做的重要讲话。开幕词是活动的序曲，对活动的开展起着重要的指导作用。

一、开幕词的分类

开幕词按内容的不同，可以分为侧重性开幕词和一般性开幕词两种。侧重性开幕词往往对会议召开的历史背景、重大意义或会议的中心议题等重点阐述，其他问题一带而过；一般性开幕词则只对会议的目的、议程、基本精神、来宾等简要概述。

二、开幕词的特点

1. 宣告性

在开幕词中正式宣告会议开幕，给会议营造一种隆重气氛。如果这是具有历史意义的会议，那么其历史意义就是从这一宣告开始产生的，因而这种开幕词必将随着会议的一系列重要文件一起载入历史史册。

2. 提示性

在开幕词中明确交代会议的议题，扼要说明会议的议程、原则，交代会议的主要精神，起到点题的作用，使与会者心中有数。

3. 指导性

在开幕词中阐明会议宗旨，提出会议任务，说明会议目的、指导思想和重要意义，这对开好会议将起到重要的指导作用。

三、开幕词的结构与写作方法

开幕词一般由标题、正文两个部分组成。

1. 标题

常见的格式是会议名称加文种，标题下面注明开会时间，外加括号，再下面是致词人的姓名。如：

××市第十届人民代表大会开幕词

（一九九九年三月九日）

×××

也有使用新闻式标题法，分为正标题和副标题，副标题注明“××会议开幕词”。

2. 正文

包括开头、主体和结束语三个部分。

（1）开头

开头一般顶格写称呼，如“同志们”“代表们”，称呼后面用冒号。接着另起一行，空两格写起，宣布大会开幕。

（2）主体

主体一般是回顾过去的工作、成绩、经验及教训，提出本次会议的主要任务，即会议的主要议题和议程，阐明会议的意义、作用和影响，对会议作预示性的评价。

（3）结束语

结束语一般只用一两句话作为结束语，如“预祝大会圆满成功”，也有以会议号召作为结束语的。结束语要有号召力、鼓动性，将会场气氛调动起来。

四、开幕词的写作技巧

一篇出彩的开幕词可以调动现场人员的积极性，为活动定下良好的基调。在撰写开幕词时，撰写者可以使用以下技巧。

1. 语言通俗，感情饱满

要想使现场人员快速了解开幕词的内容，产生情感共鸣，撰写者就要在语言表达上做到通俗易懂、口语化，同时保证开幕词简明生动，感情色彩饱满，有很强的感召力。

2. 开门见山，快速入题

开幕词的篇幅不要过长，要做到开门见山，快速入题。长篇累牍，不仅会占用过多的活动时间，还会使现场人员厌烦。

3. 具有鼓舞性，带动氛围

开幕词一般包含对活动的良好祝愿，通过介绍活动来激发现场人员的参与积极性，因此语言要具有鼓舞性，力求带动现场气氛，起到鼓舞人心的作用。

【范文欣赏】

工作动员大会开幕词

尊敬的各位领导、各位同志：

大家好！

在缤纷的焰火和欢快的乐曲中，新的一年向我们走来。今天是个喜庆日子，我司第××届工作动员大会在这里隆重开幕。首先，我谨代表公司，向前来参加大会的各位领导、各位同志致以衷心的感谢！

值此辞旧迎新之际，看着一张张熟悉又亲切的笑脸，回首我们在一起披荆斩棘、共谋公司发展的每一个场景，我格外激动。在此，请允许我代表大会主席团向一年来为了公司的发展、为了家园的建设默默耕耘、默默奉献、默默工作的每一名员工说一声："你们辛苦啦！"

花开花落，岁月飞逝。去年的此刻，我们也是在这里，共同勾画了公司走专业化管理道路、实施稳步发展的蓝图。经过一年的努力，"团队、家园、旗帜"的理念已逐渐得到公司一千余名员工的认同，"五个全面提高"的工作目标亦取得了丰硕的成果，可以说，通过各级管理者和广大员工的共同努力，我们圆满完成了各项工作目标，使公司站稳了脚跟，树立了良好的形象，获得了广大客户的充分肯定。

创业艰难百战多，我们依然面临着控制成本难、服务管理难、稳定队伍难的严峻形势。在专业化管理的道路上，我们没有退路。

我坚信，公司在总结过去的基础上，将再次取得突破性创新。突破需要勇气，创新需要智慧和努力。因此，新的一年需要各级管理者和广大员工以百般的努力，配以攻坚克难的锐气实现新的目标。

同志们，我们要坚定地站在时代发展潮流的前沿，准确地把握当前的发展形势，解放思想，与时俱进，认真总结所取得的成功经验，积极谋划未来的发展；要进一步振奋精神，精诚团结，增强责任感和使命感，为公司的美好明天共同奋斗。

我相信，有我们全体员工的积极主动参与、热情关注与支持，这个大会一定会成为一个民主团结的大会，成为一个务实鼓劲的大会，成为一个开拓创新的大会。

最后，预祝大会圆满成功！

××公司总经理

××××年××月××日

【实践园地】

以下内容为 ×× 烘焙品牌某次新品发布会的相关信息，请你据此撰写开幕词和闭幕词。

2022 年 11 月 8 日，×× 某生产工厂投产仪式、新品战略发布会暨招商会在 ×× 地区成功举办，宣布 ×× 进军自烤烘焙百亿蓝海赛道。

2022 年 ×× 新品战略发布会暨招商会在当地一家宾馆举行。当地财政局四级调研员唐女士、×× 创始人袁先生、中国烘焙食品糖制品工业协会理事长张先生，分众传媒董事长江先生、核桃智慧战略咨询创始人赵女士和 ×× 的重要合作伙伴的代表齐聚发布会现场，携手见证 ×× 的这一重要时刻。活动现场更是汇聚了 10 家重量级新闻媒体，一同见证 ×× 的百亿蓝海启动仪式。

×× 创始人袁先生发表致辞，他指出：×× 此次进军自烤烘焙市场，是继转型 020 蛋糕品牌后，再次引领烘焙行业的创新之举。×× 剑指自烤烘焙百亿蓝海，通过运用产品研发、供应、生产、仓储、物流及数字化建设的优势，助力新品类产品线逐步从自烤牛角包大单品过渡到多产品。×× 希望消费者能随时随地吃到现烤面包，通过打造差异化竞争战略，引领自烤烘焙成为烘焙行业的大品类，抢滩百亿蓝海。

×× 自烤烘焙致力于打造“家里的面包房”。只要有空气炸锅，“一开一放一关”，160 ℃烤 5 分钟即可吃上热腾腾的刚出炉的面包，是早餐、下午茶、宵夜解馋快捷方便的新选择。×× 自烤烘焙系列新品采用急速冷冻锁鲜技术，能够直达面包房，保证现烤品质，其原味自烤牛角包产品零添加防腐剂、零反式脂肪酸，极受欢迎。

×× 自烤烘焙引领传统烘焙业发展创新，具备 B 端、C 端双重发展潜力，前景宽广。深耕烘焙业多年的 ×× 具备创新基因，其品牌知名度、数字化建设及创新能力、线上线下渠道覆盖，以及供应链优势，为此次进入新赛道提供了快速的复制能力。×× 必将在自烤烘焙领域全面发力，再次缔造烘焙行业新篇章。

任务五 感 谢 信

感谢信是一种礼仪文书。一方受惠于另一方，应及时地表达谢忱，使对方在付出劳动后得到心理上的收益，感谢信是一种不可少的公关手段。

感谢信是集体、单位或个人对关心、帮助、支持本单位或个人表示衷心感谢的函件。感谢信是文明的使者，从文体来说，它属于应用文体。它与表扬信有许多相似之处，所不同的是感谢信也有表扬信的意思，但是重点在感谢。

一、感谢信的特点

感谢信是为了答谢对方的邀请、问候，或对于支持、帮助、关心过自己的国家机关、企事业单位、社会团体或个人表示感谢的书信。感谢信具有感情强烈、鲜明的特点。

二、感谢信的分类

1. 按感谢对象分类

按照被感谢对象的特点，感谢信可以分为写给集体的感谢信和写给个人的感谢信。写给集体的感谢信一般是个人处于困境时获得集体的帮助，并在集体的关心和支持下克服困难，渡过难关，所以要用感谢信的方式表达自己的感激之情；写给个人的感谢信是单位、集体或个人为了感谢某个人曾经给予的帮助或照顾而写的。

2. 按感谢形式分类

按照感谢信的存在形式，感谢信可以分为公开张贴的感谢信和寄给单位、集体或个人的感谢信。前者主要是将感谢信公布在公众媒体上，如报纸、杂志、电视、网络等媒体。

三、感谢信的格式

感谢信的结构一般包括标题、称谓、正文、落款（署名、日期）四个部分。

1. 标题

感谢信的标题大体上有三种写法：一是以文种为标题，即“感谢信”；二是写出接受感谢者的姓名，如“致 ××× 同志的感谢信”；三是同时写出发信人以及接受感谢者的姓名，例如“××× 致 ××× 的感谢信”。

感谢信的标题，字号要比正文稍大一些，这样看起来会更加醒目。

2. 称谓

称谓要写出接受感谢单位的全称或接受感谢个人的姓名，后加冒号。个人的姓名之后，还要加上“同志”“先生”等礼貌性称呼。称谓要在标题的下一行，顶格书写。

3. 正文

感谢信的正文，一般包括以下四个方面的内容。

（1）概述事迹。讲明接受感谢者对发文者进行帮助、给以支持的事实。在讲述中，既要把时间、地点、原因、结果等交代清楚，又要概括、突出重点，以此来说明接受感谢者的优秀思想品质，交代感谢的缘由。

（2）评论精神。在讲清事实的基础上，对对方的可贵精神进行热情赞扬，对先进事迹中所体现出来的精神进行分析和评论。这种评论，既要有一定的深度，反映出精神实质，又要实事求是，进行恰如其分的赞扬。

（3）表明态度。要写出向接受感谢者学习的态度和决心。可以表示向对方学习，也可以同时号召大家以对方为学习的榜样。

（4）最后，要写出表示敬意或感谢的话，如“此致敬礼”“致以诚挚的谢意”。

4. 落款（署名、日期）

在正文的右下方，要写出发信单位的名称或个人的姓名。在署名的下一行，要写明发信的时间。

四、感谢信的写作技巧

在撰写感谢信时，撰写者要使用以下技巧。

1. 准确清楚

感谢信的正文要写清楚撰写者得到了哪些帮助，这些帮助产生了什么效果。在叙述事件时，撰写者要准确无误地叙述时间、地点、经过及其他信息。

2. 详略得当

感谢信应详略得当，篇幅不能太长。因此，感谢信的语言要精练、简洁，在遣词造句时把握好度，不要过分修饰，以免给人不真实、虚伪的感觉。

3. 实事求是

感谢信提及的事件应真实，要确有其事，且以说明事实为主，切忌不着边际地大发议论。此外，感谢信要体现出真诚，不能夸大、溢美、拔高，以免给人一种敷衍、失真的印象。

4. 恰到好处

感谢信要照顾到被感谢对象的身份、年龄、性别、学历、修养等情况，使撰写者的感谢恰到好处。

【范文欣赏】

感谢信

尊敬的中国联通网络通信有限公司陕西省分公司：

首先感谢贵公司长期以来对我司的关心与支持。

作为一家互联网基础设施服务提供商，我司一直致力于为客户提供高品质的服务，其中稳定的网络质量是保证客户感知的重要基础，响应速度是提升客户感知的关键环节。

在过去的2022年中，贵公司给予我司非常有力的支持和保障。尤其是贵公司集团客户部，作为具体业务接口部门，扎扎实实做工作，勤勤恳恳保质量，展现出高度的敬业和专业精神，不断为我司一些专线客户优化网络质量，降低了网络故障的发生率，使网络品质得到大幅提升，同时也使响应效率得到极大的提升。针对一些突发状况，贵公司的工作人员也是没日没夜地抢修。在一次突发状况中，贵公司的工作人员曾连续两天奋战到凌晨两点，各级领导监督抢修进度，让我司十分感动，也使我司获得了客户的普遍认可和好评。在此，我司由衷地感谢贵公司对我司的关心和爱护，同时向那些曾经帮助过我司的各级领导、一线人员表示最真挚的敬意。我司真切地感受到双方合作日益紧密，发展环境越来越好。在新的一年里，我司有信心与贵公司一起抓住机遇，合作共赢，不断开拓市场，创造更好成绩。再次感谢。

此致

敬礼！

××公司

××××年××月××日

【实践园地】

请根据以下说明，撰写一封感谢信。

广东××食品有限公司的工作人员于2023年1月在中国电子口岸数据中心深圳分中心办理法人卡和操作员卡时，因不熟悉相关政策与办理流程而不知所措。数据中心33号窗口的曾先生见状，便热情耐心地给该工作人员详细解读各项相关政策与办理流程，电话协助解决该工作人员遇到的各种困难，并及时反馈办理进度，甚至利用休息时间给该工作人员讲述注意事项与细节，使业务在短时间内顺利办理完成。

为此，广东××食品有限公司在2023年1月18日给该数据中心写了一封感谢信，对曾先生认真负责、热情的工作态度及无私的支持与帮助致以诚挚的感谢，同时向该数据中心表示衷心的感谢。

项目七
求职文书

学习目标

知识目标

1. 了解求职信的结构，掌握提升求职信吸引力的技巧。
2. 了解个人简历的结构，掌握提升个人简历吸引力的技巧。
3. 了解竞聘书的结构，掌握竞聘书的写作要求。
4. 了解创业计划书的结构与写作方法，掌握创业计划书的写作要求。
5. 了解职业生涯规划书的写作流程，掌握职业生涯规划书的写作要求。

技能目标

1. 能够撰写完整的个人简历。
2. 能够根据不同的岗位需求撰写合适的求职信。

素质目标

1. 培养学生正确的职业意识和职业观念。
2. 增强学生自信，提升自我推荐的能力。

思政目标

通过对求职文书的学习，增强自信，提升自我推荐的能力。培养正确的职业意识和职业观念。

案例导入

在漫长的职业生涯中，每个人都免不了找工作、换工作。遇到心仪的用人单位或岗位时，写一封求职信推荐自己就是一种不错的方式。李涛的专业是国际贸易，为了应聘某贸易公司的经理助理岗位，他决定写一封求职信向该公司人事部推荐自己。

请思考：

这份求职信的规范写法是怎样的？

任务一 求 职 信

求职信是个人向机关、团体、企业或有关领导谋求职业的一种专用书信。求职信是求职者写给招聘单位的信函。它与普通的信函没有多少区别，但它与朋友的信函又有所不同，当然也不同于“公事公办”的公文函。求职信所给的对象很难明确，也许是人事部一般职员，也许是经理，如果你对老板比较了解的话可以直接写给老板。当然，如果你根本就不认识招聘公司的任何人，求职信最好写上“人事部负责人收”较妥。如果直接写人事部经理或“老总收”可能不妥，如果该信落到一般职员手中，可能使得这些人不高兴。

一、求职信的作用和特点

求职信起到毛遂自荐的作用，好的求职信可以拉近求职者与人事主管（负责人）之间的距离，获得面试机会多一些。

求职信是自我陈述，其目的和作用是要让人事主管看，因人事主管有太多的求职信要看，因此要简明扼要，突出重点。

求职信是无业、待业或停薪留职者写给用人单位的信，目的是让对方了解自己、相信自己、录用自己，它是一种私人对公并有求于公的信函。

二、求职信的结构与写作方法

一般来说，求职信属于书信一类，故其基本格式也应当符合书信的一般要求。一个人的书信如果写得精彩，那么可以肯定他的求职信也不会差到哪里去。求职信的基本格式与书信无异，主要包括收信人称谓、正文、结尾、署名、日期和附录共六个方面的内容。

1. 称谓

求职信的称呼与一般书信不同，书写时须正规些，如果写给国家机关或事业单位的人事部门负责人，可用“尊敬的处（司）长”称呼；如果是“三资”企业首脑，则用“尊敬的董事长（总经理）先生”；如果是各企业厂长经理，则可称之为“尊敬的厂长（经理）”；如果是写给院校人事处负责人或校长的求职信，可称“尊敬的教授（校长、老师）”。

求职信不管写给什么身份的人，都不要使用“老前辈”“师兄（傅）”等不正规的称呼。如果打探到对方是高学历者，可以用“博士”“硕士”来称呼，则对方会更容易接受，无形中对求职者产生一种亲切感。

2. 正文

求职信的中心部分是正文，形式多种多样，但内容都要求说明求职信息的来源、应聘职位、个人基本情况、工作成绩等事项。

写出信息来源渠道，如“得悉贵公司正在拓展省外业务，招聘新人，且昨日又在《商报》上读到贵公司招聘广告，故有意角逐营业代表一职”。记住不要在信中出现“冒昧”“打搅”之类的客气话，他们的任务就是招聘人才，何来“打搅”之有？

如果你的目标公司并没有公开招聘人才，也许你并不知道他们是否需要招聘新人时，你可以写一封自荐信去投石问路，如“久闻贵公司实力不凡，声誉卓著，产品畅销全国。据悉贵公司欲开拓海外市场，故冒昧写信自荐，希望加盟贵公司。我的基本情况如下……”，这种情况下用“冒昧”二字就显得很有礼貌。

在正文中要简单扼要地介绍自己与应聘职位有关的学历水平、经历、成绩等，令对方从阅读完毕之始就对你产生兴趣。但这些内容不能代替简历，较详细的个人简历应作为求职信的附录。

应说明能胜任职位的各种能力，这是求职信的核心部分。目的无非是表明自己具有专业知识和社会实践经验，具有与工作要求相关的特长、兴趣、性格和能力。总之，要让对方感到你能胜任这个工作。在介绍自己的特长和个性时，一定要突出与所申请职位有联系的内容，千万不能写上那些与职位毫不沾边的东西，比如你应聘业务代表一职，却在求职信中大谈“本人好静，爱读小说”等与业务要求相悖的性格特征，结果可想而知。

3. 结尾

一般应表达两个意思，一是希望对方给予答复，并盼望能够得到参加面试的机会；二是表示敬意、祝福之意。如“顺祝愉快安康”“深表谢意”“祝贵公司财源广进”等，也可以用“此致”之类的通用词。

最重要的是别忘了在结尾认真写明自己的详细通讯地址、邮政编码、联系电话和电子信箱等。如果让亲朋好友转告，则要注明联系方式、联系人的姓名及其与你的关系，以方便用人单位与之联系。

4. 署名

按照中国人的习惯，直接签上自己的名字即可。国外一般都在名字前加上“你诚挚的”“你忠实的”“你信赖的”等的形容词，这种方法不能轻易效仿。

5. 日期

写在署名右下方，应用阿拉伯数字书写，年、月、日都写全。

6. 附录

求职信一般要求和个人简历及有效证件一同寄出，如学历证、职称证、获奖证书、身份证的复印件，并在正文左下方一一注明。

【范文欣赏】

例文一

求职简历模板

个人概况：

求职意向：__________（可以是一个或多个）

姓名：__________ 性别：__________

出生年月：______年______月______日 健康状况：______

毕业院校：__________ 专业：__________

电子邮件：__________ 联系电话：__________

通信地址：__________ 邮编：__________

教育背景：______年—______年______学校______专业（请依个人情况酌情增减）

主修课程：__________（注：如需要详细成绩单，请联系我）

论文情况：__________（注：请注明是否已发表）

英语水平：__________

计算机水平：__________

获奖情况：______、______、______（请依个人情况酌情增减）

实践与实习：

______年______月—______年______月______公司______工作

______年______月—______年______月______公司______工作（请依个人情况酌情增减）

工作经历：

__________年__________月—__________年__________月__________公司__________工作（请依个人情况酌情增减）

个性特点：__________（请描述出自己的个性、工作态度、自我评价等）

另：

（如果你还有什么要写上去的，请填写在这里）

附言：（请写出你的希望或总结此简历的一句精炼的话）

例如：相信您的信任与我的实力将为我们带来共同的成功！或希望我能为贵公司贡献自己的力量！

例文二

求职简历表格模板

<table>
<tr><td rowspan="7">基本资料</td><td>姓　名</td><td></td><td>性　别</td><td></td><td rowspan="4">照片</td></tr>
<tr><td>民　族</td><td></td><td>籍　贯</td><td></td></tr>
<tr><td>出生日期</td><td></td><td>政治面貌</td><td></td></tr>
<tr><td>学　历</td><td></td><td>健康情况</td><td></td></tr>
<tr><td>专　业</td><td colspan="4"></td></tr>
<tr><td>通讯地址</td><td colspan="2"></td><td>邮　编</td><td></td></tr>
<tr><td>联系电话</td><td colspan="4"></td></tr>
<tr><td>求职意向</td><td></td><td></td><td></td><td></td><td></td></tr>
<tr><td>教育背景</td><td></td><td></td><td></td><td></td><td></td></tr>
<tr><td>个人技能</td><td></td><td></td><td></td><td></td><td></td></tr>
<tr><td>获奖情况</td><td></td><td></td><td></td><td></td><td></td></tr>
<tr><td>曾任职务</td><td></td><td></td><td></td><td></td><td></td></tr>
<tr><td>社会实践</td><td></td><td></td><td></td><td></td><td></td></tr>
<tr><td>主修课程</td><td></td><td></td><td></td><td></td><td></td></tr>
<tr><td>兴趣爱好</td><td></td><td></td><td></td><td></td><td></td></tr>
</table>

例文三

求 职 信

尊敬的先生／女士：

您好！我从报纸上看到贵公司的招聘信息，我对网页兼职编辑一职很感兴趣。

我现在是出版社的在职编辑，从 1998 年获得硕士学位后至今，一直在出版社担任编辑工作。两年以来，对出版社编辑的工作已经有了相当的了解。出版者工作协会的正规培训和两年的工作经验，使我相信我有能力担当贵公司所要求的网页编辑任务。

我对计算机有着非常浓厚的兴趣。我能熟练使用 FrontPage 和 DreamWeaver、PhotoShop 等网页制作工具，并自己做了一个个人主页，日访问量已经达到了 100 人左右。通过互联网，我不仅学到了很多在日常生活中学不到的东西，而且坐在电脑前轻点鼠标就能尽晓天下事的快乐更是别的任何活动所不及的。

由于编辑业务的性质，决定了我拥有灵活的工作时间和方便的办公条件，这一切也在客观上为我的兼职编辑的工作提供了必要的帮助。基于对互联网和编辑事务的精通和喜好，以及我自身的客观条件和贵公司的要求，我相信贵公司能给我提供施展才能的另一片天空，而且我也相信我的努力能让贵公司的事业更上一层楼。

随信附上我的简历，如有机会与您面谈，我将十分感谢。即使贵公司认为我还不符合条件，我也将一如既往地关注贵公司的发展，并在此致以最诚挚的祝愿。

王强

××××年××月××日

简析：这封求职信式规范，内容详略得当，语言简洁明快，态度诚恳，实事求是。既介绍了自己的学历又突出了自身的专业优势与特长，表明了自己的兴趣爱好又表明了自己的企盼与决心。

例文四

求 职 信

××实验幼儿园：

我叫艾琳（女），现年 19 岁，是××学校幼儿教育专业的学生，将于今年 7 月毕业。

在校期间我各门功课成绩优秀，曾多次获得奖学金；我擅长跳舞，曾参加全省中职学校学生舞蹈大赛，并获得一等奖；我喜欢唱歌，曾在学校组织的卡拉 OK 大奖赛中获得一等奖。我曾担任校学生会副主席，有较强的社会工作能力。

虽然我是刚走出校门的学生，但在校期间曾在蓝天幼儿园实习半年，有了一些实际工作经验，并已取得幼儿教师资格证。故不揣冒昧，写此信自荐。假如贵幼儿园招聘幼儿教师，希望能考虑我。

如果我有幸能成为贵园的一名教师，我一定为人师表，勤奋创新。用我出色的表现证明我的能力，证明您无悔的选择！最后真诚地谢谢您的阅读。企盼福音。

随信附上本人各种证书的复印件。

此致

敬礼

艾琳　敬上

2017 年 5 月 18 日

联系地址：××××　　邮政编码：××××

电话号码：××××××　　邮箱地址：××××

简析：这封求职信式规范，内容详略得当，语言简洁明快，态度诚恳，实事求是。既突出了自身的专业优势与特长，又表明了自己的企盼与决心。

【实践园地】

一、纠错训练

下列是一封有多处错误的求职信，请你把错误之处一一指出来。

求职信

尊敬的领导：

您好！

我是 ×× 职业技术学院的一名学生，主修法律专业，即将面临毕业。

×× 职业技术学院是我省建工人才的重点培养基地，具有悠久的历史和优良的传统，并且素以治学严谨、育人有方而著称；×× 职业技术学院建工专业则是学校主打专业。在这样的学习环境下，无论是在知识能力，还是在个人素质修养方面，我都受益匪浅。

四年来，在师友的严格教益及个人的努力下，我具备了扎实的专业基础知识，系统地掌握了多门建筑施工技术，具备较好的英语听、说、读、写、译等能力，能熟练操作计算机办公软件。同时，我利用课余时间广泛涉猎了大量书籍，不但充实了自己，也培养了自己多方面的技能。我还担任班干部，工作认真负责，积极主动，组织过多次大型活动，并获得老师与同学的好评。

此外，我还积极地参加各种社会活动，抓住每一个机会，锻炼自己。实习期间，我曾到著名建工企业实习，学到了不少实际知识，实习成绩优秀。

我热爱贵单位所从事的事业，殷切地希望能够在您的领导下，为这一光荣的事业添砖加瓦，并且在实践中不断学习、进步。

收笔之际，郑重地提一个小小的要求：无论您是否选择我，尊敬的领导，希望您能接受我诚恳的谢意！

此致

敬礼！

求职人：××

2023 年 5 月 10 日

二、案例写作

假如你正在某公司实习，听工作人员说本单位正准备招聘 1 名出纳、1 名办公室干事、1 名会计，而你对该公司印象不错，想大学毕业后留在公司，请根据专业特点和你自身的实际情况，按照写作要求，写一封求职信。

任务二　个人简历

个人简历是指求职者向用人单位递交的简要的书面介绍。一般来说，个人简历需包含姓名、性别、年龄、民族、籍贯、联系方式、政治面貌、教育背景、荣誉与成就、自我评价、工作经历、求职愿望等内容。有些用人单位会要求求职者在简历中写出对这份工作的理解。

简历制作

个人简历以简洁、重点突出为标准，最好在一页纸内完成，一般不超过两页纸。通常情况下，个人简历用 A4 标准复印纸打印。

一、求职信的特点

求职信写作时要讲求针对性、自荐性和独特性。

1. 针对性

针对性是指要针对求职单位的实际情况、读信人的心理和个人的求职目标写。否则，求职信会因为针对性不强而石沉大海。

2. 自荐性

自荐性是指要恰当地推销自己。求职信是沟通求职者与用人者的一种媒介，在相互不熟悉不了解的情况下，写作者要善于推介自己，并恰如其分地表现自己，用成绩、特长、优势，甚至个性吸引对方，使对方在即使未曾谋面的情况下，产生一种心动和值得一试的信心。

3. 独特性

独特性是指内容和形式不同一般。求职就是竞争，要想在竞争中取胜，必定要出类拔萃，不同一般。

二、求职信的要素

一般来说，求职信的写作包括四个要素。

1. 求职目标

求职目标即求职者要求到什么公司或什么单位工作，想干什么工作，这一点必须明确，不能模棱两可。

2. 求职缘起

求职缘起即交代求职的理由，说明求职者为什么要到该单位工作，想获得那份工作的原因是什么。回答这个问题时，要简洁，不要啰唆，既要实事求是，又要机智灵活。

3. 求职条件

求职条件这是求职的关键。写作时，要善于扬长避短，针对求职目标，表现自己的主要业绩和优势，在陈述自己求职条件的时候，一定要恰如其分。过于卑怯，读信人会认为你没有信心，缺乏进取心和创造力；一味浮夸，读信人会觉得你不知天高地厚，干事不踏实。

4. 附件

附件是附在信末的，起着证明或介绍作用的有关材料。这些材料一般包括学历学位证明、获奖证明、职称证明、科研及学术成果证明、各种资格考试或等级考试证明书等能证明求职者学识和能力的证明材料的复印件、所学专业课程一览表、各门课程的成绩一览表、发表的论文或论著，单位、学校或某个教授、专家的推荐信等。附件在求职信的写作中具有重要意义。它不仅让读信人对求职者有具体的了解，还可增强他对求职者的信任感。

三、个人简历的结构与写作方法

个人简历的写作格式一般由六个部分组成，即标题、个人简介、学习经历、工作经历、求职意向、其他杂项。自己写自己的还可以加上署名和日期。

1. 标题

标题可以直接写“简历”二字，也可以在简历之前冠以姓名和称谓。

2. 个人简介

个人简介包括姓名、性别、出生年月日、出生地、民族、政治面貌、职务职称等。

3. 学习经历

可按时间顺序来写自己的学习过程，主要写最高学历。

4. 工作经历

主要写参加工作之后各阶段的情况，要注意突出主要才能、贡献、成果以及学习、工作、生活中有典型意义的事迹等。

5. 求职意向

主要写求职人对哪些工作岗位、行业感兴趣及相关要求。

6. 其他杂项

包括出版物、发表演讲、社团成员资格、奖励和获得承认、计算机技能、专利权、语言技能、许可证书和资格证书以及个人兴趣、联系方式、证明材料等。

四、个人简历的写作技巧

好的简历能给用人单位留下良好的印象，增加求职者的竞争力。

撰写个人简历要遵循以下几条原则：坚持简洁、明快的原则，不可为了突显个性而搞怪；突出内容重点，尽量彰显自身价值；注重真实性，不可以编造信息；注重细节，不可出现错漏；多使用积极的语言，以给用人单位留下良好印象。

要想提升个人简历的吸引力，求职者可以具体参考以下技巧。

1. 罗列工作成绩，提升核心竞争力

在个人简历的“工作经历”一栏，只填写工作职责和工作内容对用人单位来说几乎没有参考和评估的价值，因为这在工作中是人人都要遵守的标准，并不能体现求职者在工作中创造的价值。因此，求职者在这一栏要列出过去的工作成绩，彰显自身价值，提升核心竞争力。求职者要尽量提供关于业绩和能力的证明资料，可将其作为附件放在个人简历的后面。

2. 呈现细节，展现个人解决问题的能力

如果求职者在过去的工作中没有创造出特别高的业绩，就可以通过呈现细节来展现个人解决问题的能力，最好用数字来阐述工作业绩，如每个月的销售额是多少、帮助客户解决了多少问题、完成项目后为用人单位节省了多少成本等。应届毕业生在制作个人简历时，可以重点突出在校时参加的社团、实习、公益活动等经历，不但要陈述这些经历本身，而且要提炼出自己从中得到的能在今后持续发挥效用的经验，这样的信息更能体现求职者的价值。

3. 个人简历的语言要尽量客观，不宜出现太感性的描述

个人简历中的语言描述不建议出现“你”“我”“他”等人称代词，在整份个人简历中，主体就是求职者本人，撰写的角度要力求客观，避免用“乐观”“幽默”“有趣”等无事实

依据的情感性词汇，而要用具体的事例和数据来表达。

4. 简历要具有针对性

不同用人单位、不同岗位对职业技能与素质的需求各不相同。因此，求职者在制作简历时要先确定求职方向，结合用人单位的特点及岗位要求，制作出一份针对性较强的简历。

【范文欣赏】

例文一

个人简历

基本情况

姓名： ×××

性别： 女性

名族： 汉族

出生年月： 2001 年 02 月 09 日

籍贯： 江苏省盐城市

政治面貌： 群众

专业： 电子检测与管理

学历： 大专

学制： 三年

毕业学校： ×××

毕业时间： 2022 年 7 月

计算机： 全国计算机等级二级、Auto CAD 中级制图员

英语： 全国英语等级三级，四级

其他： 全国初级电工资格认证

联系方式： 136××××××××

联系地址： 北京市

邮箱地址：

专业课程：传感器原理及应用、无线电装接工、电路与模拟电子技术、Auto CAD、C 语言程序设计

个人鉴定：

本人有较强的独立工作能力和良好的团队合作精神；精神积极向上、对工作努力勤奋，

有较强的学习能力，可以胜任不同环境下的挑战；具备独立进行客户服务和技术支持的能力。

熟悉电子类的电路原理知识及结构性能；具有良好的计算机操作及管理能力。在学校积极参加院系举办的活动，兴趣广泛。

求职意向：

生产管理技术支持（实习）

工作经验：

在上学期间利用课余时间到校外做兼职，例如：酒店服务员、手机促销员、群众演员等。

例文二

姓名：张波	**性别：**男	**出生年月：**2001年10月	
民族：汉族	**政治面貌：**群众	**身高：**179厘米	
婚姻状况：未婚	**健康状况：**良好	**户口所在地：**××省××市	
现居住地：××省××市××区××街	**手机号码：**137××××××××	**邮箱：**××××××××@××.com	

求职意向：酒店餐厅服务员

教育背景

2019年9月—2022年6月，××学院，酒店管理专业

工作经历

2022年2月5日—6月6日，于本市瑞海花园大酒店实习

工作岗位

意式餐厅服务员

工作内容

在实习单位上过5个班次，涉及摆菜、收盘、送餐、清洁、收账等工作。入职一个月后，基本掌握各项事务，对物品摆放的位置熟记于心，很少犯错。在自助餐班次，不停地巡台，及时收走客人用过的餐具。在其他班次，用手托着托盘上菜，端正、匀速地走路。

实习经历使我掌握了酒店管理的相关理论，了解了酒店行业的发展现状，提升了职场沟通能力。亲身体会到服务意识的重要性，懂得如何更好地服务客人。

个人技能

具有较好的专业知识，熟悉酒店前厅、客房、餐饮等部门的业务知识，了解现代服务理念与现代服务业发展趋势。

具有较强的计算机操作能力和文字表达能力。

具备一定的英语交流能力。

兴趣爱好

爱好广泛，喜欢阅读，喜欢学习新鲜事物，喜欢户外活动及团体活动，擅长运动。

自我评价

有较强的敬业精神与团队协作精神；具有诚信、坚毅的品格及良好的职业道德；能承受住一定压力，自学能力强，具备一定的进取创新意识。

【实践园地】

一、纠错训练

请将下列简历中的错误指出来并改正。

个人简历

姓名：×××学历：×××

工作年限：×××邮箱：×××

求职意向：销售、市场推广、行政助理、秘书、网络编辑

学习经历

2017—2019××× 大学 ××× 专业

所学课程：1.2.3.4……

所获荣誉

担任学生会宣传部长，每周召开例会，组织学校师生……（后省略 200 字）

参加院辩论比赛，获二等奖

主持、筹备大学生艺术表演……

参加校篮球比赛，班级荣获一等奖，个人获优秀投篮手

工作经历

1.2019.09—2020.07××× 公司

销售（后省略 300 字工作职责描述）

2.2020.10—2021.10××× 公司

销售助理（后省略 300 字工作职责描述）

3.2021.11—2023.08××× 公司

行政助理（后省略 300 字工作职责描述）

证书

英语四级

计算机能力一般

导游证

ISO 质量认证证书

自我评价（300 字）

二、案例写作

请按照简历的写作要求，给自己写一份求职简历。

任务三　竞　聘　书

竞聘书又称竞聘报告，是竞聘者在竞聘会议上向与会者发表的一种阐述自己竞聘条件、竞聘优势，以及对竞聘职务的认识，被聘任后的工作设想、打算等工作文书。

随着国家干部制度、人事制度以及机构改革的发展，愈来愈多的人将通过竞聘的方式实现自己的人生理想。同时，随着社会竞争的日趋激烈，大中专毕业生的求职和下岗职工的再就业，也都面临着竞职、竞聘的考验。竞聘演讲为广大人才提供了一个充分展示自我、表现自我的舞台。

一、竞聘书的特点

竞聘书实际上是演讲稿中的一类，除了具有演讲稿的一般特点外，还有自己的“个性”特点。

1. 目标的明确性

它针对的是某一岗位。写作时，要亮出自己所要竞聘的岗位目标。同时，所选用的一切材料和运用的一切手法也都是为了一个目标——使自己竞聘成功。

2. 内容的竞争性

在其他的演讲中，最忌讳毫不客气地为自己“评功摆好”。但竞聘演讲则不同，竞聘者如果“谦虚”“不好意思”说自己的长处，就不能战胜对手。因此，竞聘者必须“八仙过海，各显其能”，要显出“人无我有”“人有我强”“人强我新”的胜他人一筹的“优势”来。有时甚至要化劣为优。

3. 材料的实用性

竞聘书中所选材料既是符合实际的，又是对自己竞争有利的。无论是讲自己所具备的条件，还是谈任职后的“构想”，都要从实际情况出发。

4. 写法的自述性

竞聘书以竞聘成功为目的，本着对个人、对组织负责的态度，往往采用第一人称自述的方式面对听众介绍自己、展示自己、推荐自己。

二、竞聘书的分类

竞聘书按照性质一般可划分为两类。一类是由学校或团体为扩大影响力及知名度，聘请有名望的人作顾问、作指导的竞聘书；另一类是公司或企业聘用专业人才以利于公司企业发展的竞聘书。

三、竞聘书的结构与写作方法

竞聘书的结构通常由标题、称谓、正文、结束语和落款五部分组成。

1. 标题

竞聘书往往在正中写上“聘书”或“竞聘书”字样，有的聘书也可以不写标题。已印制好的聘书标题常用烫金或大写的“聘书”或“竞聘书”字样组成。

2. 称谓

竞聘书上被聘者的姓名称呼可以在开头顶格写，然后再加冒号；也可以在正文中写明受聘人的姓名称呼。常见的印制好的聘书则大都在第一行空两格写明，例如“兹聘请杜古路·伊夫先生”。

3. 正文

竞聘书的正文一般包括以下内容。

（1）聘任的职衔。交代聘请的原因和需要从事的工作，或所要担任的职务。

（2）任职期限和起始时间。明聘任期限，例如“聘期两年”“聘期自 2017 年 2 月 20 日至 2019 年 2 月 20 日”。

（3）聘任待遇。聘任待遇可直接写在聘书之上，也可另附详尽的聘约或公函写明具体的待遇，这要视情况而定。一般情况下不直接在聘请书上表述。

4. 结束语

聘书的结尾一般写上表示敬意和祝颂的结束用语。如“此致——敬礼”“此聘”“特聘”等。

5. 落款

落款要署上发文单位名称或单位领导的姓名、职务，并署上发文日期，同时要加盖公章。

四、竞聘书的写作要求

1. 不能虎头蛇尾，盲目应付

写作时把主要精力用在个人能力的介绍上，而施政纲领、目标方向却显得空洞无物，缺乏领导意识。

2. 不能高谈阔论，随意许愿

写作时为了争取听众而说大话，开空头支票，哄骗听众，实际解决问题的难度很大，难以实现。这样会给人以虚假浮夸的感觉。所以，施政纲领的提出，既要振奋人心，又要量力而行，给人真诚、实在、可行的印象。

3. 不能只说优点，不说缺点

竞聘者在介绍自己应聘的基本条件时，要尽可能地展示自己的长处，但不能对自身的不足之处闭口不谈。

【范文欣赏】

竞聘书

尊敬的领导、同志们：

大家好！

今天很荣幸参加××物业客服中心客服部行政主管的竞聘，感谢公司给予我这次展示自我的舞台。有句名言：推动你的事业，而不要让你的事业推动你。今天，我正是为继续推动我无比热爱的客服中心的工作而来，希望能得到大家的支持和鼓励。

一、个人简历

我××××年×月毕业于××大学的国际市场营销专业。毕业后我进入××公司，从事××工作。××××年×月至××××年×月我在河南××有限公司，开始担任销售，后来负责客服部的工作。

××××年×月我非常荣幸地加入××物业这个团队，从事物业助理一职，开始了我人生新的阶段。在作为物业助理期间，维修调度条从刚开始的1100多条跟进到只有几十条，维修调度单从刚开始的几袋跟进到只有几张。参与过公司的三次集中交房，接待业主数量一直在物业助理中名列前茅，而且没有被拒接的记录。在这期间，我曾经上过多位业主家，增加业主的信任，每天坚持不懈跟进装修、维修等片区业主大小问题，得到了大部分片区业主的认可。在工作过程中，我也学会了很多书本上学不到的知识。今年9月份，我调整岗位从事资产管理员一职，其间，我快速熟悉岗位分工，努力做好分内的每一项工作。回顾在客服中心近两年的情况，我认真、及时地完成了领导布置的每一项任务，工作中严格要求自己，并能主动思考，通过以往的工作经历和借鉴其他同事同行的相关经验，摸索出一套自己的工作思路和方法。

二、对竞聘岗位的认识

客服中心客服部的行政主管既可以说是一个管理岗位，又可以说是一个基础岗位。需要管理好分配给各个部门的资产、档案资料、食堂管理等事务，又需要做会议纪要，档案存档等基础性的事务。

三、竞聘理由

知人者智，自知者明。我认为自己竞聘行政主管主要缘于下面几项理由：

（1）具备较为出色的工作能力。自工作以来，我就以“认认真真履行工作职责，踏踏实实做好工作”为信条，踏实干事、工作严谨，协助领导较为出色地完成了各项工作。经过多年的学习和锻炼，自己的写作能力、组织协调能力、判断分析能力、办事能力都有了一定程度的提高。

（2）具备乐于奉献的敬业精神。一是做事有耐心，行政工作繁杂琐碎，但我从不因此敷衍塞责、一推了事；二是做事有恒心，对既定工作目标专心致志，不懈努力；三是做事计划性强，能够做到工作井井有条，计划得当；四是做事有不畏艰难、扎实肯干、执着追求的韧劲和敢于竞争、拼搏进取、不计成败的秉性。

（3）具备良好的职业综合素养。俗话说“板凳要坐十年冷，文章不写半句空”，这正是我所坚持的职业素养。在工作中我时刻提醒自己做到“不简单”和“不容易”。什么叫做不简单？就是把简单事情千百遍都做好。什么叫做不容易？就是把大家都认为非常容易的事情非常认真地去做好。在实践历练中，我坚持“做人重德”这一理念，团队精神强烈，待人诚恳，能团结、和谐地与同事共同开展工作。

四、就职打算

（1）加强自身业务学习，尽快熟悉、熟练行政主管的事务，增强自身工作能力，努力提高自身综合素质。

（2）正确认识自身的工作和价值，正确处理苦与乐、得与失、个人利益与集体利益的关系。把“耐得平淡、舍得付出”作为一切工作的准则，坚持严谨、细致、脚踏实地、埋头苦干的工作作风。坚持因人安岗、因岗定责、人尽其才，在工作上放心放手，让大家在实践中历练成长、共同进步。

（3）认真履行职责，努力做好行政管理工作。行政类工作是一项综合管理的工作，工作纷繁复杂，只有抓住关键，把握重点，才能取得事半功倍的效果。协助领导做好行政管理，认真做好公司各项会议的组织、准备和记录工作。认真做好材料的撰写、打印、信息上报和档案管理工作。做好各种文件的收发、复印工作，及时请领导阅办，规范文件传阅、转发程序。

（4）强化服务意识，把握服务重心，充分发挥行政服务职能作用。行政岗位所处的地位和所属的工作性质，决定着综合管理部的实质就是一个单位的服务中枢，行政岗位工作的核心就是服务。从抓学习教育，提高思想认识着手，明确工作性质，树立行政服务的良好形象。高效办事，当好“服务员”。

如果我能够竞聘成功，成为一名主管，我将以提高××物业全员服务质量为己任，谨记领导的教诲，采纳其他同事的意见，在失败中总结教训，在成功中汲取经验，在辅助××物业走向辉煌的同时全面发展自己，更好地为××物业服务，实现人生的价值。如果我今天没有竞选成功，说明我还有很多地方要进一步提高，我将多多发现自身的缺点并加以改进，向好的榜样请教、学习，采纳领导和同事给我提出的宝贵意见，提升自己的能力，早日走入管理者的行列，更好地用自身的价值为公司服务。

最后，我要在这里感谢 ×× 物业，不仅提供给我的是一个工作平台，更是一个学习管理的平台。管理永远是一个划时代的课题，没有统一的范本，管理是活的，在 ×× 物业管理的熔炉里，每天都是抱着学以致用的态度去学习，以更好的状态投入到工作和管理中。

【实践园地】

案例写作：

1. 写一篇竞聘学生会主席的竞聘书。

2. 如果你已经工作三年，适逢公司进行人事改革，请写一篇参与中层管理干部的竞聘书。

任务四　创业计划书

创业计划书，又叫创业策划书、商业计划书，是高科技与风险投资浪潮兴起的产物，是一无所有的创业者就某一项目具有市场前景的新产品或服务向风险投资家游说以取得风险投资的商业可行性报告。它是创业者计划创立业务的书面摘要。通常创业计划是市场营销、财务、生产、人力资源等职能计划的综合。

创业计划书是创业者叩响投资者大门的“敲门砖”，是其创业过程中不可或缺的重要环节之一。一份优秀的创业计划书往往会使创业者达到事半功倍的效果。写好创业计划书具有获得风险投资支持的不可替代的作用。

一、创业计划书的结构与写作方法

创业计划书一般由封面、保密承诺、摘要、目录、正文、附录、证明材料七个部分组成。

1. 封面

封面一般包括创业计划的项目名称、单位名称（或个人姓名）、单位地址、日期、联系人及联系方式等。另外，如果创业计划是公司或单位，还可以加上公司或单位的标志，也可以加上一张公司或单位具有代表性的图片，会显得更加生动、新颖，有吸引力。

封面设计要有审美性和艺术性，最好是富有个性，以便给阅读者形成良好的第一印象。

2. 保密承诺

当创业计划书的内容涉及本单位的商业秘密时，创业计划单位一般都要求投资单位的项目经理收到本计划书的时候做出保密承诺并签字，并写上接收日期，以免产生纠纷，对本单位造成重大的损失。

不是所有的创业计划书都必须写保密承诺，根据创业计划书的科技含量决定是否写保密承诺。

3. 摘要

计划摘要涵盖了计划的要点，它是浓缩了的创业计划书的精华，需要简明、生动、引人加入，特别要说明自身企业的不足之处，以便读者能够在最短的时间内评审计划并做出判断。其篇幅一般在 1 ~ 2 页。计划摘要一般包括：公司概况（公司简介，主要股东、股份比例，主营业务及发展目标等）；公司管理（公司管理层基本情况、主要经历和经营业绩、员工构成、管理模式及激励机制）；产品 / 服务（产品 / 服务介绍，产品特点）；研究与开发（已有的技术成果及技术水平，研发队伍技术水平）；行业及市场（行业历史与前景，行业竞争对手及本公司竞争优势，未来 3 年市场销售预测）；风险控制（项目实施可能出现的风险及拟采取的控制措施）；财务状况（过往及未来 3 年的销售收入、利润、净资产）；融资说明（资金需求量、使用计划，拟出让股份，投资者权利，退出方式）。

4. 目录

目录的标题“目录”二字居中，用黑体二号字；一级目录字体加粗，靠左对齐，其他级别目录字体不加粗；在各级别目录前面标上序码，后面标上页码。创业计划书的目录同较长的论文一样，置于“摘要”之后，“正文”之前。

5. 正文

正文内容一般包括执行总结、产品或服务、公司概述、市场调查与分析、竞争分析、公司战略、营销策略、经营管理、管理团队、融资与资金运营计划、财务分析、风险控制 12 个方面。

（1）执行总结。简要概述本创业计划的背景、项目和创业机会；简要描述和预测目标市场；团队概述；分析竞争优势和劣势；对经济状况、盈利能力等进行预测。

（2）产品或服务。准确定义产品、技术、概念产品或服务，主要介绍技术、产品的功能、应用领域、市场前景等，重点说明项目的独创性、领先性及其市场需求，明确产品优势、技术发展环境等。

（3）公司概述。公司的宗旨、名称、结构和经营策略。描述如何满足目标市场顾客的需求或为消费者提供哪些新的价值。

（4）市场调查与分析。描述公司所处行业、市场及其特征。要求有细致的目标市场、目标消费群及对销售战略的描述与分析。在附录部分列出支撑本部分内容的市场调查表和相关分析数据材料。

（5）竞争分析。通过对产品、价格、市场份额、地区、营销方式、管理手段、特征以及财务状况等分析，明确重要竞争对手、竞争空间及竞争优势。描述进入细分市场的主要障碍。估计可能的市场份额和销售额等。说明当前存在的缺陷和弥补缺陷的解决方案。

（6）公司战略。阐释公司发展各阶段的发展战略及其计划和目标。

（7）营销策略。根据公司战略及项目特点，制定切实可行的市场营销策略，包括营销计划、销售战略、分销渠道及合作伙伴、定价战略、市场沟通，以提高市场占有率。

（8）经营管理。重点介绍产品的生产工艺或服务流程，原材料的供应情况，设备购置和改建，人员配备，生产周期，产品或服务质量控制与管理等。应描述得准确、合理，具有可操作性。

（9）管理团队。说明主要人员的分工情况，证明其具备所需要的能力。重点介绍各成员与公司发展有关的教育和工作背景（注意管理分工和互补）；介绍领导层成员，创业顾问以及主要的投资人和其持股情况。

（10）融资与资金运营计划。说明资金的来源、结构、规模、成本等，介绍相关融资计划，资金运营计划及风险资金退出策略（方式、时间）等。

（11）财务分析。对公司进行完整的财务分析，包括对公司的价值评估。量化本公司的收入目标和公司战略。详细说明实现公司战略目标所需的资金。应有关键的财务假设。

（12）风险控制。关键的风险分析（财务、技术、市场、管理、竞争、资金撤出、政策等风险），说明将如何应付或规避风险和问题（应急计划）。

需要注意的是，并非任何创业方案都要完全包括上述大纲中的全部内容。创业内容不同，相互之间差异也就很大。

6. 附录

附录通常包括：主要人员简历、专利技术的证明文件、协议与合同、专业术语的阐释、相关资料的说明及来源、一些供应商的相关资料等。

7. 证明材料

证明材料主要包括市场预测、客户证明、调查数据、从各种出版物上剪下来的材料、产品描述或者市场营销材料等。

二、创业计划书的写作要求

1. 文字要通俗易懂

因为创业计划书的读者不仅包括有技术背景的人，也可包括希望吸纳进入团队的对象，可能的投资人、合作伙伴、供应商、顾客、政策机构等，在写作时，要充分考虑到这一点。

2. 语言要简洁清晰

专业语言的运用要准确、适度，避免冗长；相关数据要科学、翔实。

3. 内容要突出重点

内容要突出重点，结构要条理分明，有逻辑性。忌内容平均、混乱，缺乏重点和亮点。

4. 态度要实事求是

要本着诚实的态度，在撰写创业计划书时，一是一、二是二，不夸大企业或个人的优势，不缩小潜在的风险。

5. 包装要适度

因为适度的包装，会给风险投资者留下良好的第一印象，有助于进一步深入阅读计划书。

【范文欣赏】

校园搜索 App 创业计划书

一、项目摘要

（一）市场背景

信息时代彻底改变了人们传统的通信手段，从寄信到打固定电话，从固定电话到移动手机，从移动手机到功能丰富的智能手机。人们不再满足于手机只有通信功能，更多是把手机当成接收信息、了解时事、建立社交网络、便利生活以及游戏娱乐的工具。当下，大学生对于各种信息平台的接受度和依赖度普遍非常高，但是市面上的生活服务类应用软件鱼龙混杂，针对大学生的需求，以大学生的利益为基本出发点，方便大学生学习生活的应用软件还较少。因此，针对大学生群体的校园搜索 App 应该会受到普遍欢迎，具有良好的市场前景。

（二）产品简介

校园搜索 App 是一个依托第三方平台（IOS 平台、Android 平台），针对在校大学生，聚合大学周边衣食住行等信息，分类集中发布，方便大学生学习生活的应用软件。它和大众点评、小红书等生活服务类 App 软件相同的是：都是为了服务消费者，为消费者提供信息，方便消费者查询；和其他服务类 App 不同的是：校园搜索 App 针对的是在校大学生，对消费者进行了细分，同时App发布的所有内容，是结合学生的生活体验，由专门的资料搜集整理人员进行搜集、整理、筛选、确认之后再发布的，所有的信息发布都是以方便大学生生活为基本出发点。其主要内容包括以下几个方面。

1. 生活指南

（1）周边饮食：学校食堂的特有招牌菜，供应窗口、供应时间段、价格；学校周边餐馆的招牌菜、特色菜、新款菜系，人均消费，点菜攻略，学长学姐推荐指数；餐馆优惠券，校内外外卖店电话，菜单，餐点饮料搭配套餐等等。

（2）休闲购物：周边商圈不同档次商场、超市、书店、酒吧、咖啡馆、美术馆等的分布，交通路线、商场的特色品牌，换季折扣信息，同城活动，特色餐馆，特色酒店，团购信息。

（3）二手物品转让：二手书、二手衣物、二手电子产品、二手自行车等。

（4）兼职：校内、校外兼职信息。

（5）校内生活信息：停水、停电、宿舍检查、社团活动、晚会举办等信息。

2. 学习指南

发布选课指南、优秀课程推荐、选课攻略、选修学分搭配攻略，四六级、计算机、司考、国考等考试的备考指南，资料分享，学习班报名，本校、周边院校、图书馆以及博物馆的讲座指南，考研占座，资料团购，购买往届同学的学习笔记，学校补考、预修，交换生等方面信息。

3. 游玩指南

周边景点旅游攻略、同学聚会、日租房、器械出租等。

4. 其他

如报名驾校考试，开具各种证明的流程。

（三）实施计划

联合周边商户和学校周边的一系列配套设施，如饭店、旅店、商铺，为其在App里提供详细信息和广告，使其加盟大学生校园搜索App。周边商户可在App里提供电子优惠券功能、团购功能、二维码功能来吸引目标用户。与学校联合，以校园信息和新生服务为重点，和学校有关部门合作，把学校的日常信息、介绍放进App内，为学生提供资讯。针对新生做推广，把软件应用的宣传信息加进新生开学教育内容，并在学校的醒目地方张贴该App应用的二维码以供学生们下载，同时可在校内网上做宣传。之后可与多个学校合作，逐渐推广到各大高校。

（四）发展前景

随着智能手机的迅速普及，基于智能移动端的App近年来得到了迅速发展。与一般商业化的App相比，面向高校学生的智能手机App又有其自身的特点。不同种类App在具备自身所设计的应用软件功能同时，一定程度上也有着媒体的属性，因此，可将其归于新媒体的范畴。目前对国内校园投入使用的 App 数量没有准确的统计数字，可以肯定的是由于开发 App 的技术门槛和成本要求都处于较低的水平。未来一段时间内，在相应需求的推动和国家鼓励大学生自主创新创业的政策引导下，投入使用的校园 App 数量将进入一个快速增长的阶段。

二、产品与服务

（一）App 的设计（略）

（二）App 的制作（略）

（三）App 所提供的服务

1. 校园周边地图及导航示例。

2. 校园及周边的店铺评价。

3. 常用地点的推荐。

4. 课表及教室指引功能。

5. 校园信息推送功能。

6. 生活信息推送功能。

7. 与身份相关的预设标签组。

8. 校园活动宣传窗口。

（四）App 的完善及发展方向（略）

三、市场与销售

（一）市场开拓（略）

（二）营销策略（略）

（三）市场联络（略）

四、财务分析

（一）盈利模式

1. 会员模式。

2. 广告模式。

3. 持续推出更新附属功能模式。

4. 线上推广线下经营附属产品模式。

（二）筹资来源（略）

（三）成本规划（略）

（四）收入预期（略）

（五）收益预测（略）

五、风险以及对策

（一）市场风险及应对措施

1.App 正对大量行业产生深刻的影响

随着 App 的大量开发和出现，App 逐渐改变了人们接受和进入游戏、艺术品、零售等多个行业的方式，越来越多的人已经习惯在上班途中使用手机游戏的 App 度过空闲的时间，在手机上完成物品的采购或是预定。所以在人们日常生活中，App 市场仍然具有很大的发展潜力。

2.App 的发展还存在若干尚未被很好解决的问题

缺乏不可替代性，大部分 App 还只是停留在作为互联网在电脑上的应用基于手机开发出来的外延产品，单纯成为“移动”的互联网，这会导致推广渠道和应用的局限性。

缺乏有效的盈利模式，暂时的 App 盈利模式并不具备长期占有市场并且长期获利的能力，这对于投资方而言是最不愿意面对的结果。

当越来越多的嵌入式广告出现在 App 的使用过程中，当免费试用的范围越发缩小时，用户满意度的下降似乎已经成为不可避免的问题。针对市场风险，要经常调查研究市场需求，掌握市场动态，把握有利机遇，强化市场意识，保持高度警惕性，及时防范和化解市场危机。

（二）财务风险及应对措施（略）

（三）技术风险及应对措施（略）

（四）用户风险及应对措施（略）

六、发展战略（略）

七、管理团队（略）

【实践园地】

张平毕业于 ×× 烹饪学校，曾先后在四五家饭店当厨师，厨艺不错，人缘也好，但对 3 000 元的月薪不满意。经过半年的调研论证，他下定决心自己开一家中式快餐厅。但估算前期投入大约需要 20 万元，可他仅有 2 万元的积蓄，资金缺口很大，他想让父母为自己投资。父母也左右为难：孩子创业是好事，可万一钱投进去赔了咋办，再三考虑后表示，只要张平能拿出一份足以令他们信服的开店计划书，就给他投资。请你代张平写一份“×× 快餐店创业计划书”。

任务五 职业生涯规划书

职业生涯规划简称职业规划，又叫职业生涯设计，是指个人和组织相结合，在对一个人职业生涯的主客观条件进行测定、分析、总结研究的基础上，对自己的兴趣、爱好、能力、特长、经历及不足等各方面进行综合分析与权衡，结合时代特点，根据自己的职业倾向，确定其最佳的职业奋斗目标，并为实现这一目标做出行之有效的安排。

一个人的职业生涯一般分为五个阶段，即：准备期（大学毕业前）、选择期（大学毕业后 1—3 年）、适应期（工作后的 3—5 年）、稳定期（度过职业适应期到 50 岁左右）、衰退期。

本节主要介绍职业生涯准备期，即大学毕业前的职业生涯规划（或设计）文书的写作。

一、职业生涯规划书的写作流程

许多职业咨询机构和心理学专家进行职业咨询和职业规划时常常采用的一种方法就是有关 5 个“W”的思考模式。从问自己是谁开始，然后顺着问下去，共有 5 个问题：

Who are you?（你是谁？）

What you want to do?（你想干什么？）

What can you do?（你能干什么？）

What can support you?（什么能支持你？）

What you can be in the end?（最终你可能成为什么？）

回答了这五个问题，找到它们的共同点，你就有了自己的职业生涯规划。在这一过程中，为保证职业生涯规划的科学性、客观性、准确性，以有效指导职业实践，必须形成文字材料即“职业规划书”。

二、职业生涯规划书的内容

1. 自我分析

一个好的职业规划，必须在充分认识自我，充分了解相关环境的条件下进行，对自我及环境了解得越透彻，职业规划就会越科学，越符合自身实际，实现的可能性就越大。

自我分析的内容包括自己的兴趣、特长、性格、学识、技能、智商、思维特点、道德水平以及个人的社会地位等；通过对自己以往经历和经验的分析，归纳出自己的特长与兴趣点，并结合对环境的分析评估，找准适合自己的、合理可行的职业发展方向，这是职业规划的第一步，也是职业规划书要写的第一部分内容。具体可以从以下几个方面入手。

（1）优势分析。首先，分析你是谁，曾经做过什么，即个人政治身份和其他身份，个人经历和人生体验，如在学校期间曾经担任的职务，曾经参与或组织的实践活动，获得过的奖励；其次分析学习了什么，从学习的课程中获得了什么；最后，分析过去做过的最成功的事是什么，为何成功，是偶然还是必然。通过分析发现自我性格、知识、能力、兴趣、技能等方面的优势。

（2）劣势分析。首先，分析性格弱点，一个独立性强的人可能会难以与他们默契合作，一个优柔寡断的人很难担当管理者的重任；其次，分析知识能力方面的不足；最后，分析经历、经验方面欠缺什么。通过分析，找出自己的短板，一方面力求弥补，一方面在选择职业方向时尽量避开。

2. 环境分析

（1）社会与职业分析。环境分析包括详细估量内外环境的优势与制约因素。首先是对社会大环境的认识与分析，如当前社会、政治、经济发展趋势，社会上各职业门类与需求状况，自己所选择的职业在当前与未来社会中的地位，社会发展趋势对自己职业的影响等；其次，是对自己所选择的职业的外部环境的分析，如发展前景、在本行业中的地位、所面临的市场状况等。

（2）人际关系分析。主要分析个人从业过程中将与哪些人交往，其中哪些人将对自己的发展起重要作用，是何种作用，这种作用会持续多久，如何与他们保持关系，哪种联系方式最可靠，自身的性格及专业背景适合与什么样的人相处共事等。

3. 职业选择

职业选择是“职业规划书”的重要内容，要明确表示自己的职业范围（当然，职业倾向可以通过到职业咨询机构或找心理学专家经过专业测试，更重要的是通过自我评估和环境评估来确定），职业范围确定后，还要选择发展方向，如考虑是往行政管理方向发展，还是向专业技术方向发展。

（1）明确职业目标

① 长期目标：一般是以后职业发展的高点或顶点，因此，至少要是十年以后的目标。

② 短期目标：一至三年内自己的努力方向，要达到的职业发展水平，或要做好的职业准备工作。

设计目标时应考虑两点：一是目标的选择应该是切实可行的，也就是通过自己的努力能够达到的；二是目标设立应立足于环境现状，高于个体现状（个人通过努力才能达到）。

（2）制订行动计划和措施

这里的“行动”就是落实目标的具体措施。在职业生涯目标确定以后，行动便成了关键的环节。有效的职业生涯规划需要切实可行的措施与策略，具体可行的行动计划（方案）会帮助你一步步走向成功，实现自己的远期目标。

作为一名新时代的大学生，要想既适应社会需求，又满足自身要求，既发挥个人专长，又有利于服务社会，最终实现职业与社会的和谐发展，实现人生价值，就必须做好知识、能力的储备，重视各方面素质的培养提高。因此，大学生在写“职业规划书”时更应该重视“行动计划和措施”这部分内容。

“行动计划和措施”的内容包含：思想品德方面应该怎样做，具体措施及要求是什么；专业学习方面准备怎样做，方法、步骤、措施、要求是什么；能力素质方面准备怎样做，方法、步骤、要求是什么；怎样培养自己的兴趣特长；怎样强化自己适应职业发展方面的优势，克服不足；怎样对自己的“行动计划”实施过程进行监控和调节，以保障计划的执行。

制订“行动计划和措施”还要注意：时间上要区分短期行动计划与长期行动计划；目标要明确、适度；措施要具体、全面，不可笼统、抽象或以偏概全；语言表述要准确、恰当，不模棱两可。

（3）评估与反馈

整个职业生涯规划要在实施中去检验，看效果如何，及时诊断生涯规划各个环节出现的问题，找出相应对策，对规划进行调整与完善。

【范文欣赏】

职业生涯规划书

一、引言

步入大学校园，我们的生活空间大了，很可能会因为没有目标而迷失了方向，给自己制定目标，就像有了启航的方向。人，存在的意义，在于生命的目标。生命的目标，在大学生这个阶段形成。人的一生，求职、探索、实践、起步、发展、收获、享受，漫漫的人生道路，每个人都应用自己的方式去实现自己的价值。为未来做出规划，我的未来不是梦……

二、自我盘点，把握优劣

1. 性格及职业价值观

（1）自信：在一定程度上比其他人优秀，更能把事情做好；太过自信，变成自大。在有些事情上，我太过自信了，在一定情况下，没办法达到预期目标。

（2）稳重：我做事踏实，没把握的不做；显得保守，在很多情况下，不能发挥自己的才能。

（3）有责任感：做事认真负责，完成质量好。

（4）独立自主：凡事能够独立思考，拥有独立完成工作的能力，不依赖他人；不懂利用身边的资源，走了很多弯路。

2. 能力特点

（1）管理。协调管理各种工作，有一定的领导才能。

（2）交际。懂得如何与人沟通，能清楚表达自己的意思，人际关系好，有困难时别人愿意帮助自己。

（3）创新。思维活跃，不受传统观念的影响；自小形成的思想，对一切新鲜的事物很好奇，能够发挥想象力。

（4）组织。能组织同学参加各种活动。曾组织本班学生参加系举办的板报设计大赛，获得一等奖；组织本班学生参加歌唱比赛，获得二等奖；组织本班学生参加各种文艺节目。

3. 他人评价

（1）老师：学习认真，团结同学，思维能力强，求知欲强；有时在课堂上太过沉默。

（2）同学：随和，易交往，爱帮助他人，有爱心；要求太高，做事太过认真。

（3）父母：懂事，贴心，爱为他人考虑；有时太过自主，不依赖父母。

（4）自己：坚韧，好学；对事情要求太完美，太追求时髦。

4. 兴趣爱好

（1）体育：在体育活动中，得到强健的身体。

（2）看书：在看书过程中，能够陶冶自己的情操，提高自身素质。

（3）舞蹈：提高自身气质的修养。

（4）设计：在学生会宣传部工作，能设计出独特的舞台和独具特色的展板。

（5）计算机：对计算机有浓厚的兴趣，对自己的学习有促进作用。

5. 职业测评

（1）职业测评：热情洋溢，富有想象力。认为人生有很多的可能性，能很快将事情和信息联系起来，然后自信地根据自己的判断解决问题。总需要得到别人的认可，也总是准备着给予他人赏识和帮助。灵活，自然。有很强的即兴发挥能力，言语表达能力特别强。属于 INFP（内向 I、直觉 N、情感 F、知觉 P，只要是为他人服务，为自己的理想尽力，INFP 就会是最出色，最有效率的那种人）型人。

（2）适合 INFP 型人的职业。

适合的领域有：创作类、艺术类，教育、研究、咨询类等。

适合的职业有：心理辅导和咨询人员、人力资源管理、翻译、教师（人文学科）、社会工作者、图书管理员、服装设计师、编辑、网站设计师、计算机程序 UI 设计员、团队建设顾问、艺术指导、记者、口笔译人员、娱乐业人士、建筑师、社科类研究人员、教育顾问、插图画家、诗人、小说家等。

（3）职业能力指数。

愿望成功指数：50.15，内心非常渴望事业的成功，善于规划自己的方向和目标，善于利用自己的优势，善于不断激励自己。缺点：往往是等待成功的心态，而不是创造成功的心态。

人际交往指数：23.67，善于处理复杂的人际关系，在各种人际层次和场合中，往往采用主动态度，具有丰富的人生经验。缺点：常独立于人群之外，往往给人以拒人千里之外的感觉。

抗压能力：1.22，具有强大的抗压能力，即使在逆境中，也不失去斗志；面对不确定的因素，勇于尝试，能有效稳定自身情绪。缺点：谨小慎微，不善于迅速做出决定。

三、把握形势变化，掌握职业取向动态

只有把自身因素和社会条件做最大程度上的契合，才能在现实中避害求利，在未来数年内，更好地追求适宜从事的工作岗位。

1. 环境分析

（1）社会环境分析。我国坚持“以信息化带动工业化”的方针，促进传统行业、骨干企业在结构调整和产品升级中积极应用信息技术。全国 3 000 家大型企业中，只有 3.7% 的企业信息化建设进入成熟阶段，国有企业吸纳毕业生潜力巨大。有资料显示，我国企业信息化，网络工程师的人才需求缺口高达 60 万人。在软件人才层次结构上，水平高的系统分析员和有行业背景的项目策划人员偏少，同时软件蓝领也比较缺乏。

（2）学校环境分析。我就读于 ××× 机电高等职业学校计算机专业，本专业以创新的职业教育课程研发理念成功开发出 ACCP（软件工程师培训）、BENET（网络工程师培训）、BTEST（软件测试工程师培训）等课程。课程教学团队由学校、IBM 公司、微软公司等 IT 领域的学者组成，企业的技术专家担任技术顾问，结合 IT 领域技术发展趋势和企业人才实际需求实施教学和人才培养。

（3）工作行情分析。（略）

2. 自己就业趋向及地点

未来的工作，我希望在北京，因为那里是人才聚集的地方，更具有挑战性。

四、选定职业路线，设定职业目标

1. 职业路线

（1） 2009—2012 年：在大学校园期间，充分利用校园资源，认真学好专业知识，培养自己各方面的才能，提高个人综合素质和能力，以优异的成绩毕业。在寒暑假当中，做一些基础的程序员的实习工作。

（2） 2013—2015 年：刚离开大学校园，步入社会，最主要的任务是适应社会这个复杂的环境，完成从校园学习到社会工作的人生转移，我将选择适合自己所学的专业就业，如网站设计开发人员、软件编程人员、网页设计人员。

（3） 2016—2020 年：我将通过自己的奋斗，选择稳定的职业，进行学习和提高自己的实践能力，逐步成长为网站开发、软件设计或软件工程师。

（4）2021—2030 年：这是我职业生涯中最长的一段时间，也是劳动效果最好的阶段，要根据形势变化、自身的条件，安排自己的新阶段。

2. 总结专业优点

软件类人才需求很大，以北京为例，软件工程师每年需求 5 万人左右，而且深圳市软件行业协会日前公布的一项调查显示，深圳市软件从业人员约 12 万人，但人才缺口每年依然保持在 5 万人以上，所以该专业更易找工作。

五、制订计划，灵活调整

我会制订严密的工作计划，根据形势的发展，做出及时调整，最终实现自己的理想。事情不会一成不变，适时调整，订立目标，并去实现它，让自己去适应一年四季中每一季的天气，相信自己的未来不是梦，因为，有播种，必有收获。

六、结束语

要做就做最好的，不要似是而非；没有不可能的，只有你不做的。

【实践园地】

一、纠错训练

请将下列职业生涯规划书中不合适的地方修改过来。

职业生涯规划书

在今天这个人才竞争的时代，职业生涯规划开始成为在人争夺战中的另一重要利器。对企业而言，如何体现公司“以人为本”的人才理念，关注员工的人才理念，关注员工的持续成长，职业生涯规划是一种有效的手段；而对每个人而言，职业生命是有限的，如果不进行有效的规划，势必会造成生命和时间的浪费。作为当代大学生，若是带着一脸茫然，踏入这个拥挤的社会怎能满足社会的需要，使自己占有一席之地？因此，我试着为自己拟定一份职业生涯规划，将自己的未来好好设计一下。有了目标，才会有动力。

我是一名高职学生，家里最大的希望就是我能成为有用之才。我性格有点内向、腼腆，业余时间爱听音乐、外出散步、聊天，还有上网；喜欢看小说、散文，尤其爱看杂志类的书籍，平时与人友好相处，群众基础较好；喜欢创新，动手能力较强做事认真、投入，但缺乏毅力、恒心，学习是“三天打鱼，两天晒网”，以至于一直不能成为尖子生；有时多愁善感，没有成大器的气质和个性。身高上缺乏自信心，且害怕别人在背后评论自己。

换个角度来看，我虽然恒心不够，但积极向上；充分利用一直关心支持我的庞大亲友团的优势，真心向同学、老师、朋友请教，及时指出自身存在的各种不同并制订出相应计划以针对改正；经常锻炼，增强体质，以弥补身高不够带来的负面影响。

根据自己的兴趣和所学专业，我在未来应该会向设计和经商两方面发展。围绕这两个方面，本人特对未来作初步规划如下：

（1）2021—2023年，学业有成期：充分利用校园环境及条件优势，认真学好专业知识，培养学习、工作、生活能力，全面提高个人综合素质，并作为就业准备。

（2） 2024—2027 年，熟悉适应期：利用 4 年左右的时间，经过不断的尝试努力，初步找到合适自身发展的工作环境、岗位。

完成的主要内容：

① 学历、知识结构：提升自身学历层次，专业技能熟练。英语四、六级争取能过、普通话过级，且拿到英语口语等级证书，开始接触社会、工作，熟悉工作环境。

② 个人发展、人际关系：在这一期间，主要做好职业生涯的基础工作，加强沟通，虚心求教。

③ 生活习惯、兴趣爱好：适当交际的环境下，尽量形成比较有规律的良好个人习惯，并参加健身运动，如散步、跳健美操、打羽毛球等。

（3）2028—2035年，厚积薄发期：在自己的工作岗位上，踏踏实实的贡献自己的力量，拥有一个完美的家庭。

计划固然好，但更重要的，在于其具体实践并取得成效。任何目标，只说不做到头来都会是一场空。然而，现实是未知多变的，定出的目标计划随时都可能遭遇问题，要求有清醒的头脑。其实，每个人心中都有一座山峰，雕刻着理想、信念、追求、抱负；每个人心中都有一片森林，承载着收获、芬芳、失意、磨砺。一个人，若要获得成功，必须拿出勇气，付出努力、拼搏、奋斗。成功，不相信眼泪；成功，不相信颓废；成功，不相信幻影，未来，要靠自己去打拼！

二、案例写作

请结合自己的实际情况，制订职业生涯规划书。

项目八
科 教 文 书

学习目标

知识目标

1. 了解实习报告的结构，掌握实习报告的写作要求。
2. 了解毕业论文的结构，掌握毕业论文的写作要求。
3. 了解学术论文的结构，掌握学术论文的写作要求。
4. 了解申论的结构与写作方法，掌握申论的写作要求。

能力目标

1. 掌握各种科教文书的结构及写作方法。
2. 掌握各种科教文书的写作要求。

素质目标

1. 提高学生自主创新素质，加强科研精神。
2. 培养严谨的治学态度和科学探索精神。

思政目标

通过对科教文书的学习，加深学生的创新思想，将创新与学习工作充分结合，推进人才发展。

案例导入

毕业在即，酒店管理专业的学生陆续走上了实习岗位，于海文也顺利到了一家星级酒店上岗，进行了为期半年的实习工作。实习结束后，于海文在老师的指导下，将自己的实习经历写成了实习报告。

请思考：

这份实习报告的结构是什么样的？制作实习报告时有哪些注意事项？

任务一 实习报告

实习报告是学生对实习情况所做的翔实记录的全面总结，是学生实习过程、体会、收获的全面反映，是表述其实习成果、代表其专业综合水平的重要资料。主要由实习周记和实习报告两大部分组成。

一、实习报告的特点

1. 实践性

实践性是指实习报告取材于实习活动过程。实习活动是学生将所学的专业理论知识运用于实践，在实践中结合理论并加深对其认识的过程，因此在写作中要突出其实践性，以翔实的实习业务素材为依据进行写作。

2. 真实性

真实性是实习报告的重要特点。实习报告写作必须树立实事求是的态度，如实反映实习真相，用确凿的事实分析基本理论知识，验证和丰富课堂所学理论知识，陈述和总结自己的体会。切忌出现虚构、编造、想象、夸张和自相矛盾的语句。

3. 独创性

独创性是指实习报告虽然不像毕业论文那样要求提出明确的理论观点，但要有鲜明的主题，能在归纳总结的基础上提出独特的见解，揭示专业工作规律，反映事物的发展规律。

二、实习报告的结构与写作方法

实习报告的结构一般由标题、目录、正文、致谢、参考文献五部分组成。

1. 标题

题目应当简短、明确、有概括性，符合实习报告任务的要求，应能体现报告的核心内容和专业特点。

2. 目录

目录是实习报告各组成部分所处页码的具体显现。目的使实习报告的层次更分明，方便指导老师、读者阅读。目录一般单独设页。

3. 正文

实习报告的正文主要由前言、主体两部分组成。一般在 3 000~6 000 字为宜。

（1）前言

前言指主要以实习时间、地点和任务为引子，把实习的感受、结果用精练的语言概括出来以引出报告的内容。

（2）主体

实习报告的主体是学生实习成果的展示和表述，是整个实习过程的再现，必须以实习单位及实践岗位为背景进行剖析，应当注意层次分明，语言流畅，结构严谨，符合专业要求；用语、表格、插图应规范准确，符合统一标准，引用他人资料要有标注。

实习报告主体主要内容包括以下几点。

① 实习目的。应涵盖的内容是实习在整个学习生涯中的地位和作用、实习与就业岗位的关系如何、应以怎样的态度去面对和进行实习等。

② 实习单位概况。应包括实习单位的地理位置、规模、产品概况、管理概况、人才需求情况、目前行业发展地位、与专业相关的岗位、设施设备、实习岗位及技能要求等情况的介绍。可绘出单位组织结构图及生产流程图。

③ 实习内容及过程。这是重点部分，主要描述对岗位的认识和工作过程、实习期间工作任务、任务完成情况等。具体可包括以下几点。

a. 介绍实习过程中做了些什么事。即个人完成的主要工作任务和取得的主要成绩。

b. 实习过程中发现了什么问题、有什么建议、准备采用什么方法和措施给予解决。即着重结合所学专业技术知识提出解决实际问题的方案。

c. 实习收获与体会。主要包括在实习中发现的问题、解决问题的办法、实习期间的收获、对未来工作的期望等。特别是对自己所学的专业技术知识与岗位实践内容差距的认识和思考，找出自己的差距和不足，以及今后学习、工作努力的方向。

4. 致谢

以简洁的字句对实习单位提供实习实训指导、帮助的老师、师傅、同事及相关人员表示谢意。

5. 参考文献

（1）参考文献按先后顺序用阿拉伯数字连续编号，符号置于方括号内。一种文献在同一文中被反复引用者，用同一序号表示。

（2）参考文献的著录项目要齐全，注明序号、作者、题目、刊名、出版年份、卷号（期号），起止页码。

（3）参考文献的类型以单字母方式标识：M—专著；C—论文集；N—报纸文章；J—期刊文章；R—研究报告；S—标准；P—专利，其他未说明的文献类型采用字母“Z”标识。

三、实习报告的写作要求

（1）实习报告必须资料翔实、内容简明扼要、层次清楚，能反映实习情况、体会和感受。

（2）实习报告要紧扣专业工作内容，有独特见解，重点突出、条理清晰。

【范文欣赏】

会计电算化专业实习报告

一、实习概况

（一）实习时间：×××× 年 ×× 月 ×× 日—×××× 年 ×× 月 ×× 日

（二）实习地点：××××××××× 有限公司，财务部。

（三）实习目的：以 ××××××××× 有限公司的会计核算及财务管理的相关内容作为对象，进行实地学习与实践。运用所学习的专业知识来了解会计的工作流程和工作内容，加深对会计工作的认识，将理论联系于实践，培养实际工作能力和分析解决问题的能力，达到学以致用的目的，为成功走向社会做准备。

（四）实习单位概况：××××××××× 有限公司公司创建于 1995 年，是以经营化工原料、电镀材料、化学试剂、有色金属、胶黏剂、五金建材等系列产品为主的专业销售公司。本着“质量第一、顾客至上、真诚合作、共创未来”的宗旨，凭公司全体同仁“人无我有，人有我优”的创业精神，以及全国各地客户和朋友的鼎力支持，得以逐步成长发展，成为目前较有知名度的化工类产品供应商。

二、实习内容

（一）根据经济业务填制原始凭证和记账凭证

1. 原始凭证：是指直接记录经济业务、明确经济责任具有法律效力并作为记账原始依据的证明文件，其主要作用是证明经济业务的发生和完成的情况。填写原始凭证的内容为：原始凭证的名称、填制凭证的日期、编号、经济业务的基本内容（对经济业务的基本内容应从定性和定量两个方面给予说明，如购买商品的名称、数量、单价和金额等），填制单位及有关人员的签章。

2. 记账凭证：记账凭证是登记账簿的直接依据，在实行计算机处理账务后，电子账簿的准确和完整性完全依赖于记账凭证，操作中根据无误的原始凭证填制记账凭证。填制记账凭证的内容：凭证类别、凭证编号、制单日期、科目内容等。

（二）根据会计凭证登记日记账

日记账一般分为库存现金日记账和银行存款日记账，它们都由凭证文件生成的。计算机账务处理中，日记账由计算机自动登记，它的主要作用是用于输出库存现金与银行存款日记账供出纳员核对现金收支和结存使用。要输出库存现金日记账和银行存款日记账，要求系统初始化时，现金会计科目和银行存款会计科目必须选择“日记账”标记，即表明该科目要登记日记账。

（三）根据记账凭证及所附的原始凭证登记明细账

明细分类账簿亦称明细账，它是根据明细分类账户开设账页进行明细分类登记的一种账簿，输入记账凭证后操作计算机则自动登记明细账。

（四）根据记账凭证及明细账计算产品成本

根据记账凭证及明细账用逐步结算法中的综合结转法计算出产品的成本。

（五）根据记账凭证编制科目汇总表

科目汇总表也由凭证文件生成，其编制方法为对用户输入需汇总的起止日期则计算机自动生成相应时间段的科目汇总表。

（六）根据科目汇总表登记总账

根据得出的科目汇总表操作计算机，计算机产生出对应的总账。

（七）对账（编制试算平衡表）

对账是对账簿数据进行核对，以检查记账是否正确，以及账簿是否平衡。它主要是通过核对总账与明细账、总账与辅助账数据来完成账账核对。试算平衡表就是将系统中设置的所有科目的期末余额按会计平衡公式借方余额 = 贷方余额进行平衡检验，并输出科目余额表及是否平衡信息。一般来说计算机记账后，只要记账凭证录入正确，计算机自动记账后各种账簿应该是正确的、平衡的，但由于非法操作，计算机病毒或其他原因有可能会造成某些数据被破坏，因此引起账证不符，为保证账证相符，应经常进行对账，每月至少一次，一般在月末结账前进行。

（八）根据给出的相关内容编制本月的资产负债表和利润表

将十二月月初数视为年初数，本月视为本年数编制会计报表。资产负债表是反映企业在某一特定日期财务状况的一种会计报表，它根据“资产＝负债＋所有者权益”的会计方程式，说明企业的财务状况。

利润表是反映企业在一定期间内的经营成果的会计报表，利润表按照权责发生制原则和配比原则把一个会计期间的收入与成本、费用进行配比，从而计算出报告期的净损益数。根据具体要求操作计算机得出本月的资产负债表和利润表。

三、实习收获

此次实习，不仅培养了我的实际动手能力，增加了实际的操作经验，缩短了抽象的课本知识与实际工作的距离，对实际的财务工作有了一个新的开始。同时也让我认识到了传统手工会计和会计电算化的共同之处和不同之处。

（一）共同点

（1）无论是传统手工会计和电算化会计其最终目标仍是加强经营管理，提供会计信息，参与经济决策，提高经济效益。

（2）传统手工会计和电算化会计都是遵守会计法规，会计法规是会计工作的重要依据。

（3）传统手工会计和电算化会计都遵循基本的会计理论与会计方法及会计准则。

（4）传统手工会计和电算化会计基本功能相同，基本功能为：信息的采集与记录、信息的存储、信息的加工处理、信息的传输、信息的输出。

（5）保存会计档案。

（6）编制会计报表。

（二）不同点

1. 运算工具不同

传统手工会计运算工具是算盘或电子计算器等，计算过程每运算一次要重复一次，由于不能存储运算结果，人要边算边记录，工作量大，速度慢。电算化会计的运算工具是电子计算机，数据处理由计算机完成，能自动及时地存储运算结果，人只要输入原始数据便能得到所希望的信息。

2. 信息载体不同

传统手工会计所有信息都以纸张为载体，占用空间大，不易保管，查找困难。电算化会计除了必要的会计凭证之外，均可用磁盘、优盘做信息载体，它占用空间小，保管容易，查找方便。

3. 账簿规则不同

传统手工会计规定日记账、总账要用订本式账册，明细账要用活页式账册；账簿记录的错误要用划线更正法和红字更正法；账页中的空行、空页要用红线划销。电算化会计不采用传统手工会计中的一套改错方案，凡是登记过账的数据，不得更改（当然还是要辅以技术控制），即使有错，只能采用输入“更改凭证”加以改正，以留下改动痕迹。对需要打印的账页的空行、空页可以用手工处理。

4. 账务的处理程序（会计核算形式）不同

传统手工会计处理账务的程序有四种，但都避免不了重复转抄与计算的根本弱点，伴之而来的是人员与环节的增多和差错的增多。成熟的电算化会计的账务处理程序用同一模式来处理不同企业的会计业务，成本核算程序以软件固化形式在计算机里，从会计凭证到会计报表的过程都由计算机处理完成后，而任何要求的输出都能得到满足。

5. 会计工作组织体制不同

传统手工会计的会计组织工作以会计事物的不同性质作为制定的主要依据；电算化会计组织体制以数据的不同形态作为制定的主要依据。

6. 人员结构不同

传统手工会计中的人员均是会计专业人员，其中的权威应是会计师；电算化会计中的人员由会计专业人员、电子计算机软件、硬件及操作人员组成，其中权威应为掌握电算化会计的会计师。

7. 内部控制不同

传统手工会计对会计凭证的正确性，一般从摘要、内容、数量、单价、金额、会计科目等项目来审核；对账户的正确性一般从三套账的相互核对来验证；还通过账证相符、账账相符、账实相符等内部控制方式来保证数据的正确，堵塞漏洞。电算化会计由于账务处理程序和会计工作组体制的变化，除原始数据的收集、审核、编码由原会计人员进行外，其余的处理都由计算机部门负责。内部控制方式部分被计算机技术替代，由手工控制转为人机控制。

以上种种区别，集于一点，是由于电算化会计数据处理方式的改变，引起了传统手工会计各个方面的变化，这一变化将使得系统功能更为加强，系统结构更为合理，系统管理更为完善。

四、实习体会

会计电算化是会计史上崭新的一页。电子计算机的应用，首先带来数据处理工具的改变，也带来了信息载体的变化，电算化会计后对传统会计方法、会计理论都将发生巨大的影响，从而引起会计制度、会计工作管理体制的变革。会计电算化促进着会计的规范化、标准化，通用化促进着管理的现代化。从自身而言，处在这个与时俱进的经济大潮时代，作为一名财会专业的毕业生，在校学习期间应更好地学好财会专业里的专业知识，打好理论基础；在财务实习的时候按要求认真参与每一个实习的机会，总结实际操作中的经验和积累学习中自身的不足，密切关注和了解会计工作发展的最新动向，为以后即将从事的会计工作打下坚实的基础，当自己走出校园，成为一名名副其实的财会专业人才，在大浪淘沙中让自己能够找到屹立之地，让自己的所学为社会经济做出应有的贡献。

以前总以为自己的会计理论知识扎实，正如所有工作一样，掌握了规律，照葫芦画瓢准没错，那么当一名出色的会计人员应该没问题了。现在才发现，会计其实更讲究的是它的实际操作性和实践性。离开操作和实践，其他一切都为零！

每一笔业务的发生，都要根据其原始凭证，一一登记记账凭证、明细账、日记账、三栏式账、多栏式账、总账等等可能连通起来的账户，体现了会计的连通性。会计的每一笔账务都有依有据，而且是逐一按时间顺序登记下来的，极具逻辑性。在会计的实践中，漏账、错账的更正，都不允许随意添改，不容弄虚作假。每一个程序、步骤都得以会计制度为前提、为基础，体现了会计的规范性。

学习到了登账的方法。首先要根据业务的发生，取得原始凭证，将其登记记账凭证。然后，根据记账凭证，登记其明细账。最后，填写科目汇总表以及试算平衡表，把它登记入总账。结转其成本后，根据总账合计，填制资产负债表、利润表等年度报表。这就是会计操作的一般顺序和基本流程。

会计本来就是烦琐的工作。在实习期间，曾觉得整天要对着那枯燥无味的账目和数字而心生烦闷、厌倦，以至于登账登得错漏百出，愈错愈烦，愈烦愈错。这只会导致“雪上加霜”。反之，只要你用心地做，越做越觉有趣，越做越起劲。梁启超说过：凡职业都具有趣味的，只要你肯干下去，趣味自然会发生。因此，做账切忌粗心大意、马虎了事、心浮气躁。做任何事都一样，需要有恒心、细心和毅力，那才会到达成功的彼岸！

在这次会计实习中，可谓受益匪浅。

【实践园地】

请你在参加过相关的课程实习或专业实习后，根据所学的知识和自己的实习经历，撰写一份实习报告。

任务二　毕业论文

毕业论文是高等院校毕业生为获取毕业文凭必须完成的反映其在校学习成果的总结性的学术论文。是大学生完成学业的标志性作业；是对学习成果的综合性总结和检阅；是大学生从事科学研究的最初尝试。要求学生在教师的指导下，综合运用所学的专业知识及技能，相对独立地进行尝试性的科学研究活动，初步培养学生发现、分析、解决问题的能力与科研活动的基本素质和创新意识。毕业论文是高等院校教学计划的重要组成部分，是学生学识水平、思维能力、创新能力、写作能力的综合体现。

毕业论文是学术论文的一种特殊类型，在体现学术论文基本要求的同时，能综合运用所学知识，在专业领域内有自己的一己之见。毕业论文是教学计划中一个有机组成部分，是人才培养过程中的一个重要环节，是完成专业培养目标的最后一个重要的实践性教学环节。

一、毕业论文的分类

（1）根据专业的内容和性质的不同，毕业论文可分为社会科学类毕业论文和自然科学类毕业论文。

（2）根据研究方法的不同，毕业论文可分为理论性论文、实验性论文、描述性论文和设计性论文。

（3）根据议论的性质不同，毕业论文可分为立论文和驳论文。

（4）根据研究问题的大小不同，毕业论文可分为宏观论文和微观论文。

（5）根据综合型方法分类不同，毕业论文可分为专题型、论辩型、描述型和综述型四类。

专题型论文是指在分析前人研究成果的基础上，以直接论述的形式，或提出新见解，或证明先前的说法是错误的，进而从正面提出某学科中某一学术问题或假说的一种论文；论辩型论文是针对他人在某学科中某一学术问题的见解，凭借充分的论据，通过判断、推理等论辩形式来分析事物、推论事理，着重揭露其不足或错误之处，提出自己见解的一种论文；描述型论文是对某一客观存在的问题或现象加以分析、描述和说明的一种论文；综述型论文是指作者在归纳、总结前人或今人对某学科某一学术问题已有研究成果的基础上，加以分析或评论，从而提出自己见解的一种论文。

二、毕业论文的特点

1. 学术性

学术性要求学生能对某一专业领域中繁杂凌乱的资料文献与理论研究状况进行分析、归纳；能够从中找出以往研究所存在的问题和不足，并能提出自己的想法与相应的对策。

2. 科学性

科学性要求毕业论文应该是运用已掌握的知识，运用一定的技巧和方法，从现有的观点和成果中，经过分析综合、归纳推理得出的有创新性的科学理论。

3. 创新性

创新性要求毕业论文应该是作者经过独立思考并形成自己的见解，在前人论述的基础上有所拓展、延伸。对某一阶段、某一学术领域的研究状况作综合归纳，予以综述；纠正前人研究出现的错误或弥补其不足。不抄袭，不照搬，不人云亦云，提倡创造，文章深刻、新颖，不猎奇怪谬。

4. 专业性

专业性要求毕业论文是学生根据所学的专业，对该领域的某一个问题进行的专题探讨，在内容上有很强的专业性，在语言方面，也常用专业术语。

三、撰写毕业论文的步骤及结构

1. 选题

选题，即选定研究的课题，更具体地说，就是解决“研究什么”的问题，明确研究的目标和范围。有人说：“题好文一半。”可见选题的重要性。

（1）专业范围内选题。从本专业培养目标出发，从专业知识领域去选择，也可以从本专业的应用领域或本专业与相关专业的交叉领域去选择。选择的题目要体现高级专门人才基本训练的内容，具有综合性、前瞻性和一定的高度。

（2）以小论大。毕业论文的写作，选题宜小题大做，不能大题小做。学者胡适就主张做文章从小题目做起。他说：“题目越小越好，要小题大做，可以得到训练。千万不可做大题目。”

（3）难易适中。选题最好是在力所能及的范围内给自己提出较高的要求，既是自己能力可以达到的，又必须是经过一番努力，奋力拼搏之后才能达到的难度为适中。

论题选择的主观条件包括个人的知识结构、研究能力、写作水平。论题选择的客观条件包括文献、资料、设备、仪器、时间、经费、导师等。选题时，尽量扬长避短，在主客观最佳焦点上选择出符合自己实际能力的难易适中的论题。

（4）兼顾兴趣。兴趣是最好的老师。只有对研究的东西产生了浓厚的兴趣，才有研究的动力。才会有足够的热情和耐心去研究，并且对研究的过程和结果充满好奇心。

（5）力求创新。毕业论文应在自己力所能及的前提下，力求在不同程度的“新”字上做不懈的努力。创新不仅仅是内容的创新，也包括形式和角度的创新。可以用新的材料论证旧的课题，从而得出新观点，也可以从新的角度，或用新的形式、新方法做老课题，从而得出部分新观点。

2. 搜集材料、拟写提纲

（1）资料的搜集。撰写毕业论文需要大量材料，常见的材料来源主要有：

① 第一手资料。包括与论题直接有关的文字材料、数字材料（数据和图表），例如，统计材料、典型案例、经验总结等，还包括自己在实践中取得的材料。这些是论文中提出论点、主张的基本依据。没有这些资料，撰写的毕业论文就只能成为毫无实际价值的空谈。对第一手资料要注意及早收集，同时要注意其真实性、典型性、新颖性和准确性。

② 他人的研究成果。这是指国内外对有关该课题学术研究的最新动态。撰写毕业论文不是凭空进行的，而是在他人研究成果的基础上进行的，因此，对于他人已经解决了的问题就可以不必再花力气重复进行研究，人们可以以此作为出发点，并从中得到有益的启发、借鉴和指导。对于他人未解决的，或解决不圆满的问题，则可以在他人研究的基础上再继续研究和探索。切忌只顾埋头写，不管他人研究，否则，撰写的毕业论文的理性认识会远远低于前人已达到的水平。

③ 边缘学科的材料。当今时代是信息时代，人类的知识体系呈现出大分化、大融合的状态，传统学科的鸿沟分界已经被打破，出现了令人眼花缭乱的分支学科及边缘学科。努力掌握边缘学科的材料，对于所要进行的学科研究、课题研究大有好处。可以使我们研究的视野更开阔，分析的方法更多样。

④ 专家的有关论述、有关政策文献等。专家的论述极具权威性，对准确有力地阐述论点大有益处。至于党的有关方针、政策既体现了社会主义现代化的实践经验，又能反映出现实工作中面临的多种问题，因此，研究一切现实问题都必须占有和清楚这方面的材料，否则会出现与党的方针、政策不一致的言论，使论文出现很大的缺陷。

⑤ 背景材料。搜集和研究背景材料，这有助于开阔思路，全面研究、提高论文的质量。

（2）资料整理。搜集资料的方法很多，常用的主要有以下几种方法。

① 网络搜索引擎。通过网络可以很便捷地获取资料，网络文献来源不一，良莠不齐，需根据文献的原始出处、时间等因素分析是否准确、可靠，再确定能否采用。

② 卡片式。使用卡片搜集资料，易于分类、易于保存、易于查找。

③ 笔记式。“好记性不如烂笔头”，讲的就是要勤记笔记。在做笔记时，最好空出纸面面积的三分之一，用来写对有关摘录内容的理解、评价和体会。

④ 剪贴式。将有用的资料从报纸、刊物上剪下来，或用复印机复印下来再进行剪贴。把应剪贴的资料分类贴在笔记本、活页纸或卡片上，这方法的优点是可以节省时间。

资料搜集和整理要做到注明出处。如果是著作，则要注明作者、书名、出版单位、发行年月；如果是报纸，则要注明作者、篇名、版次、报纸名称、发行年月日；如果是杂志，则要注明作者、篇名、杂志名称、卷（期）号、页码等，以便附录在毕业论文的后面。

（3）拟定写作提纲。提纲要把标题、总论点、分论点明确出来，围绕总论点分几个方面进行论述，分论点之间安排什么样的逻辑关系，是并列式、主从式、递进式、还是因果式，围绕论点安排什么样的论据，分别采用什么样的论证方法。这些都应该在提纲里明确出来，以便写起来条理清晰。

拟写提纲一般可用标题法、句子法。

① 标题法。以标题形式把论文所要阐述的内容概括出来。用标题法写出的提纲简洁、扼要，但它只是一个粗略的提纲。

② 句子法。以句子形式概括各部分的内容。一个句子概括一个部分的内容，句子法具体、明确，能够勾勒出论文的大体结构。

3. 撰写开题报告

毕业论文的开题报告就是毕业生确定了论文研究方向后，在调查研究的基础上撰写的报请指导教师批准选题的一种应用文体。开题报告一般包括拟选题目、选题依据及研究意义、文献综述、研究内容及方法、进度安排、主要参考文献等内容。

（1）拟选题目。要请老师帮助判断所研究的选题有没有价值，研究方法是否奏效，论证逻辑有没有明显缺陷。开题报告是提高论文质量和水平的重要环节。

（2）选题的依据和意义。明确该选题的现实需要，指出现实当中存在这个问题需要去研究、去解决，自己研究选题时是受了什么启发而提出的；通过分析现实，进一步明确为什么要研究该选题，研究它有什么价值，研究的背景是什么，要解决的问题是什么。

（3）文献综述。是阐述国内外研究本课题的历史和现状。一般包括：国内外研究该选题的广度、深度，现在已经取得的成果；在这个基础上寻找有待进一步研究的问题，从而确定本论文研究的平台、研究的特色或突破点。

（4）研究的基本内容。有了研究目标，就要根据目标来确定这个课题具体要研究的内容，相对于研究目标来说，研究内容要更具体、明确。因此，要学会把选题进行分解，一步一步列出提纲，明确自己研究的思路和框架。

（5）研究方法和资料的获取途径。研究的方法很多，包括历史研究法、调查研究法、实验研究法、比较研究法、理论研究法、文献资料法等，在应用各种方法时，一定要严格按照方法的要求，不能只凭经验、常识去做。比如要通过调查了解情况，要考虑如何做调查表、如何进行分析，不是随随便便发张表，列一些百分数、平均数就行了。资料的获取途径也很多，包括文献调查、考察调查、问卷调查、设计并进行试验、科学观测等。主要采用哪些资料获取途径，一定要经过充分的研究。

（6）研究的步骤和进度。是研究在时间和顺序上的安排。研究的步骤要充分考虑研究内容的相互关系和难易程度，一般情况下，都是从基础问题开始，分阶段进行，每个阶段从什么时间开始，至什么时间结束都要有规定。课题研究的主要步骤和时间安排包括：整个研究拟分为哪几个阶段；各阶段的起止时间。

（7）参考文献。是写作时参考的主要资料。格式要规范，其顺序为论文作者、论文题目、文献类型标识、出版社或刊物名称、出版日期（如果是刊物就要写清楚期号及页码）；对于来源渠道不一样的文章，要分别标明其文章类型。

开题报告通过了，才算正式开题。开题报告如果没有通过，还得重新选题。

4. 拟稿

草拟初稿是根据拟定的提纲，结合指导教师的意见和建议，把准备的材料充实到写作框架中，形成一篇具体的文章。注意下笔以前要有充足的准备，如果准备不充分，论点和材料不够统一，构思不成熟，就会出现中途夭折、写不下去的情况。写作开始后要一鼓作气、一气呵成。切不可长时间搁置，否则就会出现思路连贯不好、层次衔接不够的情况。

毕业论文的格式虽然各种各样，但基本格式相同。一般由标题、署名、中英文摘要及关键词、目录、绪论（引言）、本论、结论（结语）、注释、参考文献、附录、致谢等部分构成。

（1）标题。标题是整篇论文的精神所在，要能准确表现论文的主体，反映论文的主要内容，体现作者的写作意图。

题目的选择要准确、简洁、醒目和规范，能准确概括论文的主要观点和内容。毕业论文的标题不能像小说、散文那样经过艺术加工而引起读者的好奇心。论文的题目一看就能直接了解它的观点和内容。因此，拟题要采取直接、正面提示论文内容的方法，而不要采取奇特的艺术手法。要简明扼要，一般不宜超过20个汉字；要新颖有个性，能激起阅读和研究的兴趣，要使用专业术语，不要出现歧义。

毕业论文的标题一般是文章式标题。可以有总标题、副标题、分标题。总标题一般要准确揭示论文的主要内容，表现作者的写作意图；副标题要明确论述的对象、范围、目的等，是为了补充主标题；分标题是为了进一步明确分论点，清晰文章的层次，便于读者阅读。

（2）署名。作者署名包括作者的院校、系别、专业、班级、姓名，要在标题之下的位置，与标题隔行书写。

（3）中英文摘要及关键词。论文摘要应明确研究的目的，表明研究的重要性和现实意义，明确研究的范围，交代研究的主要任务，交代文章的基本观点和研究方法，研究之后得出的成果和重要结论。内容摘要要求把论文的主要观点提示出来，便于读者一看就能掌握论文内容的要点。摘要应有高度的概括力，且要全面反映论文要点。

摘要是论文的独立单元，要求行文简短扼要，内容准确、精练，中文摘要一般字数为300～600字，英文摘要以不超过1 000个字符（实词300个左右）为宜。

关键词是能反映论文主旨最关键的词句，按词语的外延层次从大到小排列，一般3～5个。关键词以显著字符另起一行，放在摘要的下面。

（4）目录。论文编写完成后，为了醒目和便于读者阅读，可为论文编写一个目录。目录是论文正文前所载的目次，一般列出论文的各级标题，以及标题所在页的页码。

（5）引言。引言又称前言、绪论等，是论文的开场白，对论题的主旨、写作的动机和理由、研究的方法以及论文的内容加以简要说明，重点交代选题研究的现状，突出研究本选题的现实意义。要求要言不烦、简洁明了、引出本论。

（6）本论。本论是毕业论文的主体部分，写作时必须慎重对待。本论围绕绪论所研究的问题进行分析、论证，阐明自己的观点和主张。关键是广泛引用相关材料，对材料进行分析论述，用严密的逻辑推理，来让读者接受论文的观点，对论文的观点有一个深入、细致、全面的了解。本论的层次结构一般有三种形式。

① 并列式。并列式是论文最常见的结构方式，把从属于总论点的几个分论点并列起来从不同角度、不同侧面对总论点进行阐述，分论点之间的关系是并列的、平等的。如《义理、考据和辞章》就是从观点和材料要统一，要考证材料的真实性，要讲究辞章三个方面来说明写文章的基本要求。

② 递进式。递进式的几个分论点之间是由低到高、由浅入深的关系，整个论述呈现出逐层深入、一步一步向前推进，最后得出主要观点。就如《人的正确思想是从哪里来的》的文章结构一样，先讲人的思想是从哪里来的，再讲人的正确思想是从哪里来的；层层递进。

③ 综合式。综合式先采用并列式，在并列的分论述中采用递进式、主从式、因果式等多种结构方式。这样，先从不同侧面分别展开论述，在分别论述中再由表及里、层层深入地揭示论点的本质。这种结构方式多采用与学术层次较高、难度较大的论文。

（7）结论。结论是本论部分阐述的必然结果，是对整个研究归纳总结后得出的。结论部分也可以展开前人的研究情况并与自己的研究结果相比较，指出自己的研究存在的问题，提出值得进一步研究的方向和倾向性的意见。集中反映作者的研究成果，表达作者对所研究课题的见解和主张，是全文的思想精髓，是文章价值的体现。要把这部分写的简明扼要，既要考虑与绪论部分相照应，还要考虑与本论部分相联系。撰写时应注意：结果要简单、明确。在措辞上应严密，容易被人领会；结果应反映个人的研究工作，属于前人和他人已有过的结论可不提；要实事求是地介绍自己研究的成果，切忌言过其实，在无充分把握时，应留有余地。因为对科学问题的探索是永无止境的。

（8）注释。论文中如有引用他人成果的，一定要有注释。不论在论文的哪一部分，采用到前人的观点、方法、结论、成果时，都必须注明其来源。如不这样做，就有抄袭、剽窃、侵权之嫌。毕业论文一般是对全文中需要解释说明和注明出处的地方编排号码，然后在对应页面下逐一注释。

（9）参考文献。参考文献又叫参考书目，是为撰写或编辑论文、著作而引用的有关的文献信息资源。参考文献是毕业论文的重要组成部分，只能引用公开出版的书刊及学术论文。内部资料、产品或公司简介等读者无法查找的非正式出版物不得引用。列出参考文献有三个好处：一是发现引文有差错时，便于查找校正；二是审查者通过参考文献可以了解学生阅读资料的广度和深度；三是便于研究同类问题的读者查阅相关的观点和材料。参考文献列于论文的末尾，正确标注参考文献是对论文作者的最基本的要求。

参考文献是文中引用的有具体文字来源的文献集合，分门别类，按责任者的字母拼音顺序列出。在引用别人的科研成果时，应在引用处加以说明，避免论文抄袭现象。

参考文献的主要类型标识为：专著——M、期刊——J、报纸——N、论文集——C、学位论文——D、报告——R。

每种类型均有其著录项目和著录格式，常用的类型格式有以下几种。

① 专著。[序号] 作者 . 题名：其他题名信息 [文献类型标识 / 文献载体标识]. 其他责任者 . 版本项 . 出版地：出版者，出版年：引文页码 [引用日期]. 获取和访问路径 . 数字对象唯一标识 .

示例：[1] 陈登原 . 国史旧闻：第 1 卷 [M]. 北京：中华书局，2000：29.

② 期刊。[序号] 主要责任者 . 题名：其他题名信息 [文献类型标识 / 文献载体标识]. 年，卷（期）—年，卷（期）. 出版地：出版者，出版年 . 获取和访问路径 . 数字对象唯一标识 .

示例：[1] 张美 . 收纳与室内空间绿色设计关系探讨 [J]. 艺海，2017（12）：96—97.

③ 报纸。[序号] 作者 . 文献题名 [N]. 报纸名，出版日期（版次）.

示例：余建斌，我们的科技一直在追赶：访中国工程院院长周济 [N]. 人民日报，2013—01—12（2）.

④ 引用特种文献，如论文集、学位论文、报告等，其格式与专著同。

⑤ 电子文献。[序号] 作者 . 题名：其他题名信息 [文献类型标识 / 文献载体标识]. 出版地：出版者，出版年：引文页码（更新或修改日期）[引用日期].

示例：[1] 中国互联网络信息中心 . 第 29 次中国互联网络发展现状统计报告 [R/OL].（2012—01—16）

[2013—03—26].http：//www.cnnic.net.en/hlwfzyj/hl wxzbg/201201/P020120709345264469680.pdf.

（10）附录。附录是作为论文主体的补充项目，并不是必需的。在写作过程中有些资料与论文有关，但放在正文中会影响到正文的条理性和连贯性，就会采用附录形式将其附在正文的后面，以供读者参考。

（11）致谢。致谢是在论文的结尾处，以简短文字，对课题研究与写作过程中曾给予支持的人员，如指导老师及其他的人员表示自己的谢意。这不仅是一种礼貌，也是对他人劳动的尊重，是治学者应有的思想作风。

5. 定稿

毕业论文要经过反复修改。一般初稿成型后要交给指导教师审阅，指导教师提出修改意见，学生根据这些建议进行修改，修改后再交给指导教师审阅，反复多次，几易其稿，主要论述完成以后，还要贯通各部分、各段落的衔接过渡，对语言进行润色，最终定稿。

6. 打印装订

文稿经反复修改以后，征得指导教师的同意，就可以定稿并打印装订。各个学校对毕业论文有自己的装订要求，一般而言，应按以下顺序装订。

（1）封面。各个院校的毕业论文都有固定的封面要求。一般应包括论文题目、作者的姓名、院系、专业、年级、班级、指导教师、导师单位、论文完成时间等内容。

（2）中英文摘要和关键词。如果中英文摘要单独占一页，就放在目录的后面。

（3）目录。

（4）正文。

（5）参考文献。

（6）致谢。

（7）封底。

四、毕业论文写作的要求

1. 规定的作者

规定的作者必须是各类高等院校各个教育层次的应届毕业生在教师的指导下由本人独立写作，不提倡和别人合作完成。

2. 规定的时间

规定时间必须是在校学习的最后一个学期，而且在学校规定的时间内完成。不能按期完成毕业论文写作的，就不能按时拿到毕业文凭，不能顺利毕业。

3. 规定的格式

毕业论文格式有着特殊的规定，一般都是由学校统一设计的印有学校名称、题目、院系、专业、班级、作者姓名、指导教师、完成时间等内容的封面，如目录、摘要、任务书、开题报告等内容有规定要求和一定的装订顺序。

4. 规定的内容

毕业论文必须是该学生在校学习的专业范围内的内容。对题目的选择有着特殊的要求，和自己所学专业关系较远的论文不能作为毕业论文去参加答辩。

五、毕业论文答辩

毕业论文（设计）答辩是学业完成前的一个关键环节，需要认真对待。同时，毕业论文（设计）答辩也是一个增长知识、交流研究成果的过程。答辩是对学生的专业素质和工作能力、口头表达能力及应变能力进行考核；是对学生知识的理解程度作出判断；对该课题的发展前景和学生的努力方向，进行最后一次的直面教育。

1. 准备答辩

毕业论文（设计）完成后要进行答辩，以检查学生是否达到毕业论文（设计）的基本要求和目的，衡量毕业论文（设计）的质量高低。论文答辩是一种有组织、有准备、有计划、有鉴定的比较正规的审查论文的形式。为了准备好毕业论文答辩，在进行答辩前，答辩者（毕业论文的作者）需要做好以下充分的准备。

（1）心理准备。答辩是学生获准毕业、取得学位的必由之路，是走出学校、走向社会前最后一次在校学习的机会。只要认真对待，通过并非难事。

自负与自卑都不可取。以轻视的态度面对答辩，放松精神、漫不经心、精力分散，势必在答辩中难于集中精神，自述丢三落四，回答问题张冠李戴，精神状态懒散，这种自负会导致功亏一篑。自卑的心理会使答辩大失水准，甚至由于胆怯而不能正常表达自己的想法，说话颠三倒四，思维停滞，态度唯唯诺诺，无法体现真实的能力和水平。

树立自信心，适当放松心情，不要给自己过大的压力，积极热情，泰然处之，以平常心对待。在答辩之前，搞一个小型的试讲会，模拟提问，努力适应答辩环境，克服恐惧、紧张的心理。

（2）物质准备。答辩不同于一般的口试，准备工作必须是全方位的。进入答辩会场要携带论文底稿、参考资料和答辩提纲，这三种资料的准备工作尤为重要。

① 论文底稿。论文底稿要保留，答辩之前要熟读其内容。无论是答辩中的自我陈述，还是答辩教师的提问都是以论文内容作为依据，论文中的重点内容必须牢记。

② 参考资料。收集与论文相关的参考资料，分类整理，做好索引以便查找。参考资料尽量齐全，仔细阅读并学习研究，开阔视野，储备丰富的知识。

③ 答辩提纲。答辩提纲作为答辩中必不可少的物质资料，直接影响答辩的质量。答辩提纲的撰写有其特殊的要求、要领。它是论文底稿和参考资料的融合与提炼。从表面看，

一份提纲的篇幅相对于论文来讲，是相当少的，但它的内容和信息量是论文与参考资料的总和。拟定答辩提纲有助于理清答辩的思路，帮助学生组织语言，按照正确的顺序将毕业设计（论文）的背景、目的、研究方法、结果等一一阐述。

答辩提纲主要包括以下四个内容：所研究课题的背景和研究该课题的主要意义；研究此课题的关键；独立解决问题的创新方法；研究依据和研究结果。

（3）辅助准备。在15分钟的自我陈述过程中，单用“说”这种枯燥的方式，不容易达到好的效果。在答辩过程中应注意吸引答辩教师的注意力，充分调动答辩小组的积极性，使用生动活泼的语言可以收到好的成效；视觉图像往往让人有更加深刻的认知，如果利用视觉反应传达毕业设计论文的内容，再配以语言解释，这二者的巧妙结合将使答辩变得有声有色。因此可以选择图、表、照片、幻灯、投影等作为辅助答辩的物质材料。

2. 进行答辩

在论文答辩之前，老师会宣布答辩的程序和要求，然后开始按序进行答辩，个人答辩的总时间一般控制在20分钟以内。

（1）汇报论文。汇报论文要求学生对论文的内容进行整体的介绍，时间为10分钟左右，建议答辩者从以下四个方面进行内容汇报。

① 基本信息。介绍毕业论文和作者的基本信息，包括题目、指导老师姓名、作者姓名、学号、专业，这是论文答辩的开场白，也是答辩人必须告诉答辩委员会的内容。

② 研究背景。介绍研究课题背景、选择此课题的原因及课题现阶段的发展情况。详细描述有关课题的具体内容，其中包括答辩人所持的观点看法、研究过程、实验数据、结果。

③ 研究内容和方法。介绍研究的主要内容和研究方法是论文答辩的主体部分。对于众所周知的和支持本研究的内容（如理论基础部分），只作简要的介绍；论文的核心内容及具有创新特点的内容，则需要进行较为详细的介绍。

④ 研究的意义、不足、难点和创新点。研究意义需要做到“前后呼应”，论文完成后是否完全或部分解决了自己论文开篇所提出的问题，这是需要作者进行解答的。研究的难点和创新点也需要进行介绍，可以体现作者的付出与努力，同时表明研究的创新意义。

上述四个方面是论文答辩的时候必须介绍的，若作者认为论文还有其他方面需要特别说明的，可以根据具体情况，灵活把握，但切记一定不要“照本宣科”。

（2）答辩小组的提问。论文汇报完成后，毕业答辩小组会针对论文的内容提出3～5个相关问题，由答辩学生进行回答，以此来审查论文的真实性和学生的研究水平。老师当场点评答辩情况。答辩老师会从检验真伪、探测能力和弥补不足三个方面提出问题。

① 检验真伪。即围绕论文的真实性拟题提问。

② 探测水平。即选择与论文主要内容相关的问题，检测学生水平的高低，检验基础

知识是否扎实。如论文中涉及的基本概念、基本理论以及运用的基本原理等。

③ 弥补不足。即围绕论文中存在的薄弱环节，如论述不清楚、不详尽、不确切之处提问，答辩者需要进行补充阐述或做出解释。

针对不同类型（如理科论文、财经类论文、艺术类论文）的学科论文，答辩老师所提出的问题不尽相同，但是其中也存在某些特定的提问“热点区”。

首先，是论文的题目，题目是论文的“最简化的概括”直接反映了论文研究的内容和对象。答辩老师首先会考虑这方面的问题：题目是否科学，是否能够概括所做的研究，题目中的关键词的含义。如果题目存在歧义或表达的意思不够完整，或是所做的题目太过“创新”，答辩老师极有可能会提出一些相关的问题。

其次，与论文相对应的研究成果。这部分是研究的点睛之处，也是答辩老师最关心的。在答辩的汇报的过程中，最好能够多花些时间在这部分，清晰陈述研究成果，避免产生不必要的误解。让老师以为你的研究成果与已有的研究相重复，或是研究成果过于简单、不具体、无可行性。

再次，采用的研究方法。在论文的各个部分，可能采用了不同的研究方法，尤其是论文的主体部分采用了什么样的研究方法，具体如何使用这种研究方法，为什么没有选择其他的研究方法等。这些都是老师关心的问题。

最后，论文中研究的一些细节。例如，图表的格式、参考文献的书写、一些关键性数据的引入等，这些细节也要引起足够的重视，细节之处尽显研究的科学性和严谨性。如在论文中出现明显的细节性错误，不符合论文写作要求，往往也会成为答辩老师关注的“热点”。

3. 回答教师的提问

在答辩教师提问题时，要集中注意力，认真聆听答辩教师的问题，仔细推敲答辩教师所提问题的要害和本质。如果对所提问题没有听清楚，可以请答辩老师再重复一遍。如果对问题中有些概念不太理解，可以请老师适当做些解释，或者把自己对问题的理解说出来，并问清楚是不是这个意思，等得到肯定的答复后再回答。

在弄清了所提问题的确切含义后，经过缜密的思考，组织好语言充满自信以肯定的语气把自己的想法讲述出来。回答问题：一要抓住要害，简明扼要，不要东拉西扯，使人听后不得要领；二要力求客观、全面、辩证，留有余地，切忌把话说“死”；三要条理清晰，层次分明。此外还要注意吐词清晰，声音适中。

有时，答辩委员会的老师对答辩人所做的回答不太满意，还会进一步提出问题，以了解答辩人是否切实搞清和掌握了这个问题。遇到这种情况，答辩人如果有把握，就可以申明理由进行答辩；如果不太有把握，可以审慎来回答，能回答多少是多少，即使回答得不太准确也不要紧，只要是同问题有所关联，老师会引导和启发你切入正题；如果确实是自己尚未搞清楚的问题，要谦虚向教师请教，尽量争取教师的提示，表示今后一定认真研究这个问题，切不可强词夺理。

4. 总结

上述程序一一完毕，代表答辩也即将结束。答辩人最后纵观答辩全过程，做总结陈述，包括两方面的总结：毕业设计和论文写作的体会；参加答辩的收获。答辩教师也会对答辩人的表现做出点评，给出答辩成绩，同时将签名后的学生成绩单交学院留存。

5. 致谢

感谢在毕业设计论文方面给予帮助的人并且要礼貌地感谢答辩教师。

【范文欣赏】

毕业论文开题报告

论文题目：浅析家居空间设计的色彩因素

一、论文的目的与意义

色彩是表达情感的一种语言，它所表达的是一种人类内心中的某些极为复杂的感受。色彩被称作是室内设计的“灵魂”。它是室内设计中最为生动、最为活跃的因素，具有举足轻重的地位。成功的色彩设计既能满足大家的审美要求又是居住者的个性表达。

研究与探讨设计色彩运用的目的是更好地去设计我们的环境，在实际设计与运用中，我们选择色彩要注意到居室主人的喜好，以及居室主人的性格，这些都与色彩不无关系，比如为一对老人设计居室空间，应该选择一些灰色或者深一些的颜色，以满足老人对居室环境色彩的需要。在现实世界中，人们无时无刻不在受着周围环境对我们造成的心理影响，比如办公空间色彩的选择就不能太花，否则会影响办公时的心理感受，会使人的心理浮躁，安稳不下来，研究色彩对心理的作用与感受，可以更好地利用色彩的魅力，美化空间，使空间更适于人的生活与需要。

色彩研究的意义在于：色彩在整个室内环境中作用极大，无时无刻不在影响着我们的生活。它以其丰富的色彩关系，调整人的心理与情绪，激发人的想象，促进人的奋进。创造宜人的色彩环境，这是室内设计中首要考虑的问题。随着时代的发展，社会的需要，室内色彩的设计一直处于动态的发展之中，它与其他设计一样，受时尚流行色的影响，受社会思潮的影响，受人们观念的影响而不断产生变化。尤其对于公共环境中的空间，如商业购物、娱乐、餐饮、办公空间等，为了塑造一种紧跟潮流、不断奋进的形象；为了调整原有的色彩关系给人焕然一新的面貌而不断更新，调整室内的一些关系已成为经常采用的方法。就是家居环境，住久了也会给人产生厌烦情绪，从而考虑如何部分地调动与修改，使居室焕然一新。色彩的变化与调整是室内设计中最易实现的，也是效果最好的。现代材料的多样更为色彩的更新创造了条件。室内空间中的天花、地面和墙面的色彩往往是室内色调的决定因素，但有时在不改变室内天花、地面和墙面的色彩时，同样可以通过主要家具、陈设品等的改头换面，根据色彩搭配的原理进行重组与调整，以达到事半功倍的目的。

二、国内外研究概况（略）

三、论文拟研究解决的主要问题

所要解决的主要问题是色彩在室内设计中的具体应用，怎样来运用色彩在实际设计中满足人居的要求。

四、论文拟撰写的主要内容（略）

五、论文研究方法

本论文主要研究方法有文献法、收集资料法、比较法、理论联系实际等方法。

六、论文计划进度

第 1 周　2 月 28 日之前，指导教师与学生见面，指导学生选题，初步查找，收集相关资料。

第 2 周　3 月 7 日之前，由指导教师下达毕业论文（设计）任务书，制定毕业论文（设计）相关计划。

第 3 周　3 月 14 日之前，学生应完成毕业论文（设计）大纲，并交给指导教师审阅。指导教师提出不足和错误，并由学生补充并改正。

第 4 周　3 月 21 日之前，指导老师检查毕业论文（设计），检查内容涉及：学生论文（设计）任务书的执行情况；指导教师的指导情况；毕业论文（设计）工作各环节的跟踪检查及改进措施。

第 5 周　3 月 28 日之前，学生完成毕业论文（设计）初稿，并交给指导教师审阅。学生根据指导教师提出的修改意见对毕业论文（设计）进行修改。

第 6 周结束　即 4 月 11 日以前，完成论文的最终定稿，交指导教师评阅。

七、参考文献（略）

【实践园地】

请你确定一个毕业论文选题，编写一份详细的论文提纲。

任务三 学术论文

学术论文

中华人民共和国国家标准《科学技术报告、学位论文和学术论文的编写格式》（GB7713—87）对学术论文的定义：某一学术课题在实验性、理论性或观测性上具有新的科学研究成果或创新见解和知识的科学记录；或是某种已知原理应用于实际中取得新进展的科学总结，用以提供学术会议上宣读、交流或讨论；或在学术刊物上发表；或作其他用途的书面文件。

学术论文应提供新的科技信息，其内容应有所发现、有所发明、有所创造、有所前进，而不是重复、模仿、抄袭前人的工作。

一、学术论文的特点

1. 创新性和独创性

学术论文报道的主要研究成果应是前人（或他人）所没有的。没有新的观点、见解、结果和结论，就不能称其为学术论文。学术论文的创新程度是相对于人类已有的知识而言的。至于某一篇论文，其创新程度可能大些，也可能很小，但总要有一些独到之处，总要对丰富知识宝库和社会发展起到一定的积极作用。“首次提出”“首次发现”当然是具有重大价值的研究成果，但这毕竟为数不多。

对某一点有发展，应属于创新的范围；而基本上重复他人的工作，尽管确实是作者自己研究所得的“成果”，也不属于创新之列。在实际研究中，有很多课题是在引进、消化、移植国内外已有的先进科学技术，以及应用已有的理论来解决本地区、本行业、本系统的实际问题，只要对丰富理论、促进生产发展、推动技术进步有效果、有作用，报道这类成果的论文就应视为有一定程度的创新。

2. 理论性和学术性

理论性是指一篇学术性论文应具有一定的学术价值，它包括以下两个方面的含义。

（1）对实验、观察或用其他方式所得到的结果，要从一定的理论高度进行分析和总结，形成一定的科学见解，包括提出并解决一些有科学价值的问题。

（2）对自己提出的科学见解或问题，要用事实和理论进行符合逻辑的论证、分析或说明，总之，要将实践上升为理论。

写作学术论文，如果仅仅是说明解决了某一实际问题，讲述了某一技术和方法，是远远不够的。

3. 科学性和准确性

一篇学术论文有了创新性和理论性还只能定性地说它已经具备了一篇论文最主要的东西，在具体的研究及写作阶段，还必须使论文具有科学性和准确性。

所谓科学性，就是要正确地说明研究对象所具有的特殊矛盾，并且要尊重事实，尊重科学。具体说来，包括论点正确，论据必要而充分，论证严密，推理符合逻辑，数据可靠，处理合理，计算精确，实验可重复，结论客观等。

所谓准确性，是指表述与客观事物即研究对象的运动规律和性质的接近程度，包括概念定义、判断、分析和结论要准确，对自己研究成果的估计要确切、恰当，对他人研究成果（尤其是在做比较时）的评价要实事求是，切忌片面性和说过头话。

4. 规范性和可读性

撰写学术论文是为了交流、传播、储存新的科技信息，让他人利用，因此，学术论文必须按一定的格式写作，必须具有良好的可读性。在文字表达上，要求语言准确、简明、通顺，条理清楚，层次分明，论述严谨。在技术表达方面，包括名词术语、数字、符号的使用，图表的设计，计量单位的使用，文献的著录等都应符合规范化要求。

二、学术论文的结构

学术论文的常见结构，一般可归纳为以下四种类型。

1. 并列式

并列式是将所论述的几个问题加以排列，各问题之间无严密的逻辑关系，即使调换排列次序，亦不会影响论文主题。

2. 串式

串式是将所论述的问题依次排列，各问题之间有不可颠倒的逻辑关系。

3. 伞式

伞式指某一层次的论点由两个或两个以上的论据支撑的结构。学术论文正文的写作以伞式结构作为主要框架。

4. 混合式

混合式将并列式、串式与伞式混合。学术论文的写作不一定要拘泥于一种结构，应根据论文内容的内在逻辑联系进行安排与展开。

三、学术论文的写作要点

1. 论文摘要

摘要简短而连贯地阐述学术论文中各主要原理，并对结论简要说明，可分为两种：一是附于论文前面的简短摘要；二是单独印发供专家学者评议的详细摘要。前者 200～500 字，后者长达 2 500 ～ 3 000 字。它是一种独立的文体，主要内容包括：研究的目的、重要性，研究的内容和过程，主要结论、突出开创性的见解，结论的意义。论文摘要一般短小精练，结构严谨、逻辑性强，忠实介绍论文精华，不加评论。其作用在于帮助读者了解论文的主要内容和结果。学位论文摘要还要求有外文译文。

2. 标题和署名

标题一般居中，上下空行。根据文章分量、功用的不同，可以空二行、三行不等，有时甚至整页书写标题和作者落款。作者落款也上下空行，居中或偏右。有时为追求艺术效果，标题还可进行移位、竖排等艺术变形，作者姓名甚至可放在标题左上方。

3. 标点符号

它是思想层次的符号，是必不可少的。标点符号必须占格，除了省略号和破折号外，均占一格。引导性的标点符号，如前引号、前书名号、前括号等不能占末格；而归结性的标点符号，如逗号、分号、冒号、句号、后引号、后括号、后书名号、问号、感叹号等不能占首格。

4. 标题和序号

学术论文常采用标题和序号，可鲜明突出论文的主要内容，使结构脉络清晰，而且富有一种整洁有序、循序渐进的节奏美感。标题和序号可分为若干个层次，编号系统常采用三级目录：“一、（一级目录）”“（一）（二级目录）”“1.（三级目录）”。

5. 引文

引文主要有两种格式：段中引文和提行引文。

① 段中引文指所引文字夹在行文段落之间。有两种方式：一是引用原文，用引号加以表示；二是引用原意，属于概括引用，一般不加引号，用冒号提示。

② 提行引文指所引原文独立成段。有两种方式：一是全部引文左边缩进两格，首行再空两格；二是左右都空两格，首行再空两格。为了强调，引文上下和正文间各空 1 行。引文字体应与正文不同，以示区别。由于提行引文十分明显一般不加引号。

为了增强引文的说服力和规范性，还要用注释标明引文的出处。一般包括：作者或译者、书名或篇名、发表的刊物名、出版社、发表和出版时间、引文所在页码等。

6. 注释

它的形式主要有五种：① 文中注，也叫夹注。它一般附在注释对象后，用括号加以表示。② 页下注，也叫脚注。每一页的注释都放在页脚之下，与正文之间用一条横线加以分割。③ 章节注，每一章节的注释，都集中放在章节最后。④ 文末注，所有的注释都放在文末或书尾。⑤ 题注，用图表、公式、表格等来注释文字。

7. 参考文献

参考文献附于学术论文或学术著作后，说明与本文或本书有关的参考资料。它一般单独起页，并在页面正上方标明“参考文献”。

8. 附录

附录作为报告、论文主体的补充项目，并不是必需的。下列内容可作为附录编于论文后，也可另编成册：比正文更为详尽的关于信息、研究方法和技术的叙述，建议阅读的参考文献题录，对了解正文内容有用的补充信息等；由于篇幅过长、取材于复制品或罕见珍贵而不便于编入正文的材料；某些重要的原始数据、数学推导、计算程序、框图、结构图、注释、统计表等。附录与正文连续编页码。每一附录均另页起。

9. 页码

页码的作用：一是可显示全篇文字量，使作者从宏观上调控论文篇幅；二是便于阅读和检索时对论文的空间定位。其位置可以是页末居中或右侧，也可放在页眉的右侧。

【范文欣赏】

传统水墨元素在现代平面设计中的应用研究

李欣欣

摘要：中国传统水墨元素是中国文化的一种独特的艺术语言形式，将中国传统水墨元素与平面设计进行创新融合，将新的表现方式和艺术观念融入现代平面设计，不仅使设计造型语言更加丰富，还可以强化设计作品的文化内涵和民族特色。文章通过介绍中国传统水墨元素的视觉语言，分析水墨元素在平面设计中的实际应用，旨在更好地将水墨元素应用到平面设计中。

关键词：水墨元素；海报设计；标志设计；包装设计

清朝著名画家张式在《画潭》中说：“笔法既领会，墨法尤当深究，画家用墨最吃紧事。墨法在用水，以墨为形，以水为气，气行，形乃活矣。古人水墨并称，实有至理。”所讲的就是中国传统水墨画以水、墨为主要的创作元素，以笔为工具，以宣纸为载体，运用不同的技法营造出一种氤氲自然的东方韵味。水与墨不同比例的调和，创作出浓淡不同的视觉感受；笔法的不断转变，创作出点、线、面的视觉艺术语言，这些几乎涵盖了视觉传达设计中所有的构成元素。

1. 中国传统水墨的视觉语言

点、线、面、色是水墨画中的基本形态，也是平面设计的主要视觉元素，点、线、面、色的相互结合构成了形形色色的平面设计。

1.1　水墨语言——墨点（略）

1.2　水墨语言——墨线（略）

1.3 水墨语言——墨面（略）

1.4 水墨语言——墨色（略）

1.5 水墨元素——留白（略）

2.水墨元素在现代平面设计中的应用

平面设计是一种视觉传达的设计，将水墨元素融入平面设计，可以使画面更加自然、有亲和力，符合东方人的审美情趣。中国传统水墨艺术运用墨的浓淡、虚实、大小等来表现空间，利用点、线、面、色、留白来表现画面构成方式，这与平面设计有着异曲同工之处。可以看到，在很多平面设计作品中，都很好地融入了中国书法、中国画、水墨意境等水墨元素。

2.1 水墨元素在标志设计中的应用

标志设计是以简练抽象的视觉符号传达品牌信息，而水墨艺术追求似与不似视觉效果，追求简约传神的意境，二者在某种程度上是相通的，标志设计中的水墨元素大多是运用水墨笔触及书法字体为创作元素，通过将笔触的肌理感与图形相结合，体现企业的文化底蕴和品牌形象。

如2004年由靳与刘设计（深圳）有限公司为重庆市设计的“人人重庆”形象标志，该标志以“双重喜庆”为创作主题，两个欢快的小人重叠在一起形成一个“庆”字，标志以“人”为创作元素，将水墨笔触与人物的几何形象相结合，时尚中蕴含着灵动的气息，体现重庆市“以人为本”的广大胸怀（见图8-1）。水墨元素采用枯笔的创作笔法，简洁凝练，枯笔留下的白色使标志更加灵活，又充满稳健浑厚的力量感。整个标志采用图形形象与书法字体的组合，“重庆”二字流畅有力，张弛有度，与图形形象相互呼应，相得益彰，无论从造型上还是内涵上都体现出标志的地域性，能够满足人们的审美需求。

图8-1 “人人重庆”标志设计

2.2 水墨元素在海报设计中的应用

海报设计是设计者根据主题，以图像、文字、色彩等元素对产品精神、产品信息等进行的创意表达，是一种通过视觉语言传达信息的艺术形式，海报设计不仅要满足大众的审美需求，还要满足人们的精神追求和文化追求。中国传统水墨元素是中国人精神、思想、文化和审美的体现，水墨画中追求主次分明、虚实相应等的构图原则，与海报设计相一致。将水墨元素创新地应用于海报设计，可以提升海报的文化内涵，满足人们的精神需求和审美情趣。

如靳埭强在1999年设计的《九九归一·澳门回归》海报，通过两笔由浓到淡、由湿到干的墨迹来形成水波涟漪的感觉，看上去简单的墨迹，蕴含着中国传统的水墨精神，水与墨的渗化交融，产生一种氤氲自然、气韵生动的感觉，水墨形象上犹如两个数字“9”，既体现澳门回归时间为1999年，又体现九九归一、生生不息的佛家思想（见图8-2）。画面中的莲花是澳门特别行政区的区花，整个画面犹如莲花花瓣落叶归根在水中荡起一波波涟漪。大面积的留白，使整个画面产生动静相生的感觉，体现出中国哲学中大道至简的理念。

2.3 水墨元素在包装设计中的应用

将产品的包装通过图像、文字等视觉元素进行设计，可以提升商品的视觉效果，增加商品的附加价值，增强人们的购买欲。若只是简单地将商品的图像应用在包装上，会使包装看上去过于呆板，缺乏人情味。中国传统水墨元素则给人含蓄雅致、流畅自如、悠久深远的感觉，将中国书法、中国画、水墨意蕴等元素应用于茶叶包装、月饼包装等具有中国传统属性的包装设计中，增加了产品的民族色彩和文化内涵，使产品充满人情味。

如八马茶业的“福鼎白茶·白牡丹”包装，其广告语为“野放之美·自然之珍”。在其包装中，主要元素为书法字体“野”，整个字体流畅自如、狂放不羁，体现出茶叶的荒野气息；字体笔画舒展飘逸，犹如飘出的缕缕花香；为了避免整个包装色彩过于杂乱，运用字体之外大面积的蓝绿色的“飞白”，将山野茶花的形象进行线条处理进行点缀，给人清新自然的感觉。而八马茶业的“勐海熟韵686”的包装，直接将水墨画运用到包装设计中，通过墨的浓、淡、干、湿变化，笔触的大小、虚实变化，体现出茶的意境和气韵；大面积的留白，营造出一种空灵自然、似有似无的意蕴，让消费者产生遐想；书法字体给人强劲有力、中正平和的视觉感受，这与中国茶道精神的自然平和一致。

图8-2 《九九归一·澳门回归》海报设计

3. 结束语

在当代社会中，平面设计作为一种传播信息和文化的载体，中国平面设计想要在世界平面设计中独树一帜，只有不断吸收传统文化中的优秀元素，与外来元素相融合，创造出新的、中国独有的视觉元素，才能更快地适应社会的快速发展，满足人们的精神需求和文化追求，才能使中国传统水墨文化得以传承和发扬。

参考文献

[1] 商程程 . 朱屺瞻国画艺术研究 [D]. 杭州：浙江理工大学，2017.

[2] 张绮曼，郑曙 . 室内设计资料集 [M]. 北京：中国建筑工业出版社，1991.

[3] 高履泰，蒋仁敏 . 建筑色彩原理与技法 [M]. 北京：中国水利水电出版社，1998.

[4] 绪言，梁羽飞 . 影视动画中平面构成的应用 [J]. 数码世界，2017（2）：59.

[5] 邓羲乔 . 传统民族图案在现代包装设计领域的应用 [J]. 大众文艺，2014（8）：122—123.

【实践园地】

按照学术论文的要求，结合自身专业，确定一个论文题目，并列出论文提纲。

任务四　申　　论

“申论”一词取自“申而论之”。申，即说明、申述；论，即分析和说明事理。“申论”是一种对材料、事件有所说明、申述，从而发表见解、进行论证的文种。“申论”作为一种应试文体，最早出自《2000 年中央、国家机关录用考试公共科目考试大纲》：“本次公共科目笔试分为《行政职业能力测试》和《申论》两个科目。”

《申论》体现公务员岗位的需求，是模拟公务员日常工作性质的能力考试。其有较固定的试卷形式，即给出一段 1 500 ～ 5 000 字左右的资料，要求应试者在阅读、理解资料的基础上，概括材料所反映的主要问题，提出解决方案，并进行论证。申论考试在卷面上主要包括“注意事项”“材料”和“申论要求”三部分，“申论要求”一般涉及概括、对策、论证等。

一、申论的题型与特点

1. 申论的基本题型

（1）概括主题

申论考试第一道题，一般是要求概括材料的主题。概括主题，是一个较为复杂的分析过程，可通过以下步骤完成。

① 概括中心。概括中心的顺序：段意→层意→中心思想。

② 按照字数要求，落笔成文。

（2）提出对策

申论考试第二道题，一般要求提出切实可行又有针对性的对策。

（3）论证表述

申论考试第三道题，一般要求用 1 000 字左右，对给定资料反映的主要问题进行论证。这是申论考试中最核心的内容，它能全面考量应试者综合分析能力、提出和解决问题的能力及逻辑说理能力。近年来，论证表述有两个趋势：一是重视议论文写作，二是重视公文式申论文章的写作。

2. 申论的特点

（1）给定材料的广泛性。表现在材料涉及内容广泛，涉及层面复杂。测试的内容不会对某一专业特别倾斜。

（2）关注中观问题。申论材料常关注一些中观问题，如环境污染、网络、生产安全等有一定影响范围和代表性的问题。

（3）对策要有针对性。针对性和可行性是申论考试的两个基本要求。要找准答题的突破口，才能高屋建瓴地建构思路和完成论证。

（4）命题具有规范性。尽管历年的内容、题目要求都不尽相同，但考察目标较为确定，不外乎概括、对策、论证三题；格式较为规范，分为注意事项、材料、申论要求三部分。

二、申论的写作要领

申论写作主要包括阅读材料、概括主题、提出对策、论证观点四个环节。其中每一个要素都密切联系、互相依赖。

1. 咀嚼、消化背景材料

阅读材料是申论考试的第一扇门，是其他环节的基础和根据。阅读材料要注意以下几点。

（1）留足时间，吃透背景材料。“磨刀不误砍柴工”。中央、国家机关公务员录用考试有时间规定：阅读材料 40 分钟，作答 110 分钟。应试者在考试时，应用充裕的时间阅读材料，做到“胸中有竹”，准确概括所反映的主要问题，切忌囫囵吞枣，急于下笔。

（2）掌握阅读材料的方法。申论考试中的材料多是诸多“信息”拼凑而成的“半成品”、杂糅文。如何提取最有价值的信息？这就要求应试者必须掌握阅读材料的基本方法：在阅读时，弄清每个字词在句中、篇中的确切含义，弄清全篇材料语言的内部联系。

还可边读边在关键位置批注，记下阅读感受或要点。要灵活运用材料的例证段、总结段、点评段、中心段等。

（3）研读材料，把握重点。内容上，申论考试材料有两种：一是集中反映社会生活中发生的、有一定影响而亟待解决的具体问题的材料；二是围绕某些热点问题组合而成的材料。每个材料都有其特定目的，无论从哪个角度陈述，都是围绕一个中心展开，应试者应透过表层材料，寻根溯本，挖掘其内在含义。

2. 审清题目，概括主题

在概括主题环节上，应试者要注意以下几点。

（1）审清题干，按要求作答。由于材料性质不同，概括也存在一定差异：有些是综合性的，如概括材料所反映的“主要问题”“主要内容”等；有些是单方面的，如概括措施、方法等。

（2）紧扣材料，抓住要害。申论材料复杂纷呈。应试者要去粗取精，分清主次。如2005年国家申论考试试题，出现频率最高的是“看病难、贵”。通过对材料的层层剥笋，发现材料集中反映的是医疗费的高昂造成老百姓看病难。

（3）忠于材料，全面准确。应试者应做到主要内容不遗漏，次要内容适当穿插。同时，还应以点（材料）覆面，适当延伸到与之相关的方面，提纲挈领，提升对问题认识的高度。

3. 找出症结，对症下药

（1）找准身份，定位作答。由于应试者站位不同，观察角度也存有差异，这直接关系到答题质量。应试者应看清要求，按设定的“虚拟身份”提出方案。

（2）对策要有可操作性。它应具备四个基本要素：其一，“问题”要明确“归口”，要有直接能解决问题的机构或部门；其二，要有解决问题的详细步骤、方法；其三，要考虑到问题的时效性和必备条件；其四，遵循效益最大化的原则，以最小的代价获取收益的最大化。拟定策略时，应通盘考虑，切忌脱离实际、夸夸其谈。

4. 论证精辟，纵横思辨

精辟论证是对材料反映的主要问题进行分析，形成基本观点，并对此进行论证。这是申论考试的“压轴”环节。要注意以下几点。

（1）拟好标题，整装待发。“题好一半文”，标题是文章的“旗帜”，传达主旨、内容和意蕴。拟题的总体要求是醒目舒畅，具体要求：① 准确，即标题要与内容或材料一致。材料作文或抓中心或利用关键词。如对材料把握不够，可拟非论点题目，如“由×××××所感”“从×××××谈起”等。② 形象，化用比喻、典故等，富有感染力。如《向囤地大声说“不”》《药者，患者之“父母”也》等。③ 简洁。写文章要言简义丰，拟题亦然。力求一字传神，字字珠玑。

（2）抓住要领，论点鲜明。应试者要透过材料的表象揭示出主要问题，表明观点，确立中心论点。其一，要忠于材料，挖掘深层思想，并做出精练概括；其二，立足材料，广泛联系社会现实，有较强针对性；其三，论点要正确鲜明、精辟新颖，合乎客观规律和社会大众心理。

（3）掌握结构，规范合体。“体无定式”“大体须有”，即文章结构没有一成不变的固定框架，但多变中又有一定的规律。

（4）重视“整体”设计。这是指对论文的整篇形象的包装，包括段落、卷面、格式、字数等。段落相宜、层次清晰、卷面整洁、格式严密、字数相当，这对提高应试者的成绩尤为重要。

三、申论的写作要点

1. 绪论

绪论即概引材料，略作分析，提出论点。绪论主要任务是简洁明了地将议论的问题和论点展示给读者。开头的写作力求短、快、靓，以吸引读者眼球。

2. 本论

本论即道理论证、举例论证、对比论证。本论是文章的核心，通过论据证明论点的正确或反驳谬论。写作时，一是要注意选择典型、新颖材料为论据，起到以一当十的效果；二是要运用唯物辩证法，一分为二地看问题；三是要注意措辞，力求语言诙谐、形象活泼、文质兼美。

3. 结论

结论即联系实际、深化中心、发出号召。常见写法包括：总结提升，卒章显志；呼应开头，画龙点睛；提出问题，引起注意；展望未来，踌躇满志；拟定良方，对症下药。

【范文欣赏】

【背景材料】

农业是立国之本，强国之基。党的二十大报告明确指出：全面建设社会主义现代化国家，最艰巨、最繁重的任务依然是在农村，推进农业农村现代化是全面建设社会主义现代化国家的重要任务。

【习题】

请根据材料，结合实际，自选角度，以“互联网＋农业”为主题，自选角度，写一篇议论文。

要求：全面准确，内容充实，措辞严谨，字数 800～1 000。

【范文】

"互联网＋现代农业"——通向农业现代化的金钥匙

中央一号文件明确提出了农业供给侧结构性改革，要求高度重视降成本，补短板，推动农业生产提质增收，破解农业发展困境。然而，目前我国农产品供求结构失衡、生产成本过高、资源错配及透支利用等问题十分突出，推动农业供给侧结构性改革已迫在眉睫。因此，推行"互联网＋农业"模式对于农业现代化发展尤为重要。

推行"互联网＋农业"为农业提质增收保驾护航。中国农业人口占大多数，农业、农村、农民问题是全面建成小康社会绕不过的关口。因此，像"高州荔枝"等典型代表村庄，通过建立农村电商，农业大数据、互联网等现代信息技术，改造传统农业生产方式和商业模式，既提高农业生产又提升经营速率，既让农民腰包富起来又让农民笑容多起来，何乐而不为呢？因此，贯彻落实"互联网＋农业"模式是增加人居幸福感和归属感的重要保障。

推行"互联网＋农业"，为推进农业现代化添砖加瓦。目前我国农产品存在流通环节较多、流通成本偏高、效率较低、产品的新鲜度不够等问题。而如何解决它们便成了新时代构建农业现代化强国的重要课题。通过"互联网＋"与农业生产经营管理服务深度融合，以"互联网＋"引领驱动农业现代化加快发展正是对这一课题交出的满意答卷。科学技术是第一生产力，农业是第一产业，是国民经济的基础，只有将二者有机结合才能推动现代化中国的前进。

推行"互联网＋农业"为增强国家竞争力凝心聚力。中国既是一个农业大国又是最大的发展中国家。因此，如何提升国家竞争力就成为当下中国发展的重要环节。当下，我国农业仍存在农产品价格"天花板"压顶和生产成本"地板"抬升等问题。而"互联网＋"将全面改造传统农业的基础设施、技术装备，经营模式，组织形态与产业生态，是自绿色革命以来中国传统农业实现赶超发展的重大机遇，是提升农业竞争力，提高综合国力的根本保障。

农业是人类社会进步的物质基础，对于拥有着几千年历史的中国，更有着极其重要的意义。改革开放以来，我国经济高速发展，科技突飞猛进，人民生活水平日益提高。与此同时，城乡发展存在一定差距，阻碍了我国现代化农业的发展。而"互联网＋农业"带来的不仅是信息的对接，更是助力实现乡村全面振兴！

【点评】

文章开篇以农业供给侧结构性改革为话题，引出"推行'互联网＋农业'模式对于农业现代化发展尤为重要"的总论点。文章主体部分分别从农业现代化、农业提质增收、国家竞争力等几个方面进行论述，论点明确，论证有力，架构清晰。

【妙言集语】

1.“互联网 + 农业”带来的不仅是信息的对接，更是助力实现乡村全面振兴。

2. 推行“互联网 + 农业”为农业提质增收保驾护航。

3. 推行“互联网 + 农业”为推进农业现代化添砖加瓦。

4. 推行“互联网 + 农业”为增强国家竞争力凝心聚力。

【实践园地】

【给定材料】

某社会调查中心联合问卷网对 2 009 名受访者进行的一项调查显示，72.9% 的受访者周围有“慢就业”的大学生。

某大学辅导员王老师说，以前大学生毕业后大都急着找工作，而现在，有的学生选择支教保研，即先去支教一年再回来读研究生。

应届毕业生安琪认为：“慢就业”的大学生一般面临的生活压力不大，父母的观念比较开明，不会因为孩子不工作而焦虑，而且会支持孩子进修、游学、考察就业市场或者暂时放松。从主观方面看，有些学生很有能力，不怕找不到工作，也有大学生不工作是因为怕累、怕承担责任。

调查显示，没提前规划好未来是大学生选择“慢就业”的最常见原因。而其他主观原因还有：不知道什么工作适合自己；想“错峰”就业；自己水平不够，得先弥补短板；计划创业，先了解市场环境；“喘口气”，适应角色转变等。

Z 大学王教授表示，“慢就业”是“90 后”新生代高校毕业生逐渐展现出来的一个新的就业特点。他认为，学生上学期间很难对自我有充分的认知，很多学生对于自己以后的生活方式和职业道路都比较迷惘。而当下社会的宽容程度越来越高，人们的物质生活条件改善，大学生有更多的机会和可能性，父母对孩子的自我意愿也更加尊重。

中国就业研究所夏研究员表示，大学生“慢就业”正逐渐被接受，并且已经成为一种新的就业理念。对于一些大学毕业生而言，选择一份既让自己喜欢又能解决温饱的工作，实在太难，他们自然会迟疑。

调查中，41.3% 的受访者认为，大学生“慢就业”是因为高校的专业设置与社会需求不匹配。安琪希望学校可以开设真正有用的职业生涯规划课。目前虽然很多学校已经开设了这类课程，但对学生来说大都没什么实际帮助。希望这些课程能多向学生介绍不同职业的工作内容、行业发展状况，比如让学生参观或体验各种职业，使其找到真正的兴趣点。另外，希望学校能够让学生有更多机会进行职业人格测试。

“我们学校设有职业生涯规划课。据我了解，很多同学对这门课程并不重视，但课程的很多内容是很有价值的。”王老师认为，如果职业规划课程和学分挂钩，学生会更重视。学生自身要明确目标，无论是“慢就业”还是立刻就业，都应该好好思考自己到底想要做什么。

夏研究员指出，“慢就业”表面上看起来与家庭经济好转和社会环境变化有关，但也反映出如今“职业生涯教育”的缺失，所以应强化学生对职业生涯的了解。政府相关就业服务部门也应出台政策，注重发挥中小企业、民营企业吸纳就业的主渠道作用，加大对它们的扶持力度。同时，将校园招聘纳入公共就业服务专项活动范围，做好对大学毕业生的就业服务工作。

夏研究员认为，从长远来看，求职速度的快慢其实并不重要，大学生应强大自己的内心，不再逃避。与其拖延进入职场的时间，不如拿出勇气步入职场，主动迎接挑战，千万不要因为“慢就业”而蹉跎了大好时光。总之，大学毕业生应尽早树立起职业理想，形成相对明确的职业规划，这样未来的发展才会更顺畅。

根据“给定资料”，对当前存在的部分大学生因不明确未来发展而选择“慢就业”这一现象，提出你的对策建议。

要求：

（1）内容全面，合理可行；

（2）条理清晰，语言简练；

（3）不超过 1 000 字。

参考文献

[1] 廖帆，肖扬生，周弘颖 . 应用文写作 [M]. 北京：人民邮电大学出版社，2023.

[2] 李婕，路开源 . 应用写作 [M]. 北京：高等教育出版社，2023.

[3] 朱利萍，斯静亚 . 应用文写作实务 [M]. 北京：机械工业出版社，2023.

[4] 强金国，梁抒曦 . 新编应用文写作教程 [M]. 北京：华中科技大学出版社，2021.

[5] 李佩英 . 应用写作实训教程 [M]. 北京：高等教育出版社，2020.

[6] 王雪菊，黄心月，向剑 . 应用文写作训练教程 [M].3 版 . 北京：高等教育出版社，2020.

[7] 师思，杨忠祥，冉政，彭馨莹，王宇 . 应用文写作技能与规范 [M]. 重庆：重庆大学出版社，2023.

[8] 朱利萍，斯静亚 . 应用写作实务 [M].3 版 . 北京：机械工业出版社，2023.

[9] 杜菁锋 . 应用文写作 [M].2 版 . 北京：北京师范大学出版社，2023.